JUDICIALIZAÇÃO DA SAÚDE NO ESTADO DE GOIÁS
UM OLHAR EMPÍRICO DO ACESSO A MEDICAMENTOS

COLEÇÃO FÓRUM
DIREITO
E POLÍTICAS
PÚBLICAS

FSC
www.fsc.org
MISTO
Papel | Apoiando
o manejo florestal
responsável
FSC® C111076

A Editora Fórum, consciente das questões sociais e ambientais, utiliza, na impressão deste material, papéis certificados FSC® (*Forest Stewardship Council*).

A certificação FSC é uma garantia de que a matéria-prima utilizada na fabricação do papel deste livro provém de florestas manejadas de maneira ambientalmente correta, socialmente justa e economicamente viável.

COLEÇÃO FÓRUM
DIREITO E POLÍTICAS PÚBLICAS

NATÁLIA FURTADO MAIA

Prefácio
Fabrício Motta

JUDICIALIZAÇÃO DA SAÚDE NO ESTADO DE GOIÁS
UM OLHAR EMPÍRICO DO ACESSO A MEDICAMENTOS

14

Belo Horizonte
FÓRUM
CONHECIMENTO JURÍDICO
2024

COLEÇÃO FÓRUM
DIREITO E POLÍTICAS PÚBLICAS

© 2024 Editora Fórum Ltda.

É proibida a reprodução total ou parcial desta obra, por qualquer meio eletrônico, inclusive por processos xerográficos, sem autorização expressa do Editor.

Conselho Editorial

Adilson Abreu Dallari
Alécia Paolucci Nogueira Bicalho
Alexandre Coutinho Pagliarini
André Ramos Tavares
Carlos Ayres Britto
Carlos Mário da Silva Velloso
Cármen Lúcia Antunes Rocha
Cesar Augusto Guimarães Pereira
Clovis Beznos
Cristiana Fortini
Dinorá Adelaide Musetti Grotti
Diogo de Figueiredo Moreira Neto (*in memoriam*)
Egon Bockmann Moreira
Emerson Gabardo
Fabrício Motta
Fernando Rossi
Flávio Henrique Unes Pereira

Floriano de Azevedo Marques Neto
Gustavo Justino de Oliveira
Inês Virgínia Prado Soares
Jorge Ulisses Jacoby Fernandes
Juarez Freitas
Luciano Ferraz
Lúcio Delfino
Marcia Carla Pereira Ribeiro
Márcio Cammarosano
Marcos Ehrhardt Jr.
Maria Sylvia Zanella Di Pietro
Ney José de Freitas
Oswaldo Othon de Pontes Saraiva Filho
Paulo Modesto
Romeu Felipe Bacellar Filho
Sérgio Guerra
Walber de Moura Agra

FÓRUM
CONHECIMENTO JURÍDICO

Luís Cláudio Rodrigues Ferreira
Presidente e Editor

Coordenação editorial: Leonardo Eustáquio Siqueira Araújo / Aline Sobreira de Oliveira
Revisão: Patrícia Falcão
Capa, projeto gráfico e diagramação: Walter Santos

Rua Paulo Ribeiro Bastos, 211 – Jardim Atlântico – CEP 31710-430
Belo Horizonte – Minas Gerais – Tel.: (31) 99412.0131
www.editoraforum.com.br – editoraforum@editoraforum.com.br

Técnica. Empenho. Zelo. Esses foram alguns dos cuidados aplicados na edição desta obra. No entanto, podem ocorrer erros de impressão, digitação ou mesmo restar alguma dúvida conceitual. Caso se constate algo assim, solicitamos a gentileza de nos comunicar através do *e-mail* editorial@editoraforum.com.br para que possamos esclarecer, no que couber. A sua contribuição é muito importante para mantermos a excelência editorial. A Editora Fórum agradece a sua contribuição.

Dados Internacionais de Catalogação na Publicação (CIP) de acordo com ISBD

M217j	Maia, Natália Furtado
	Judicialização da saúde no estado de Goiás: um olhar empírico do acesso a medicamentos / Natália Furtado Maia. Belo Horizonte: Fórum, 2024. (Coleção Fórum Direito e Políticas Públicas, 14).
	185 p. 14,5x21,5cm
	(Coleção Fórum Direito e Políticas Públicas, 14)
	ISBN impresso 978-65-5518-740-3
	ISBN digital 978-65-5518-757-1
	1. Judicialização da saúde. 2. Decisões judiciais. 3. Políticas públicas. 4. Acesso a medicamentos. 5. Sistema Único de Saúde (SUS). 6. Ciclo de políticas públicas. 7. Cobertura universal da saúde. 8. Objetivos de desenvolvimento sustentável. 9. Deferência judicial. I. Título.
	CDD: 342
	CDU: 342

Ficha catalográfica elaborada por Lissandra Ruas Lima – CRB/6 – 2851

Informação bibliográfica deste livro, conforme a NBR 6023:2018 da Associação Brasileira de Normas Técnicas (ABNT):

MAIA, Natália Furtado. *Judicialização da saúde no estado de Goiás*: um olhar empírico do acesso a medicamentos. Belo Horizonte: Fórum, 2024. 185 p. ISBN 978-65-5518-740-3. (Coleção Fórum Direito e Políticas Públicas, 14).

AGRADECIMENTOS

Vence a miséria de ter medo.
Troca-te pelo desconhecido.
(Cecília Meireles)

Impulsionada pela necessidade de movimento, iniciei minha jornada diante de um choque de realidade proporcionado pela minha experiência profissional, que me desafiava a ir além da mera observação. O medo estava lá – o temor de não ser capaz, de não ser suficiente, e a incerteza do valor das minhas próprias palavras. Os últimos anos se tornaram uma jornada épica e pessoal, uma luta contra essas dúvidas internas.

Pela chance dada à vida, a vida se fez presente, e por isso minha primeira expressão de gratidão é à própria existência.

Agradeço profundamente:

Ao Criador de Todas as Coisas e aos meus Guias, que me sustentaram na escuridão dos meus medos, infundindo força, esperança e amor no meu coração.

Aos amigos inestimáveis da turma do mestrado, pelos momentos compartilhados, pelo apoio, pelos desabafos. A jornada foi colorida pela companhia de vocês.

Ao professor Fabrício Macedo Motta, cujo incentivo e tranquilidade me guiaram, mostrando que o caminho é feito com leveza. Sua confiança em mim foi uma fonte de força.

Ao Gabriel, um grande amor reencontrado durante o mestrado: seu apoio incondicional, paciência e amor foram pilares desta jornada.

À minha família e amigos: vocês são a essência do que sou. Minhas conquistas são reflexo do que construímos juntos.

Como Gonzaguinha cantou, "toda pessoa sempre é as marcas das lições diárias de outras tantas pessoas". Cada uma das trocas com colegas, professores, técnicos, juristas e contribuições amorosas encontradas no caminho foi vital para completar esta jornada.

Finalmente, sou grata à vida acadêmica, que me ensinou a valorizar cada leitura, cada debate, cada aula e cada momento de silêncio e reflexão. Tudo faz parte do processo, e no final as contas se acertam.

Quando saíres a caminho de Ítaca,
faz votos para que seja longo o caminho,
cheio de aventuras, cheio de conhecimentos.
[...]
Faz votos para que seja longo o caminho.
Para que sejam muitas as manhãs de verão
nas quais com que contentamento, com que alegria
entrarás em portos vistos pela primeira vez;
[...]
Deves ter sempre Ítaca na tua mente.
A chegada ali é o teu destino.
Mas não apresses em nada a tua viagem.
É melhor durar muitos anos;
e já velho fundeares na ilha,
rico do que ganhaste no caminho,
sem esperares que te dê Ítaca riquezas.
Ítaca deu-te a bela viagem.
Sem Ítaca não terias saído ao caminho.
Agora, já nada tem para te dar.
E se um tanto pobre a encontrares, Ítaca não te enganou.
Sábio como te tornaste, com tanta experiência,
já compreenderás o que significam Ítacas.

Constantino Kavafis (1863-1933)

LISTA DE FIGURAS

Figura 1 – Ciclo de políticas públicas 53
Figura 2 – Teor das recomendações da Conitec 2012-2022 72

LISTA DE QUADROS

Quadro 1 – Relação entre planos institucionais e marcos normativos 65
Quadro 2 – Classificação dos argumentos 130

LISTA DE TABELAS

Tabela 1 – Quantidade de casos novos de saúde ingressados entre 2015 e 2020 por tipo de tribunal... 81

Tabela 2 – Gastos da SES Goiás para aquisição de medicamentos em virtude de determinação judicial no período de 2014 – 2022, e número de beneficiários... 85

Tabela 3 – Gastos da SES Goiás para aquisição de medicamentos dentro do Componente Especializado da Assistência Farmacêutica no período de 2014 – 2022, e número de beneficiários................ 86

Tabela 4 – Número de feitos da amostra por ano... 128

Tabela 5 – Providências preparatórias para a decisão................................. 134

Tabela 6 – Presença de argumentos por grupo..141

Tabela 7 – Variação na adoção de argumentos técnicos ao longo dos anos...148

Tabela 8 – Descrição das ações que levaram a aquisição de fármacos........ 156

LISTA DE GRÁFICOS

Gráfico 1 – Valores gastos pelo Ministério da Saúde
para cumprir decisões judiciais de 2008 a 2015 81
Gráfico 2 – Crescimento dos gastos e de pacientes beneficiários em relação
ao ano anterior para aquisição de fármacos por ordem judicial,
2015-2022 87
Gráfico 3 – Crescimento dos gastos e de pacientes beneficiários em relação
ao ano anterior para aquisição de fármacos na política pública,
2015-2022 88
Gráfico 4 – Valor gasto por paciente por decisão judicial e por decisão de
política pública entre 2014-2022 89
Gráfico 5 – Número de consultas ao Natjus 2012-2023 135
Gráfico 6 – Número de magistrados consulentes do Natjus 2012-2023 135
Gráfico 7 – Frequência de argumentos nas decisões 142
Gráfico 8 – Posicionamento da Conitec na data da decisão 152

LISTA DE ABREVIATURAS E SIGLAS

ACE Enzima conversora de angiotensina
ADI Ação Direta de Inconstitucionalidade
AFR *Accountability for Reasonableness*
AGAF Associação dos Familiares, Amigos e Portadores de Doenças Graves
AGU Advocacia-Geral da União
AMB Associação Médica Brasileira
Anvisa Agência Nacional de Vigilância Sanitária
ATS Avaliação de Tecnologias em Saúde
Cacons Centros de Assistência de Alta Complexidade em Oncologia
CadÚnico Cadastro Único para Programas Sociais
CATS Câmara de Avaliação Técnica em Saúde
CEAF Componente Especializado da Assistência Farmacêutica
Cemac Centro Estadual de Medicação de Alto Custo
CF/88 Constituição Federal de 1988
CFM Conselho Federal de Medicina
CIT Comissão Intergestores Tripartite
CMED Câmara de Regulação de Medicamentos
CNDSS Comissão Nacional sobre Determinantes Sociais da Saúde
CNJ Conselho Nacional de Justiça
Conasems Conselho Nacional de Secretarias Municipais de Saúde
Conass Conselho Nacional de Secretários de Saúde
Conitec Comissão Nacional de Incorporação de Tecnologias
CPC Código de Processo Civil

CRM Conselho Regional de Medicina
DMRI Doença Macular Relacionada à Idade
DM1 Diabetes Mellitus tipo 1
EMD Edema Macular Diabético
FAJ Farmácia de Ação Judicial
FDA *Food and Drug Administration*
FPI Fibrose Pulmonar Idiopática
FTN Formulário Terapêutico Nacional
HPN Hemoglubinúria Paroxística Norturna
IBFAN Rede Internacional em Defesa do Direito de Amamentar
IDHM Índice de Desenvolvimento Humano Municipal
Inamps Instituto Nacional de Assistência Médica e Previdência Social
IPVS Índice Paulista de Vulnerabilidade Social
MBE Medicina Baseada em Evidências
MP Ministério Público
MS Ministério da Saúde
Natjus Núcleos de Apoio Técnico ao Poder Judiciário
NPH Insulina Humana
OCD Orientação de Cumprimento de Decisão
ODS Objetivos de Desenvolvimento Sustentável
OMS Organização Mundial da Saúde
ONU Organização das Nações Unidas
OPAS Organização Pan-Americana de Saúde
PCDT Protocolos Clínicos e Diretrizes Terapêuticas
PIB Produto Interno Bruto
PIDESC Pacto Internacional de Direitos Econômicos, Sociais e Culturais
PNAF Política Nacional de Assistência Farmacêutica
PNM Política Nacional de Medicamentos

PNUD	Programa das Nações Unidas para o Desenvolvimento
PPBE	Políticas Públicas Baseadas em Evidências
PPGDP	Programa de Pós-Graduação em Direito e Políticas Públicas
QALY	*Quality-Adjusted Life Year*
RAM	Reações Adversas ao Medicamento
RCT	Testes randomizados e controlados
REMUME	Relação Municipal de Medicamentos Essenciais
RENAME	Relação Nacional de Medicamentos Essenciais
RENASES	Relação Nacional de Ações e Serviços de Saúde
SBI	Sociedade Brasileira de Infectologia
SCITE/MS	Secretaria de Ciência, Tecnologia, Inovação e Insumos Estratégicos em Saúde
SEI	Sistema Eletrônico de Informação
SES	Secretaria de Estado da Saúde
STA	Suspensão de Tutela Antecipada
STF	Supremo Tribunal Federal
STJ	Superior Tribunal de Justiça
SUS	Sistema Único de Saúde
TCU	Tribunal de Contas da União
UHS	Cobertura Universal de Saúde
UNICEF	Fundo das Nações Unidas para a Infância
UNACONs	Unidades de Assistência de Alta Complexidade em Oncologia
USP	Universidade de São Paulo

SUMÁRIO

APRESENTAÇÃO DA COLEÇÃO
Maria Paula Dallari Bucci..23

PREFÁCIO
Prof. Dr. Fabrício Motta..25

1 INTRODUÇÃO 27

2 A COBERTURA UNIVERSAL DE SAÚDE E A NECESSIDADE DE SE FAZER ESCOLHAS..33
2.1 Quando iniquidades em saúde são toleráveis..35
2.2 Cobertura Universal de Saúde: o que e por quê......................................37
2.3 Pedras no caminho da cobertura universal..41
2.4 A situação brasileira..42
2.5 Decisões em Saúde e *Accountability for Reasonableness* 46

3 SATISFAZENDO O DIREITO À SAÚDE: AS POLÍTICAS PÚBLICAS E O PODER JUDICIÁRIO...51
3.1 O ciclo de políticas públicas...51
3.2 Os elementos de uma política pública segundo Bucci..........................60
3.3 Compreendendo as políticas de saúde no Brasil: o panorama normativo..63
3.4 Decisões estatais sobre cobertura de saúde: o que cabe ao SUS financiar? 68
3.5 Como a judicialização da saúde se insere nesse ciclo 74

4 COBERTURA UNIVERSAL DE SAÚDE E PODER JUDICIÁRIO: INCONSISTÊNCIAS NA JUDICIALIZAÇÃO DA SAÚDE BRASILEIRA E SEUS PRODUTOS 79
4.1 Comprometimento orçamentário..80
4.1.1 Emprego de gastos no estado de Goiás..84
4.2 Critérios adotados pelo Poder Judiciário podem levar a decisões ineficientes...89
4.3 Judicialização como ferramenta dos mais privilegiados 96

4.4 Fraudes e distorções 99
4.4.1 O problema da fidelização entre médicos, indústria e associações de doentes 100
4.4.1.1 O caso das insulinas análogas 101
4.4.1.2 O caso Roche e Novartis 104
4.4.1.3 O caso Soliris® (eculizumabe) 106
4.4.2 Medicamentos de imitação e a questão da precificação 110
4.5 Medicina sem evidências 113
4.6 Conflito de interesses 118

5 CRITÉRIOS PARA IMPOR A AQUISIÇÃO DE MEDICAMENTOS: COMO DECIDEM OS JUÍZES? 123
5.1 Questões orientadoras e hipóteses 123
5.2 Descrição da amostra e percurso metodológico 125
5.3 Formulário de pesquisa 128
5.3.1 Primeira indagação 128
5.3.2 Segunda indagação 129
5.3.3 Terceira indagação 132
5.4 Achados da pesquisa 133
5.4.1 Decisões são majoritariamente tomadas sem informação técnica que não a produzida pelo demandante 134
5.4.2 Pouca utilização de argumentos de cunho técnico ou denotadores de diálogo com a política pública 140
5.4.3 O sistema de ATS desenhado pelo legislador é desconsiderado nas decisões 150
5.4.4 Sobre os processos em que prolatadas as decisões: outras inferências 154
6 Considerações finais 158

REFERÊNCIAS 163

APÊNDICE A - DETALHAMENTO DAS CONDIÇÕES DE PREENCHIMENTO DO FORMULÁRIO 177

APÊNDICE B – FORMULÁRIO 181

APRESENTAÇÃO DA COLEÇÃO

A *Coleção Fórum Direito e Políticas Públicas* tem o objetivo de apresentar ao leitor trabalhos acadêmicos inovadores que aprofundem a compreensão das políticas públicas sob a perspectiva jurídica, com triplo propósito.

Em primeiro lugar, visa satisfazer o crescente interesse pelo tema, para entender os avanços produzidos sob a democracia no Brasil depois da Constituição de 1988. É inegável que as políticas públicas de educação, saúde, assistência social, habitação, mobilidade urbana, entre outras estudadas nos trabalhos que compõem a coleção, construídas ao longo de várias gestões governamentais, mudaram o patamar da cidadania no país. Certamente, elas carecem de muitos aperfeiçoamentos, como alcançar a população excluída, melhorar a qualidade dos serviços e a eficiência do gasto público, assegurar a estabilidade do financiamento e, no que diz respeito à área do Direito, produzir arranjos jurídico-institucionais mais consistentes e menos suscetíveis à judicialização desenfreada. O desmantelamento produzido pela escalada autoritária iniciada em meados dos anos 2010, no entanto, explica-se não pelas deficiências dessas políticas e sim pelos seus méritos – não tolerados pelo movimento reacionário. Compreender a estrutura e a dinâmica jurídica das políticas públicas, bem como a legitimação social que vem da participação na sua construção e dos resultados, constitui trabalho importante para a credibilidade da reconstrução democrática.

O segundo objetivo da coleção é contribuir para o desenvolvimento teórico sobre as relações entre Direito e Políticas Públicas. Publicando trabalhos oriundos de teses e dissertações de pós-graduação, constitui-se um acervo de análises objetivas de programas de ação governamental, suas características recorrentes e seus processos e institucionalidade jurídicos. Neles estão documentados os impasses inerentes aos problemas públicos de escala ampla, e estudadas algumas soluções ao mesmo tempo jurídicas e políticas, presentes em práticas de coordenação e articulação, seja na alternância de governo, nas relações federativas, ou na atuação intersetorial. Assim, sem perder a multidisciplinaridade característica dessa abordagem, valendo-se da bibliografia jurídica em cotejo com a literatura especializada, publica-se material de pesquisa empírica (não quantitativa) da qual se extraem os conceitos e relações que numa organização sistemática dão base para a teorização jurídica da abordagem Direito e Políticas Públicas. Com essa preocupação, a coleção também publicará trabalhos de alguns dos raros autores estrangeiros com obras específicas na área.

Finalmente, o terceiro objetivo da coleção é contribuir para a renovação teórica do direito público brasileiro, fomentando o desenvolvimento de uma tecnologia da ação governamental democrática, engenharia jurídico-institucional para o avanço da cidadania do Brasil. Isso permitirá ampliar a escala de experiências bem-sucedidas, inspirar melhores desenhos institucionais pela comparação com experiências similares, além de avançar na cultura da avaliação, agora positivada na Constituição Federal.

São Paulo, 22 de agosto de 2022.

Maria Paula Dallari Bucci
Professora da Faculdade de Direito da
Universidade de São Paulo. Coordenadora da
Coleção Fórum Direito e Políticas Públicas.

PREFÁCIO

O texto que ora apresento aborda tema central cuja relevância salta logo aos olhos em trecho de seu título: a judicialização da saúde e o acesso a medicamentos, com recorte apoiado em análise de decisões judiciais proferidas no estado de Goiás no período de 2017 a 2022. Com este trabalho, Natália Furtado Maia concluiu o Mestrado Profissional em Direito e Políticas Públicas na Faculdade de Direito da Universidade Federal de Goiás, sob orientação do Prof. Dr. Platon Azevedo Neto e coorientação deste subscritor.

O direito fundamental à saúde é instrumental ao direito à vida, ambos positivados na Constituição de 1988 sob inspiração de bases filosóficas, históricas e antropológicas que antecedem a própria concepção de Estado atual. O acesso a medicamentos, por seu turno, é uma das dimensões da promoção, proteção e recuperação da saúde. Nosso país é referência no assunto, e a recente pandemia da COVID-19 reforçou essa percepção: por imposição constitucional, existe acesso universal, integral e igualitário às ações e serviços de saúde coordenado pelo Sistema Único de Saúde – SUS. O SUS é um dos atores principais das políticas de saúde pública, cujo desenho organizacional se encontra também no texto constitucional.

A experiência da autora como Procuradora do Estado, atuante em demandas ligadas à saúde, lhe trouxe uma percepção holística sobre o problema escolhido para a pesquisa. A complexidade das decisões envolvendo escolhas alocativas para materialização da cobertura universal é o ponto de partida que trará ao leitor o primeiro choque de realidade: por mais que possam existir boas intenções e que exista um regime jurídico garantidor, há muitas dificuldades reais na concretização do projeto constitucional. As decisões difíceis que se apresentam aos gestores públicos são contextualizadas com o auxílio da figura didática do ciclo de políticas públicas, com especial atenção para o panorama jurídico-normativo. Com efeito, a correta compreensão da distribuição de competências (legislativa e administrativa), das fontes de financiamento e das estruturas jurídico-subjetivas envolvidas é essencial para a abordagem de Direito e políticas públicas. É com fundamento nessa abordagem, inspirada nas lições de Maria Paula Dallari Bucci, que a autora corretamente situa os atores, arranjos institucionais e ações ligadas à efetivação do direito à saúde.

A construção desse cenário inicial traz as condições para a abordagem da judicialização da saúde. O fenômeno da excessiva busca do Poder Judiciário para decidir sobre questões envolvendo saúde pública, por um lado, materializa um avanço da maturidade cidadã e do próprio Estado de Direito, permitindo-se que os juízes sejam garantes dos direitos consagrados na Constituição. Por outro lado, o fenômeno traz incômodos: primeiro, a possibilidade de ser utilizada – a judicialização – como ferramenta dos mais privilegiados; segundo, a possibilidade de que decisões individuais sem critério, caprichosas, inviabilizem a cobertura universal e criem distinções injustificáveis em seu alcance. Todas essas questões foram apresentadas e enfrentadas com um olhar rigorosamente técnico, sem descurar do fundamento humano.

Os leitores e leitoras têm em mãos um estudo instigante, teoricamente amparado e metodologicamente construído, com achados e conclusões que podem contribuir para o desenho de novas políticas públicas ou busca de novas estratégias para resolver problemas que vêm se agravando a cada dia. Nesse caminho aparentemente árido, repleto de números e termos técnicos, somos conduzidos com tranquilidade pela autora – Natália Maia escreve com as mesmas sensibilidade, leveza e clareza que marcam sua personalidade e conduta profissional. Por entre linhas e palavras tecidas percebe-se a preocupação verdadeira com o humano, notadamente quanto à dignidade e à promoção do bem de todos e de cada um. Trata-se de mais uma bela demonstração da importância e do potencial da pesquisa jurídica profissional para enfrentar os desafios jurídicos e institucionais que postergam o cumprimento das promessas feitas pela Constituição da República ao cidadão brasileiro.

Prof. Dr. Fabrício Motta

1

INTRODUÇÃO

As narrativas em torno da judicialização da saúde são, geralmente, de duas ordens: a primeira vem daqueles que a enxergam como ferramenta de transformação, a possibilitar que classes menos favorecidas corrijam a negligência do Poder Público no cumprimento de seus deveres constitucionais; na segunda, veem-na como mecanismo por meio do qual se desperdiçam recursos em saúde que poderiam ser mais bem aproveitados, inclusive em benefício dos mais pobres, já que, segundo essa linha, mais dele se valem as elites econômicas.

Em geral, o termo é utilizado, no Brasil, para se referir às ações judiciais que, baseadas na Constituição Federal de 1988 (CF/88), notadamente nos artigos 6º e 196, buscam acesso a tratamentos de saúde, estejam ou não contemplados na política pública designada.

Independente da corrente teórica com que se tenha mais afinidade, o espraiamento dessas ações, bem como a vultosa e crescente mobilização de recursos a partir delas gerada, é fenômeno concretamente observável e, como tal, não pode deixar de ser considerado.

A estratégia traçada pela Organização Mundial da Saúde (OMS), para países que buscam implementar progressivamente a Cobertura Universal de Saúde (UHS – sigla em inglês) na acepção fixada pelo próprio organismo mundial, baseia-se em 3 (três) pontos, sendo o primeiro deles a categorização dos serviços em classes de prioridade. Critérios relevantes incluem aqueles relacionados a custo-benefício, priorização de pacientes em pior situação e proteção contra riscos financeiros. A adoção desses critérios é o que, segundo a agência internacional, abre espaço para a expansão da cobertura de serviços de alta prioridade a todos.

Se, ao lado dos Poderes Executivo e Legislativo, com suas atribuições na criação de políticas públicas, o Poder Judiciário vem também direcionando recursos de saúde de forma cada vez mais impactante e significativa, torna-se indispensável que os esforços para a expansão da cobertura de saúde disponibilizada à população passem pela racionalização dos critérios de decisão de que se valem os julgadores em tais demandas.

A presente pesquisa envolve o enfrentamento de questões relacionadas à judicialização da saúde pública no estado de Goiás, iluminadas por dados empíricos colhidos de decisões judiciais que impuseram ao ente público a aquisição de medicamentos, a fim de identificar eventuais distorções que prejudiquem a estruturação das políticas públicas voltadas à efetivação do mesmo direito social à saúde.

A pesquisa objetiva, mais especificamente, analisar os critérios empregados por juízes e tribunais como significantes para determinar que medicamentos sejam custeados pelo estado de Goiás. O conhecimento desses critérios é relevante para o desenvolvimento de estratégias de atuação dos órgãos de advocacia estatal, mas também para a preparação do próprio Sistema em face de eventuais cenários advindos dessa forma de decidir.

Trabalha-se com a hipótese de que prevaleça a ausência de critérios claros, coerentes e tecnicamente informados na tomada de decisões judiciais que ordenam a aquisição de medicamentos, e que a situação venha conduzindo ao dispêndio de recursos públicos desatrelado da lógica que permeia a construção de uma política pública, limitando-a, nesse aspecto, em seu potencial de implementação dos objetivos estabelecidos.

Três perguntas foram estruturadas na tentativa de testar a hipótese. São elas: a) As decisões tomam por base mais do que o que é declarado pelo próprio demandante? b) Qual o nível de presença de argumentos que qualificam tecnicamente a decisão ou denotam consideração, pelo julgador, das políticas existentes? c) O sistema de ATS desenhado pelo legislador é considerado nas decisões?

Optou-se por não adentrar em discussões acerca da eficácia e justiciabilidade de direitos sociais, e por não tecer maiores considerações sobre os dispositivos constitucionais aplicáveis ao debate, tanto por se reputar que já há suficientes trabalhos acadêmicos abordando o assunto (inclusive deste PPGDP[1]), como em atenção ao viés prático-profissional preponderante no Programa.

---

[1] SANTOS, 2021.

Considerando a linha do Programa em que inserta a pesquisa, buscou-se analisar a interseção entre a oferta de tratamento de saúde via judicialização e a estruturação das políticas públicas voltadas à concretização desse mesmo direito social, a fim de identificar até que ponto o primeiro é capaz de interferir no segundo.

A pesquisa empírica foi conduzida a partir da análise de decisões judiciais que levaram à aquisição de *medicamentos* pelo estado de Goiás em determinado período, cuja delineação será esclarecida em capítulo próprio. As ações podem envolver ou não litisconsórcio, tendo-se considerado relevante apenas que tenham levado o Estado a adquirir o fármaco. Pela mesma razão, abrangeu tanto decisões de caráter liminar quanto definitivas. Os fins do trabalho não incluíram a verificação de posterior reforma ou manutenção de tais decisões.

O recorte para o estudo de decisões que implicaram a aquisição apenas de medicamentos, sem englobar outros produtos de saúde, justifica-se no fato de que uma das poucas constantes do heterogêneo fenômeno da judicialização da saúde no Brasil é a prevalência da aquisição de medicamentos. Dados do Relatório "Justiça em Números"[2] apontam que, entre 2015 e 2020, mais de 1 (um) milhão de todos os processos novos recebidos pelo Judiciário possuíam temática relacionada a medicamentos.[3] No estado de Goiás, essa tendência foi confirmada em pesquisa anterior deste PPGDP.[4]

Adianta-se ao leitor que a opção de se partir da *aquisição* de medicamentos teve por consequência inafastável que as decisões analisadas fossem apenas aquelas favoráveis aos demandantes, circunstância a sugerir a cautela no momento de fazer inferências, a fim de que somente sejam extensíveis às deliberações dessa ordem, embora não se possa deixar de mencionar que decisões favoráveis representam cerca de 85% do total das decisões prolatadas neste estado.[5]

---

[2] BRASIL. Conselho Nacional de Justiça. *Justiça em Números 2020*: ano-base 2019. Brasília: Conselho Nacional de Justiça, 2020. Disponível em: https://www.cnj.jus.br/wp-content/uploads/2020/08/WEB-V3-Justi%C3%A7a-em-N%C3%BAmeros-2020-atualizado-em-25-08-2020.pdf. Acesso em: 3 jul. 2021.

[3] BRASIL. Conselho Nacional de Justiça. Programa das Nações Unidas para o Desenvolvimento. *Judicialização e saúde*: ações para acesso à saúde pública de qualidade. Brasília: CNJ, 2021, p. 79.

[4] SANTOS, 2021. Da amostra colhida das 8.298 ações de saúde propostas contra o estado de Goiás entre 2016 e 2019, 5% requereram somente medicamentos, ao passo que cerca de 22% requereram apenas outras prestações, tais como exames ou cirurgias, e o restante pediu medicamentos juntamente com outras prestações.

[5] SANTOS, 2021. A pesquisadora analisou amostra aleatória (n=262) de base de dados contendo 8.298 ações de saúde movidas contra o estado de Goiás entre 2016 e 2019, a

Esperançosamente, o confronto com o cenário macro, criado a partir de decisões judiciais tomadas nas demandas individuais de saúde, pode levar a uma maior conscientização de eventual inaptidão dos meios empregados pelo Judiciário em promover os fins que se busca obter (que, imagina-se, seja a expansão e melhoria do acesso à saúde), facilitando uma visualização da questão em perspectiva.

A pesquisa está contemplada da maneira que se segue. Na sequência desta introdução, o capítulo 2 aborda o conceito de Cobertura Universal de Saúde como ferramenta necessária, embora não suficiente, ao alcance do objetivo de reduzir as iniquidades no acesso populacional à saúde, buscando analisar quais fatores aproximam ou distanciam um país deste propósito. Ainda nele, introduz-se o leitor ao conceito de *Accountability for Reasonableness* (AFR),[6] como proposta de um conjunto de características que um processo de tomada de decisão envolvendo a destinação de recursos de saúde deve reunir para que seja percebido como justo e legítimo.

Seu conteúdo teve por finalidade apenas munir o leitor de modelos de pensamento capazes de guiá-lo ao longo do trabalho, emprestando-lhe perspectiva, sem a pretensão, contudo, de consistir em uma apresentação de estado de arte ou revisão bibliográfica do tema.

O capítulo 3 insere o leitor no ciclo das políticas públicas, traçando um paralelo com os desenhos institucionais estabelecidos para a política de assistência farmacêutica brasileira para, em seguida, introduzi-lo no fenômeno da judicialização da saúde, problematizando sua inserção no ciclo.

O conteúdo seguinte, capítulo 4, busca identificar, a partir de estudos científicos sobre o tema, traços em comum nas decisões judiciais exaradas em demandas de saúde, a despeito da heterogeneidade do fenômeno, catalogando as principais preocupações e malefícios apontados pela comunidade acadêmica, no que diz respeito aos efeitos gerados por essa reunião de características, dos quais são exemplos fraudes, desvios e possíveis comprometimentos negativos em relação ao futuro da saúde brasileira.

Como o objetivo é traçar um panorama geral, a pesquisa não intencionou citar tudo o que já foi produzido em relação a cada ponto do diagnóstico, mas se deteve nos trabalhos considerados mais relevantes, a

que teve acesso a partir da unidade da Procuradoria-Geral do Estado encarregada das demandas do tema.

[6] Proposto por DANIELS, 2008.

partir de critérios como frequência de abordagem do assunto, amplitude dos dados coletados e renome dos autores. Também não se propôs a esgotar em profundidade cada um dos assuntos (os quais poderiam ser, e recorrentemente são, objetos suficientes de pesquisas), mas apenas conscientizar o leitor da problemática envolvida.

Ainda em relação a tal ponto, advirta-se que muitos estudos apresentados não coincidem com o momento temporal e recorte geográfico desta pesquisa empírica. Nada obstante, servem para ilustrar um crescendo do fenômeno judicialização em todo o país e auxiliam na construção das hipóteses posteriormente testadas no estado de Goiás.

No capítulo 5, empírico, apresentam-se os resultados da coleta de dados nos processos judiciais que culminaram na aquisição de medicamentos pelo estado de Goiás, entre 2019 e 2022; expõem-se as evidências científicas da pesquisa e sugerem-se inferências a partir do cruzamento de dados, possivelmente convoláveis em providências a serem adotadas.

As considerações finais são apresentadas no capítulo 6.

Desde já, previna-se que este estudo possui limitações decorrentes dos próprios recortes metodológicos propostos. De todo modo, os dados estão abertos, podendo, o pesquisador que assim deseje, estabelecer novas e mais profundas inferências ou discordar das daqui apresentadas.

Aspira-se a que os resultados aqui apontados sejam discutidos nas searas próprias, a fim de que possam contribuir, ainda que singelamente, com uma compreensão mais profunda das implicações do atual estado da judicialização da saúde em Goiás, e, a partir disso, com seu desejável aperfeiçoamento.

2

A COBERTURA UNIVERSAL DE SAÚDE E A NECESSIDADE DE SE FAZER ESCOLHAS

Há mais de 40 anos, os signatários da Declaração de Alma-ata,[7] no âmbito da OMS,[8] reconheceram que a promoção de saúde para todos contribui não só para a melhoria da qualidade de vida das pessoas, mas para a paz e a segurança globais. Há diversas maneiras de se promover saúde; muitas delas ficam fora dos limites da prestação desses serviços em si.

O alcance da Cobertura Universal até 2030 é um compromisso firmado por todos os membros das nações unidas. A OMS sugere que essa busca tenha seu desenvolvimento estruturado em três dimensões: para alcançar *mais pessoas* (máxima universalidade), *mais serviços* (máxima cobertura), e cada vez *menor necessidade de desembolsos diretos* pelos usuários (máxima proteção financeira), sem desconsiderar o fato de que cada gasto em saúde representa um custo de oportunidade do que se poderia ganhar mediante um uso alternativo dos recursos envolvidos.[9]

Ao menos na acepção empregada pela ONU e pela OMS (como se verá adiante, a definição não é única), a UHS serve como ponto de orientação aos países que buscam avançar na promoção de saúde para a sua população, retirando pessoas da situação de pobreza absoluta e

---

[7] BRASIL. Ministério da Saúde. *Declaração de Alma Ata sobre cuidados primários.* Alma-Ata, URSS, 12 set 1978. Brasília: MS, 2002. Disponível em: https://bvsms.saude.gov.br/bvs/publicacoes/declaracao_alma_ata.pdf. Acesso em: 28 abr. 2022.
[8] OMS. *Organização Mundial da Saúde.* Disponível em: https://www.who.int/pt Acesso em: 12 ago. 2022.
[9] WANG, 2020.

reduzindo iniquidades, sendo a estruturação de um sistema universal de saúde uma das maneiras possíveis de alcançá-la, embora não a única.

O Brasil se propõe desde 1988, em caráter constitucional, a assegurar o acesso universal e igualitário a ações e serviços para promoção, proteção e recuperação deste bem em favor de toda a população, o que vem sendo feito, na medida do possível, por meio de rede regionalizada e hierarquizada que constitui o Sistema Único de Saúde (SUS).

Se o SUS é ferramenta eleita no Brasil para o alcance da Cobertura Universal, seu crescimento deve estar norteado pela proteção dos usuários ao risco financeiro e pela garantia acesso a serviços de saúde essenciais e de boa qualidade, bem como o acesso a drogas e vacinas essenciais que sejam também seguras, efetivas e de boa qualidade, a preços acessíveis.[10]

Para chegar a tanto, vê-se que há ainda um longo percurso adiante.

No presente capítulo, aborda-se o aperfeiçoamento do SUS como ferramenta necessária, embora não suficiente, ao alcance do objetivo de reduzir as iniquidades no acesso à saúde populacional, garantindo a aproximação do objetivo de desenvolvimento sustentável, pactuado pelas Nações Unidas, relacionado à tentativa de alcançar a Cobertura Universal de Saúde até 2030.

Buscando analisar quais fatores aproximam ou distanciam um governo desse objetivo, depara-se com a inafastável necessidade de tomar decisões sobre como e em que empregar, na saúde pública, os limitados recursos existentes.

Em seguida, apresenta-se o conceito de AFR, idealizado por Daniels,[11] que se propõe a chegar a um consenso relacionado a condições que procedimentos de tomada de decisões envolvendo o emprego de recursos em saúde precisam reunir para serem percebidos como justos e legítimos em uma sociedade, tais conceitos serão necessários para guiar o leitor ao longo do percurso da pesquisa.

---

[10] OMS. Organização Mundial da Saúde. *Cobertura Universal de Saúde (CUS)*, 1 abr. 2021. Disponível em: https://www.who.int/world-health-day/world-health-day-2019/fact-sheets/details/universal-health-coverage-(uhc)#:~:text=CUS%20significa%20que%20todos%20os,tratamento%2C%20reabilita%C3%A7%C3%A3o%20e%20cuidados%20paliativos. Acesso em: 20 jan. 2022.

[11] DANIELS, 2008, p. 117-39.

2.1 Quando iniquidades em saúde são toleráveis

Iniquidades sociais e econômicas geram iniquidades em saúde, a partir de mecanismos complexos que só agora se começa a entender.[12]

Entre 2000 e 2017, a região da África Subsaariana registrou 533 mortes maternas a cada cem mil nascidos vivos, enquanto na Europa Ocidental foram cinco mães mortas registradas para a mesma quantidade de neonatos.[13] O Fundo das Nações Unidas para a Infância (UNICEF) estimou, em 2021, que dos mais de 48 milhões de crianças menores de cinco anos que morrerão até 2030, 28 milhões serão da África Subsaariana e 12 milhões da Ásia Central e Meridional, o que equivale a 57% e 25% das mortes, respectivamente.[14]

A expectativa de vida no país africano Essuatíni é metade da do Japão.[15] Mesmo nos Estados Unidos, cujo gasto *per capita* com saúde de dez mil dólares em 2018,[16] há uma lacuna de 20,1 entre a menor e a maior expectativa de vida dentre os condados, sendo que 60% da variação na expectativa de vida entre as regiões mensuradas pode ser explicada por fatores socioeconômicos e de raça/etnia.[17]

Todos esses dados para uma só uma verdade: as maneiras de se promover saúde não se restringem ao setor de saúde propriamente dito. A forma como as pessoas crescem, convivem, trabalham e envelhecem têm influência decisiva nas circunstâncias em que vivem e morrem. Justiça social é, por isso, questão de vida ou morte. Ela afeta a forma de vida das pessoas e, consequentemente, a probabilidade de adoecerem e morrerem precocemente.[18]

---

[12] *Ibid.*, p. 13.
[13] UNICEF. Fundo das Nações Unidas para a Infância. *Mortalidade Materna (2017).* Disponível em: https://data.unicef.org/topic/maternal-health/maternal-mortality/. Acesso em: 8 jan. 2022.
[14] UNICEF. *Grupo Interinstitucional das Nações Unidas para a Estimativa da Mortalidade Infantil (UM IGME).* Níveis e tendências da mortalidade infantil. Relatório 2021. Disponível em: https://data.unicef.org/resources/levels-and-trends-in-child-mortality/. Acesso em: 8 jan. 2022.
[15] DANIELS, 2008.
[16] OCDE. Organização para a Cooperação e Desenvolvimento Econômico. *Health at a Glance 2019:* OECD Indicators. OECD Publishing, Paris. Disponível em: https://doi.org/10.1787/4dd50c09-en. Acesso em: 12 ago. 2022.
[17] MURRAY, 2017.
[18] OMS. Organização Mundial da Saúde. *Closing the gap in a generation* – health equity through action on the social determinants of health. Genebra, 2008. Disponível em: https://www.who.int/social_determinants/final_report/csdh_finalreport_2008.pdf Acesso em: 8 jan. 2022.

A sociedade está habituada a dividir bens importantes, como educação, moradia, empregos, renda, oportunidade e participação política de forma pouco equânime entre subgrupos diferenciados por raça, etnia, gênero e classe social. Mas a pergunta é: está-se disposto a tolerar desigualdades no acesso à assistência médica da mesma forma como se tolera nos demais serviços e mercadorias, como computadores e material escolar?

Daniels,[19] partindo da Teoria de Rawls da justiça como equidade, defende que todos os fatores socialmente controláveis de distribuição da saúde, como serviços médicos e saúde pública, assim como outros determinantes como saneamento básico e segurança alimentar, são dotados de importância moral diferenciada, porquanto protegem, também, a equidade no acesso a oportunidades.

A ideia é que promover saúde em uma sociedade consiste, na verdade, em promover oportunidade e capacidade para as pessoas funcionarem como cidadãos igualmente capazes. Marmot,[20] que secretariou, a pedido do governo inglês, revisão independente propositiva de estratégias efetivas e baseadas-em-evidências para reduzir as iniquidades em saúde na Inglaterra em 2010 afirmou, em suas notas iniciais: "health inequalities that could be avoided by reasonable means are unfair." A afirmação parece certeira.

Pode-se adotar, como moralmente aceitável, a premissa de que iniquidades em saúde são toleráveis apenas no ponto em que não possam ser evitadas pelo emprego de meios razoáveis. E o contrário é também verdade: não podem ser admitidos em uma sociedade obstáculos ao acesso à saúde passíveis de solução com o emprego de ferramentas exigíveis segundo padrões de normalidade.

Independentemente das causas das iniquidades no acesso à saúde e da extensão da contribuição com que fatores sociais nelas operam, pode-se fechar o presente tópico concordando que sistemas de saúde são determinantes para a saúde da população. Isso pode ser ilustrado com um exemplo: as mulheres no estrato dos 20% mais ricos da população têm até vinte vezes mais probabilidades de ter o parto conduzido por um técnico de saúde qualificado do que as mais pobres. A redução deste hiato de cobertura entre ricos e pobres em 49 países de baixo rendimento poderia ter salvado as vidas de mais de 700.000

---

[19] DANIELS, 2008.
[20] MARMOT; GOLDBLATT; ALLEN et al. 2010.

mulheres entre 2010 e 2015.²¹ Aí entra a importância da busca pela Cobertura Universal de Saúde.

2.2 Cobertura Universal de Saúde: o que e por quê

Tanto quanto o acometimento por doenças e agravos, a exigência de largos pagamentos por serviços de saúde é capaz de limitar o bem-estar e o acesso a oportunidades, tanto para o doente quanto para aqueles que assumem os seus cuidados (geralmente mulheres não remuneradas).²²

A posição dos países em relação ao direito à saúde diagnosticada pela Assembleia das Nações Unidas em 2019²³ claramente contrasta com o direito reconhecido desde 1966 pelo Pacto Internacional de Direitos Econômicos, Sociais e Culturais (PIDESC), de que todas as pessoas desfrutem do mais elevado nível possível de saúde física e mental (no Brasil, ele foi promulgado pelo Decreto nº 591, de 6 de julho de 1992).²⁴

Diante disso, a ampliação da cobertura em saúde é benéfica à sociedade como um todo. Quando se considera que cobertura implica efetivo acesso e uso dos serviços cobertos, melhorar a cobertura equivale a melhorar também os níveis de saúde da população. E saúde da população significa desenvolvimento. Crianças saudáveis aprendem melhor. Cidadãos saudáveis são capazes de viabilizar crescimento econômico em um país.

---

[21] OMS. Organização Mundial da Saúde. *Taskforce on Innovative International Financing for Health Systems.* Background paper: constraints to scaling up and costs. International Health Partnership, 2009. Disponível em: https://www.uhc2030.org/ Acesso em: 8 jan. 2022.

[22] OMS. Organização Mundial da Saúde. *Fazendo escolhas justas no caminho para a cobertura universal de saúde:* relatório final do grupo consultivo da OMS sobre equidade e cobertura universal de saúde. OMS, 2014. Disponível em: https://apps.who.int/iris/handle/10665/112671. Acesso em: 14 jan. 2022.

[23] NAÇÕES UNIDAS. Assembleia das Nações Unidas. *Universal health coverage:* moving together to build a healthier world, 2019. Disponível em: https://agencia.fiocruz.br/sites/agencia.fiocruz.br/files/u35/uhc_hlm_silence_procedure.pdf. Acesso em: 7 jan. 2022. O organismo verificou que metade da população do planeta está em situação de carência de acesso a serviços de saúde essenciais; que mais de oitocentos milhões de pessoas carregam o fardo de comprometer pelo menos 10% de seus ganhos domésticos em cuidados com essa finalidade; e que despesas não programadas nessa seara levam quase cem milhões de pessoas a níveis de pobreza a cada ano.

[24] BRASIL. *Decreto nº 591, de 6 de julho de 1992.* Atos Internacionais. Pacto Internacional sobre Direitos Econômicos, Sociais e Culturais. Promulgação. Disponível em: http://www.planalto.gov.br/ccivil_03/decreto/1990-1994/d0591.htm. Acesso em: 28 abr. 2022. O pacto é produto da XXI Sessão da Assembleia-Geral as Nações Unidas, ocorrida em 1966.

A busca da cobertura universal envolve a busca de expansão da oferta de acesso a serviços de saúde pela população. Quando assim se movimenta, um país pode retirar pessoas da pobreza absoluta e tornar factível pensar no desenvolvimento dos atributos que permitem que uma vida humana seja considerada digna. Tanto que seu alcance foi inserido na Agenda Mundial de Desenvolvimento Sustentável para 2030 pela Organização das Nações Unidas (ONU).

Um parêntese é cabível para esclarecer que o conceito de UHS não é único; todas as definições, contudo, parecem convergir ao estabelecer uma relação com o recebimento de serviços de saúde de qualidade que atendam as necessidades populacionais sem exposição a risco financeiro.[25] Apesar disso, na literatura científica nos domínios da saúde pública, há uma relevante presença de críticos ao conceito, contrapondo-o a sistemas universais de saúde e ao próprio direito à saúde.

De acordo com Wang,[26] tais críticos assumem que UHS envolve restrição a direitos de usuários e a deveres estatais, associando-se à noção de pacotes ou cestas de serviço restritas, como uma espécie de alternativa neoliberal aos direitos sociais e ao próprio SUS.

Para fins deste trabalho, contudo, considera-se a UHS como requerendo atuação estatal para criar contribuições compulsórias e mecanismos de repartição de riscos, seja mediante sistemas universais ou seguros compulsórios, públicos ou privados. O traço da compulsoriedade, associado a algum nível de subsídio aos mais pobres, são condições essenciais para a universalidade.[27] Parte-se, ainda, do conceito de cobertura como implicando também efetivos acesso e uso do que esteja sendo ofertado, já que os indicadores da própria OMS para medir o progresso de um país em direção à UHS focam na proporção de pessoas que efetivamente recebem os serviços de que necessitam.

Pois bem.

Embora tratar de Cobertura Universal envolva questões relacionadas ao financiamento de um sistema, ela não se exaure nisso. Além de se atentar ao que está sendo coberto (ao objeto da cobertura propriamente dita), também se deve cuidar das barreiras a essa pretensa cobertura, as quais não podem, em sua totalidade, ser resolvidas com

---

[25] WANG, 2020.
[26] WANG, 2020.
[27] KUTZIN, 2012.

o emprego de recursos financeiros. Há também óbices de cunho legal, organizacional, tecnológico, informacional, cultural etc.[28] Caminhar no rumo da cobertura universal não é algo a se fazer de qualquer jeito. Como todo bom jogador de xadrez sabe, estratégia é fundamental. As agências internacionais têm buscado auxiliar os países que trilham com esse intento.

Em 2014, a Organização Pan-Americana de Saúde (OPAS) elaborou o documento intitulado *Estratégia para o Acesso Universal à Saúde e UHS*, no qual estabelece quatro linhas táticas para o acesso universal à saúde e Cobertura Universal (embora reconheça que cada país deve definir seu plano de ação de forma adequada ao seu contexto social, econômico, político, jurídico, histórico e cultural).

A primeira delas pretende expandir o acesso equitativo a serviços de saúde integrais, de qualidade e centrados nas pessoas e comunidades. Isso envolve aumentar a capacidade resolutiva da atenção básica e identificar iniquidades entre grupos populacionais e seus determinantes, com o intuito de avançar na definição do que sejam serviços de saúde integrais, de qualidade, universais e de expansão progressiva. Essa definição deve destinar maior atenção a necessidades específicas de grupos mais vulneráveis.

A linha estratégica número dois diz respeito ao fortalecimento do papel condutor e da governança. O que se busca é criar e fortalecer mecanismos de participação social e diálogo com autoridades responsáveis pela saúde e outros setores relevantes na formulação e execução de políticas rumo ao acesso universal à saúde e à UHS. Tais políticas devem propiciar adequada prestação de contas, transparência e inclusão social. Os planos devem ter metas definidas e serem passíveis de monitoramento e avaliação, sempre contando com participação social.

A terceira linha estratégica quer aumentar e melhorar o financiamento com equidade e eficiência, avançando no sentido de eliminar o pagamento direto pelos usuários dos serviços. Inevitavelmente, essa linha passa pela necessidade de racionalizar a introdução e uso de medicamentos e outras tecnologias em saúde, a partir da adoção de enfoque integrado, multidisciplinar e baseado em evidência. Aqui entra,

---

[28] OMS. Organização Mundial da Saúde. *Fazendo escolhas justas no caminho para a cobertura universal de saúde:* relatório final do grupo consultivo da OMS sobre equidade e cobertura universal de saúde. OMS, 2014. Disponível em: https://apps.who.int/iris/handle/10665/112671. Acesso em: 14 jan. 2022.

também, a necessidade de combater a corrupção, efetuar processos de compras transparentes e otimizar o abastecimento.

Embora, em todo o tempo, o financiamento público deva ser aumentado e otimizado, alocar o gasto público de forma eficiente é condição tão essencial quanto para reduzir as iniquidades.

Por fim, a linha estratégica número quatro pressupõe fortalecer os mecanismos de coordenação intersetorial e a capacidade da autoridade nacional de saúde para implantar, com sucesso, políticas públicas e promover legislações, regulações e ações extrassetoriais que abordem os determinantes sociais da saúde.

A OMS complementa a abordagem de forma relevante. Para a agência, o passo de número um de uma estratégia assertiva para os países que buscam implementar progressivamente Cobertura Universal envolve categorizar os serviços em classes de prioridade. Critérios relevantes incluem aqueles relacionados a custo-benefício, priorização de pacientes em pior situação e proteção contra riscos financeiros. A adoção desses critérios permite, em um segundo passo, expandir a cobertura de serviços de alta prioridade a todos.[29]

A agência internacional menciona que a distribuição de fardos e benefícios em uma sociedade deve estar pautada em justiça e equidade e que, embora não haja consenso sobre o que cada um desses termos realmente significa, há certas questões específicas em torno das quais é possível acordar.

Uma delas é a de que há injustiça quando parte da população não tem acesso a serviços altamente custo-efetivos, mirando em condições gravemente severas (diga-se, por exemplo, de antibióticos para pneumonia, assistência qualificada ao parto, tratamento para malária e prevenção secundária para acidente vascular e infarto no miocárdio), enquanto outras partes da população são cobertas para tratamentos muito dispendiosos, delas obtendo benefícios muito limitados (como quimioterapias experimentais sem benefícios comprovados).

---

[29] OMS. Organização Mundial da Saúde. *Fazendo escolhas justas no caminho para a cobertura universal de saúde:* relatório final do grupo consultivo da OMS sobre equidade e cobertura universal de saúde. OMS, 2014. Disponível em: https://apps.who.int/iris/handle/10665/112671. Acesso em: 14 jan. 2022.

2.3 Pedras no caminho da cobertura universal

O relatório mundial da saúde elaborado pela OMS, em 2011,[30] aponta três problemas fundamentais que limitam a aproximação dos países rumo à cobertura universal. O primeiro deles diz respeito à indisponibilidade de recursos financeiros suficientes.

Para lidar com isso, a ideia básica é que a estruturação de um sistema de cobertura ampla em saúde depende da delimitação dos bens e serviços a serem ofertados. É unânime: nenhum sistema de saúde no mundo jamais pôde ou poderá ofertar cobertura ilimitada. Novos serviços e tecnologias em saúde são lançados no mercado a todo o momento. A maioria das pessoas vive em um sistema capitalista, e é natural que a situação seja essa quando tais produtos são também mercadorias. Abarcar as infinitas opções mercadológicas em qualquer setor não pode ser prioridade. Saúde populacional é prioridade.

Por isso, nenhum país foi capaz até hoje de assegurar que todas as pessoas tenham acesso imediato a todas as tecnologias e intervenções capazes de prolongar ou melhorar suas vidas. E nem se pode esperar que seja essa a intenção.

Um segundo empecilho a que milhões de pessoas recebam cuidados de saúde, quando deles necessitam, é a obrigação de pagar diretamente pelos serviços quando surge a necessidade. A mesma situação leva, também, pessoas necessitadas de cuidados ao fracasso financeiro e empobrecimento.

Um terceiro e preocupante obstáculo envolve o uso ineficiente e desigual dos recursos disponíveis. O desperdício apontado no relatório da OMS, em estimativa conservadora, é de 20 a 40% de todos os recursos de saúde empregados. A redução dessa perda é decisiva para o aumento da capacidade dos sistemas de saúde de fornecerem serviços de qualidade e melhorarem a saúde.

Em poucas palavras: independentemente do volume de recursos angariados à saúde, nenhuma cobertura poderá ser ampliada ou melhorada caso não se consiga garantir que os recursos já disponibilizados sejam alocados de modo eficiente.

---

[30] OMS. Organização Mundial da Saúde. *Financiamento dos sistemas de saúde:* o caminho para a cobertura universal, 2011. Disponível em: https://apps.who.int/iris/bitstream/handle/10665/44371/9789899717848_por.pdf?sequence=33&isAllowed=y. Acesso em: 2 maio 2022.

A agência internacional estima que os países poderão reduzir as suas despesas em saúde até cerca de 5% se refrearem os gastos supérfluos em medicamentos, os usassem de modo mais adequado e melhorarem o controle de qualidade. A utilização irracional de medicamentos, aliás, é um grande obstáculo à Cobertura Universal. Ainda, segundo o relatório internacional, a nível global, mais da metade de todos os medicamentos são prescritos, dispensados ou vendidos inapropriadamente.

Por fim, não se pode deixar de citar a corrupção como fenômeno de destaque com respeito à aptidão para minar esforços dirigidos ao alcance da cobertura universal da saúde, porquanto constitui barreira à efetiva mobilização e alocação de recursos, afastando-os de atividades vitais para a erradicação da pobreza e do desenvolvimento sustentável.[31]

Introduzidas as questões iniciais sobre o significado da Cobertura Universal e as principais estratégias e óbices para alcançá-la, volta-se o olhar à situação brasileira.

2.4 A situação brasileira

Em 2005, a OMS criou a *Comission on Social Determinants of Health*, em busca de estabelecer uma base abrangente de evidências das iniquidades em saúde e dos fatores que as impulsionam, assim como avaliar formas práticas de abordá-los nos países. Seguindo o movimento, já no ano seguinte, o Brasil criou sua própria comissão: a Comissão Nacional sobre Determinantes Sociais da Saúde (CNDSS).[32]

---

[31] NAÇÕES UNIDAS. Assembleia das Nações Unidas. *Universal health coverage:* moving together to build a healthier world, 2019. Disponível em: https://agencia.fiocruz.br/sites/agencia.fiocruz.br/files/u35/uhc_hlm_silence_procedure.pdf. Acesso em: 7 jan. 2022.

[32] A comissão foi instituída no governo Lula, pelo Decreto de 13 de março de 2006 e extinta no governo Bolsonaro, pelo Decreto nº 10.087, de 5 de novembro de 2019. A CNDSS tinha os seguintes objetivos, de acordo com o art. 1º do diploma revogado:
I – apoiar e articular a atuação do Poder Público, instituições de pesquisa e da sociedade civil sobre determinantes sociais relacionados à melhoria da saúde e redução das iniquidades sanitárias;
II – promover modelos e práticas efetivas relacionadas aos determinantes sociais da saúde e voltados à inserção da equidade em saúde nas políticas de governo;
III – contribuir para a formulação e implementação de políticas, planos e programas de saúde baseados em intervenções sobre os determinantes sociais que condicionam o nível de saúde;
IV – organizar e gerar informações e conhecimentos voltados a informar políticas e ações sobre os determinantes sociais da saúde; e
V – mobilizar setores de governo e a sociedade civil para atuar na prevenção e solução dos efeitos negativos de determinantes sociais da saúde.

O produto disso foi a elaboração de um relatório final, dois anos depois, intitulado: as causas sociais das iniquidades em saúde no Brasil.³³ Segundo o documento, elaborado com enfoque na situação brasileira, a distribuição da doença e da saúde em uma sociedade não é aleatória, mas se associa à posição social, que é definidora das condições de vida e trabalho nos indivíduos e grupos. O Produto Interno Bruto (PIB) *per capita*, a distribuição de renda e a taxa de analfabetismo estão diretamente associados à expectativa de vida dos brasileiros.³⁴ Os efeitos do nível de instrução manifestam-se na percepção dos problemas de saúde, na capacidade de entendimento das informações sobre saúde, na adoção de estilos de vida saudáveis, no consumo e utilização dos serviços de saúde, e ainda na adesão aos procedimentos terapêuticos.

Desemprego, trabalho informal e exclusão do mercado de trabalho estão igualmente associados a uma pior condição de saúde entre adultos brasileiros, independentemente de características sociodemográficas como escolaridade, renda e região de residência.³⁵

Consequência disso é que a intervenção sobre os mecanismos de estratificação social, com destaque para aqueles que diminuam as diferenças sociais relacionadas ao mercado de trabalho, à educação e à seguridade social, possuem papel crucial no combate às iniquidades em saúde. Como já foi dito, a saúde não é mero produto de sistemas de cuidados, de modo que não se pode isolá-la de um contexto mais amplo de justiça social.

Além disso, por se tratar a saúde de direito de especial importância, os serviços a ela relacionados não podem ser tratadas como mais uma *commodity* a ser alocada no mercado.

Permitir que ribeirinhos, quilombolas, indígenas e crianças em regiões de confronto no Brasil tenham acesso a serviços de saúde em caráter preventivo e curativo, bem como a outras medidas que viabilizem o usufruto de uma situação de saúde, como sanitização, segurança alimentar e informação são um passo inicial, porém firme em direção à correção de tais iniquidades.

---

33 BRASIL. CNDSS. Comissão Nacional sobre Determinantes Sociais da Saúde. As causas sociais das iniquidades em saúde no Brasil. *Relatório Final da Comissão Nacional sobre Determinantes Sociais da Saúde (CNDSS)*, 2008. Disponível em: https://bvsms.saude.gov.br/bvs/publicacoes/causas_sociais_iniquidades.pdf. Acesso em: 28 abr. 2022.
34 MESSIAS, 2003.
35 GIATTI; SANDHI, 2006.

O Brasil, assim como os demais países que pretendam atender a Agenda Mundial de Desenvolvimento da ONU,[36] alcançando a cobertura universal até 2030, precisa buscar a maneira mais eficiente de organizar o seu sistema de saúde, empregando recursos para que todas as pessoas tenham acesso a serviços integrais antes mesmo que deles necessitem.

A saúde está na lista de direitos sociais fundamentais do Título I da CF/88,[37] junto a outros como educação, moradia, segurança, seguridade social e proteção à maternidade e à infância. A leitura da seção da Constituição destinada à saúde (art. 196 e seguintes) deixa claro que a concepção é ampla e não se restringe apenas à noção de assistência médica, englobando políticas sociais e econômicas como forma de implementação do direito à saúde, participação comunitária, atividades preventivas (art. 198), saúde do trabalhador, proteção ao meio ambiente e segurança alimentar (art. 200), dentre outros.[38]

Até a nova ordem constitucional, contudo, não havia indicativo explícito que ordenasse a implementação de ações de saúde de relevância pública em caráter universal, isto é, em condições de alcançar a cobertura de toda a população.

Antes da CF/88, a saúde pública era liderada pelo Instituto Nacional de Assistência Médica e Previdência Social (Inamps), criado em 1977, sendo que o sistema acobertava apenas aqueles que trabalhavam em empregos formais e contribuíam com a Previdência Social. Quem não se encaixasse nessa categoria e ficasse doente ou se acidentasse precisaria ou buscar o sistema privado ou as poucas instituições existentes que realizavam atendimentos gratuitos, como as Santas Casas de Misericórdia e os hospitais universitários. Como se pode imaginar, elas não eram capazes de absorver completamente a demanda existente, abandonando muitos À própria sorte. Foi a criação

---

[36] NAÇÕES UNIDAS. *Objetivos de desenvolvimento sustentável.* Disponível em: https://brasil. un.org/pt-br/sdgs. Acesso em: 2 maio 2022. Em 2015, todos os chefes de Estado e de Governo integrantes da Organização das Nações Unidas se reuniram em Nova York e decidiram reunir forças em prol de uma Agenda Mundial de Desenvolvimento Sustentável. Ali eles fizeram um pacto universal de se movimentar para acabar a pobreza, proteger o planeta e assegurar que todas as pessoas tenham paz e prosperidade em 2030. Para isso, 17 objetivos foram traçados. Pelo objetivo 3, que abarcou medidas voltadas à promoção de saúde e bem-estar, todos os Estados Membros das Nações Unidas concordaram em tentar atingir a UHS até 2030.

[37] BRASIL. Constituição (1988). *Constituição da República Federativa do Brasil de 1988.* Brasília, DF: Presidência da República, [2022]. Disponível em: http://www.planalto.gov.br/ccivil_03/Constituicao/Constituiçao.htm Acesso em: 12 ago. 2022.

[38] FERRAZ, 2011.

do SUS que permitiu prover assistência médica a milhares de pessoas pobres até então desprovidas desse tipo de acesso.

O SUS é fruto do movimento da Reforma Sanitária, surgido no contexto da luta contra a ditadura, no início dos tempos de 1970. É parte do processo de redemocratização brasileira e é, inquestionavelmente, uma conquista para a população. A OPAS o considera uma "[...] referência obrigatória de nação comprometida com a universalidade em saúde, de gestão pública participativa e fonte de conhecimentos para a Região das Américas e países de outras latitudes".[39]

Em relatório que buscou avaliar as conquistas, avanços e desafios dos primeiros trinta anos do SUS, a agência internacional destacou que países que adotaram caminhos para sistemas universais de saúde, como o SUS, estão hoje preocupados com a sua sustentabilidade, em virtude da existência de fatores capazes de ameaçar a sua viabilidade financeira.

Se tudo está em constante movimento, não avançar é retroceder. Assim, além de manter o funcionamento do sistema, garantindo sua sustentabilidade, deve-se, também, preocupar-se em ampliar seu alcance; tornar seus serviços mais efetivos, eficazes, seguros; disponibilizar mais materiais, medicamentos, tecnologias e profissionais, primando pelo aprimoramento de sua qualidade; alcançar populações marginalizadas, reforçando com elas medidas de caráter preventivo.

O SUS propiciará Cobertura Universal quando for capaz de atender satisfatoriamente às necessidades da população, incluindo a disponibilidade de infraestrutura, de recursos humanos, de tecnologias da saúde (categoria que abrange os medicamentos) e de financiamento. Ainda que isso, por si só, não garanta o gozo de saúde, bem-estar e equidade por todos, é solo no qual tais valores poderão ser cultivados.

Em princípio, a Constituição[40] atribui o direito à saúde a todos os cidadãos e estabelece como objetivo o acesso universal e igualitário às ações e serviços para sua promoção, proteção e recuperação. As palavras de ordem, traduzidas em princípios constitucionais de regência dos serviços são: universalidade, integralidade e gratuidade. Em se

---

[39] OPAS. Organização Pan-Americana de Saúde. *Relatório 30 anos de SUS, que SUS para 2030?* Brasília: OPAS, 2018. Disponível em: https://iris.paho.org/handle/10665.2/49663. Acesso em: 14 jan. 2022.

[40] BRASIL. Constituição (1988). *Constituição da República Federativa do Brasil de 1988.* Brasília, DF: Presidência da República, [2022]. Disponível em: http://www.planalto.gov.br/ccivil_03/Constituicao/Constituiçao.htm Acesso em: 12 ago. 2022.

tratando de gestão do sistema, a regência segue os imperativos da descentralização e da participação social.

A Carta constitucional não se limitou a enunciar formalmente o direito fundamental, mas de logo estabeleceu a principal forma que elegera para proteger e recuperar a saúde da população brasileira: pela criação de um SUS, capaz de assegurar igualdade de acesso e integralidade de assistência.

Desde então, o Poder Público é responsável por formular e executar programas que se voltem a assegurar o direito à saúde da coletividade, ou seja, de todos os potenciais destinatários de cada um dos programas voltados a doenças ou situações específicas.[41]

A fruição de direitos envolve ação, e ação estatal capaz de realizar direitos fundamentais pressupõe escolhas no que diz respeito a dispêndios públicos.[42] Promover esse direito depende de implementar ações e programas dos mais diferentes tipos e garantir a prestação de determinados serviços. Em outras palavras, será necessário implementar políticas públicas. Toda ação estatal envolve gasto de dinheiro público e os recursos públicos são sempre limitados, o que implica na necessidade de priorizar e escolher *em que* e *como* gastar.

O momento da definição do conjunto de gastos é exatamente aquele no qual a realização dos fins constitucionais poderá e deverá ocorrer.[43] São as escolhas formuladas em concreto pelo Poder Público e a cada ano quem dirá se esses fins serão ou não atingidos, em que medida, e se de forma mais ou menos eficiente.[44]

Caminhar em direção à universalidade de cobertura, concretizando o ideal do Constituinte para o sistema único brasileiro pressupõe tomar decisões corretas em termos de emprego de recursos em uma realidade de limitação material. O tópico a seguir traz uma proposição de como isso pode ser feito.

2.5 Decisões em Saúde e *Accountability for Reasonableness*

Quem quer que se proponha a desenhar um sistema de saúde precisa ter em mente que o bem em questão é de importância moral diferenciada. Isso se dá em razão dos impactos que exerce na distribuição,

---

[41] BUCCI, 2017, local 713 (Kindle).
[42] Sobre o assunto: HOLMES; SUNSTEIN, 1999.
[43] BARCELOS, 2008, p. 111-147.
[44] BARCELOS, 2008, p. 111-147.

dentro de uma sociedade, de oportunidades, para cujo acesso se mostra indispensável.⁴⁵ Não obstante, o bem saúde precisa ser sopesado com outros, igualmente importantes na promoção de oportunidade. Estabelecer limites consiste, portanto, em um requerimento geral de justiça, e não em algo lamentavelmente reservado a países de poucos recursos.⁴⁶ Afinal, é igualmente injusto que necessidades razoáveis em saúde deixem de ser atendidas pelo fato de se ter desperdiçado recursos com gastos evitáveis e ineficientes.

No processo de tomada de decisões alocativas em saúde, algumas perguntas difíceis precisam ser respondidas. Por exemplo: deve-se permitir que o acesso de grande número de pessoas a benefícios modestos seja favorecido em detrimento do acesso de outras poucas, a benefícios significantes?

Antecipa-se que respostas utilitárias, baseadas puramente em custo-efetividade, poderiam levar a decisões como as do *Oregon Health Services Comission*, que, como estratégia para racionalização de gastos no *Medicaid* (programa social de saúde americano), publicou, em 1990, uma lista de condições/tratamentos classificados por ordem de custo-efetividade, na qual o procedimento de colocar coroas dentárias para tapar os dentes recebeu uma posição superior à de apendicectomia, já que os custos para remover o apêndice inflamado de uma única pessoa possibilitariam a cobertura dos dentes de muitas outras.⁴⁷

Há outras perguntas igualmente complexas: trabalhando com limitações de recursos, quanto deveria favorecer procedimentos que produzem, comprovadamente, os melhores resultados, em detrimento de procedimentos que dariam às pessoas uma chance justa de obter algum benefício?⁴⁸

É precisamente o fato de não se poder responder a tais questões mediante aplicação de princípios que torna necessária a instituição de um procedimento, sob determinadas condições e garantias, que seja considerado justo e legítimo, a fim de que mesmo pessoas a quem tenha sido negado acesso a determinado tratamento aceitem se submeter à decisão, quando a negativa tenha advindo da aplicação correta das etapas pré-estabelecidas.

---

⁴⁵ DANIELS, 2008, p. 103.
⁴⁶ *Ibid.*
⁴⁷ Exemplo retirado de DANIELS, 2008, p. 107.
⁴⁸ *Ibid.*

Em síntese, evitar discussões sobre como estabelecer limites aos gastos em saúde de maneira justa não resolve o problema; antes, acrescenta mais injustiça a sistemas já injustos. Em suma, as dificuldades em se estabelecer respostas apriorísticas a perguntas complexas sobre racionamento em recursos de saúde torna indispensável que se estabeleça um procedimento justo a ser seguido pelos tomadores de decisão em tempo real.[49]

Daniels,[50] professor de Harvard, propõe as características que esse tipo de procedimento deve ter para que seja percebido como justo e legítimo, inclusive por usuários a quem seja eventualmente negado o acesso a determinado tratamento de saúde como fruto de sua aplicação, chamando-o de AFR.

Segundo ele, AFR existe quando pelo menos quatro condições são reunidas: Publicidade (*Publicity Condition*); Relevância (*Relevance Condition*); Revisabilidade (*Revision and Appeals Condition*) e Regulação (*Regulative Condition*).

A condição de publicidade (1) implica que a racionalidade das decisões importantes estabelecendo limites em saúde devam estar publicamente disponíveis. Isso envolve, por exemplo, expor os critérios para que um paciente seja elegível a receber determinado tipos de tratamento e as razões para tanto (premissas adotadas, estudos científicos que embasaram a decisão etc.). Exemplo: tratamentos com hormônios de crescimento só serão custeados para crianças com deficiência hormonal, e não para crianças que, embora possam obter um ganho com o tratamento (ficar mais altas), já alcançarão, sem a intervenção, altura catalogada na medicina como normalidade funcional.

Outra implicação importante da publicidade é a presunção gerada de que, tendo certo indivíduo recebido tratamento por se encaixar em interpretação razoável da política aplicável, outros indivíduos com traços semelhantes e em situações semelhantes se beneficiarão da mesma providência em casos subsequentes. A condição funciona, portanto, como uma espécie de compromisso futuro.

A condicionante da relevância (2) determina que as razões orientando as decisões de cobertura estejam voltadas a providenciar uma construção razoável no sopesamento de custos e benefícios ao buscar atender, em uma população definida, às variadas necessidades de cuidados em saúde sob limitações orçamentárias.

---

[49] *Ibid.*, p. 105.
[50] *Ibid.*, p. 118.

Alguns princípios são aqui aplicáveis. Por exemplo: se uma decisão de cobertura coloca um grupo de pessoas em situação de desvantagem maior do que outro grupo de pessoas em situação relevantemente semelhante, ela viola o enunciado de justiça que exige que casos similares sejam tratados similarmente. Além disso, embora criar "perdedores e vencedores" seja inerente ao processo, a relevância impõe que sejam descartadas decisões que coloquem pessoas em uma situação de desvantagem pior do que precisariam estar, consideradas as alternativas disponíveis.

A condição de revisabilidade (3) demanda que a decisão de exclusão ou inclusão de determinado tratamento no rol do que será disponibilizado à população possa ser questionada e eventualmente revertida por quem seja por ela afetado, mediante procedimento adequado para tanto. Ao permitir a porosidade da tomada de decisão aos pontos de vista de seus destinatários, o procedimento cria potencial para decisões melhores e educa a sociedade tanto sobre a necessidade de limites quanto sobre como colocá-los de maneira justa.[51]

Por fim, o autor também aponta a necessidade de se assegurar que as condições de *Publicity*, *Relevance* e *Revisability* estejam sendo observadas, o que deve ser feito mediante regulação adequada (*Regulative Condition*).

Formular escolhas justas e legítimas, em concreto, para destinar os insuficientes recursos disponíveis em saúde é fator decisivo no caminho para assegurar a Cobertura Universal e concretizar os objetivos do SUS idealizado pelo Constituinte.

Tendo introduzido o leitor nos conceitos de Cobertura Universal e nas linhas estratégicas que aproximam ou afastam uma Nação desse objetivo segundo agências de renome internacional, apresentou-se a formulação de Daniels para procedimentalizar a tomada de decisões de cobertura em sistemas de saúde que se propõem a produzir resultados justos e legítimos (AFR).

O capítulo seguinte se propõe a apresentar estruturação da política pública de saúde no Brasil, por meio do SUS, inserindo a questão da judicialização da saúde no debate. Espera-se que o leitor se valha dos introitos teóricos apresentados neste capítulo como ferramenta para permitir o pensamento crítico e parâmetro de avaliação do que será exposto.

---

[51] *Ibid.*, p. 131.

3

SATISFAZENDO O DIREITO À SAÚDE: AS POLÍTICAS PÚBLICAS E O PODER JUDICIÁRIO

O presente capítulo descreve a estruturação das políticas voltadas à satisfação do direito à saúde no Brasil, e as contextualiza a partir da exposição de seus ciclos e elementos constitutivos. Em seguida, introduz-se o leitor ao fenômeno chamado de judicialização da saúde, com suas complexidades, de modo a habilitá-lo à compreensão da parte empírica desta pesquisa, que diz respeito à forma como juízes e tribunais vêm decidindo, no estado de Goiás, sobre quais medicamentos deve a Administração estadual adquirir e fornecer à população.

3.1 O ciclo de políticas públicas

Diz-se, dos direitos fundamentais no sistema constitucional brasileiro, que ostentam um *status* diferenciado, de centralidade, querendo significar que tanto o Estado quanto o Direito existem para protegê-los e promovê-los.[52]

No Brasil, como em países em desenvolvimento de modo geral, é natural a demanda pelo Estado seja mais específica, reclamando um governo coeso, capaz de articular a ação necessária para modificar estruturas que reproduzem atraso e desigualdade.[53]

---

[52] BARCELOS, 2008, p. 111-147.
[53] BUCCI, 2013, p. 15.

Considerando-se que a promoção e proteção de direitos fundamentais demandam ações, e, por vezes, omissões estatais,[54] a garantia de determinados serviços também não prescinde da implementação de ações e programas dos mais diferentes tipos, ou seja, da estruturação e consumação de políticas públicas.

Na definição proposta por Bucci,[55] o termo políticas públicas se refere aos programas de ação governamental resultantes de um conjunto de processos juridicamente regulados, tendo em mira a realização de objetivos socialmente relevantes e politicamente determinados, estruturados a partir da coordenação meios à disposição do Estado e das atividades privadas. Os elementos contidos no conceito serão detalhados adiante.

Por ora, deve-se saber que política pública envolve quatro aspectos essenciais: (1) realizar objetivos previamente definidos, (2) expressar a seleção do que será priorizado; (3) reservar os meios necessários a se chegar ao fim eleito; (4) observar o intervalo de tempo em que se pretende atingir o resultado visado.[56]

Segundo Capella,[57] o ato de se formular uma política pública, *per si*, é etapa apenas pré-decisória, compreendendo tanto a identificação de problemas que merecem atenção governamental (definição de agenda), quanto a busca por diferentes soluções em tese viáveis (definição de alternativas), a partir do confronto entre seus custos e possíveis efeitos. Tudo isso dentro de uma complexa combinação de instituições e atores, e elementos técnicos e políticos.[58]

O processo de elaboração de uma política pública (*policy-making process*) pode ser mais bem compreendido a partir da já amplamente utilizada metáfora do ciclo (*police cycle*). Ela contempla um esquema que facilita a visualização e intepretação da organização da vida de uma política pública, em fases sequenciais e interdependentes, vide figura abaixo:[59]

---

[54] *Ibid.*, p. 15.
[55] BUCCI, 2006a, p. 39.
[56] *Ibid.*, p. 39.
[57] CAPELLA, 2018, p. 9.
[58] *Ibid.*, p. 9.
[59] SECCHI, 2013, p. 33.

Figura 1 – Ciclo de políticas públicas

[Figura: Ciclo de políticas públicas, com as etapas: IDENTIFICAÇÃO DO PROBLEMA PÚBLICO, INCLUSÃO NA AGENDA PÚBLICA, SOLUÇÕES ALTERNATIVAS A, B, C, D, DECISÃO, PLANEJAMENTO DA EXECUÇÃO, IMPLEMENTAÇÃO DA POLÍTICA PÚBLICA, MONITORAMENTO, AVALIAÇÃO.]

Fonte: SECCHI, 2013, p. 33.

A ciência política tem o olhar orientado a resolver problemas enfrentados por governos.[60]

Um problema pode ser muito bem explicado a partir da discrepância entre o modo como as coisas são e o modo como se gostaria que elas fossem. Contudo, a percepção de algo como problemático é altamente intersubjetiva. Problemas não são elementos latentes, prestes a serem diagnosticados ou descobertos.[61] Antes, resultam de um processo de escolha.[62]

A situação pública passa a ser considerada insatisfatória a partir do momento em que afeta a percepção de muitos atores relevantes.[63] Quando um ator político identifica um problema para cuja resolução tenha interesse, pode então tomar as providências que estejam a seu alcance para que ele entre na lista de prioridades de atuação, denominada de *agenda*.[64]

---

[60] CAPELLA, 2018, p. 13.
[61] Ibid., p. 19.
[62] Ibid., p. 19.
[63] SECCHI, 2013, p. 35.
[64] Ibid., p. 35.

Na fase do *agenda setting* (inclusão na agenda), a decisão a ser tomada é se um tema se insere na atual pauta política ou deve ser excluído ou adiado para uma data posterior, não obstante a relevância de ação.[65] A partir de um processo de poder, oriundo da mobilização de atores e grupos que buscam acesso à agenda, questões públicas são transformadas em prioridades governamentais. Uma das características básicas de seu processo de formação, portanto, é a competição pela atenção,[66] marcada pela mobilização grupos contrários, que lançam mão de recursos para bloquear a questão.[67] Formar uma agenda envolve também o poder de definir como o problema será representado e construído. Envolve, portanto, o poder da narrativa.

Uma vez que o governo reconheça a existência de um problema como político e entenda pela necessidade de se fazer algo a respeito, integrando-o à agenda formal, espera-se que os *policy-makers* decidam-se por um curso de ação. A formulação desse curso é o segundo estágio fundamental no ciclo de políticas públicas.[68]

Propor soluções equivale a ter ideias sobre o que fazer diante da situação.[69] Alguém que queira formular saídas para dado problema precisa estabelecer objetivos e metas a serem alcançadas; estudar potenciais consequências da opção por cada via de curso pensada; realizar, *ex ante*, um exercício imaginativo dos cenários criados pela adoção de cada uma das estratégias postas em mesa.

A formulação de políticas envolve também – e isso é muito importante – identificar possíveis restrições de ordem técnica e política que eventualmente restrinjam o escopo de atuação estatal.[70] Em tal ponto, espera-se que as limitações e contingências sejam antecipadas, a fim de que se tenha um panorama claro do que não é ou não viável.[71]

Algumas limitações podem ser inerentes à substância do problema. Muito embora a pobreza extrema seja inquestionavelmente grave, o governante não pode, para endereçá-la, simplesmente imprimir moeda e distribuí-la, porque a inflação compensaria os ganhos.[72] Ou seja:

---

[65] FREY, 2022.
[66] CAPELLA, 2018, p. 33.
[67] *Ibid.*, p. 33.
[68] HOWLETT; RAMESH; PERL, 2013.
[69] CAPELLA, 2018, p. 41.
[70] HOWLETT; RAMESH; PERL, 2013, p. 124.
[71] *Ibid.*, p. 124.
[72] *Ibid.*, p. 124.

dentre as opções tecnicamente aptas para tratar um problema, a escolha deve recair sobre aquela que, além de politicamente aceitável, tenha viabilidade em nível administrativo.[73] Qualquer tomada de decisão que desconsidere esse ponto já nasce seriamente comprometida.

Secchi[74] aponta, citando Dunn, que esse trabalho de antecipação e (re)conhecimento pode ser feito com o suporte de três técnicas, sendo elas: projeções, predições e conjecturas.

As projeções envolvem prognósticos de natureza empírico-indutivas, baseadas na prospecção de tendências identificadas a partir fatos passados ou atuais em determinado setor de políticas públicas. As predições, por sua vez, são teórico-dedutivas e estão mais relacionadas à aceitação de teorias ou axiomas, numa tentativa de prever resultados; as conjecturas, por sua vez, decorrem puramente de aspectos intuitivos e emocionais dos *policy makers*.[75]

Aqui cabe um parêntese.

A crescente demanda por que governos sejam transparentes, prestem contas de seus atos e sejam responsabilizados por suas escolhas tem levado à emergência e difusão do Movimento das Políticas Públicas Baseadas em Evidências (PPBE),[76] a inserir, como substrato para a tomada de decisões, também a investigação científica, mediante aplicação de procedimentos rigorosos e sistemáticos para a coleta de dados, a serem transformados em conhecimento formal efetivamente útil.[77]

Na fase seguinte, de tomada de decisões, espera-se que haja uma escolha, dentre as várias alternativas de ação, daquela que pareça ser a mais apropriada.[78] Segundo Frey,[79] é raro que, nesse ponto do ciclo político, as decisões correspondam a escolhas "verdadeiras" entre diversas alternativas de ação. O ato de decisão seria um reflexo de processos de conflito e acordo entre os atores mais influentes da política e da administração, de modo que a instância decisória apenas acolheria o programa de compromisso já antecipadamente negociado.[80]

---

[73] *Ibid.*, p. 125.
[74] SECCHI, 2013, p. 39.
[75] *Ibid.*
[76] FARIA, 2022.
[77] BRACHO, 2010, p. 307.
[78] FREY, 2022.
[79] FREY, 2022.
[80] *Ibid.*

Quando a fase chega e a decisão é efetivamente tomada, alguma ou nenhuma das opções debatidas e examinadas nos estágios anteriores do ciclo político é aprovada como curso oficial de ação.[81] Resulta dessa escolha algum tipo de declaração, por parte dos atores públicos autorizados, ainda que informal, sinalizando a intenção de empreender ou não alguma ação, como a edição de lei ou regulamento;[82] ainda, as decisões podem ser no sentido de movimentar o estado em direção tanto à modificação quanto à manutenção do *status quo*.

Nas fases seguintes, tomando-se por premissa a adoção concreta do que foi deliberado, os primeiros resultados no mundo material são produzidos; uma vez existentes, poderão ser comparados com os resultados encomendados na fase precedente. É frequente, contudo, que os impactos reais de certas políticas não correspondam àqueles projetados em sua fase de formulação.[83]

A fase de avaliação da política pública,[84] por fim, abrange a possibilidade de correção de rumos e aprendizado com os erros. Isso é feito indagando-se acerca de eventuais déficits de impacto e efeitos colaterais indesejados, bem como se deduzindo, a partir daí, consequências para ações e programas futuros.[85] Os processos de aprendizagem política obviamente não se restringem a essa fase: o controle de impacto deve acompanhar as diversas etapas do processo e conduzir, desejavelmente, a adaptações e reformulações contínuas.[86]

---

[81] HOWLETT; RAMESH; PERL, 2013, p. 156.

[82] *Ibid.*, p. 125.

[83] FREY, 2022.

[84] A esse respeito, no Brasil, a recente Emenda Constitucional nº 108 incluiu o parágrafo único no artigo 193 da Constituição, fixando o exercício, pelo Estado, *da função de planejamento das políticas sociais, assegurada, na forma da lei, a participação da sociedade nos processos de formulação, de monitoramento, de controle e de avaliação dessas políticas*. O novo texto da Constituição permite institucionalizar a formulação, o acompanhamento e o aprimoramento das políticas públicas de saúde. É indispensável criar uma cultura de avaliação e acompanhamento de desempenho das políticas públicas (BRASIL. *Emenda Constitucional nº 108, de 26 de agosto de 2020*. Altera a Constituição Federal para estabelecer critérios de distribuição da cota municipal do Imposto sobre Operações Relativas à Circulação de Mercadorias e sobre Prestações de Serviços de Transporte Interestadual e Intermunicipal e de Comunicação (ICMS), para disciplinar a disponibilização de dados contábeis pelos entes federados, para tratar do planejamento na ordem social e para dispor sobre o Fundo de Manutenção e Desenvolvimento da Educação Básica e de Valorização dos Profissionais da Educação (Fundeb); altera o Ato das Disposições Constitucionais Transitórias; e dá outras providências. Disponível em: https://www.planalto.gov.br/ccivil_03/constituicao/emendas/emc/emc108.htm. Acesso em: 22 jan. 2023).

[85] FREY, 2022.

[86] FREY, 2022.

Independentemente da fase do ciclo, fato é que decisões em políticas públicas geram ganhadores e perdedores.[87] Isso porque, invariavelmente, interesses de determinado grupo deixarão de ser atendidos em favor de interesses de outros grupos.

Em termos de políticas de saúde, isso pode ser traduzido em um exemplo ocorrido no mundo concreto, mais precisamente no âmbito do SUS.

A empresa Produtos Roche Químicos e Farmacêuticos S.A. deseja vender seu novo medicamento, Pirfenidona, ao Sistema. Solicita à Comissão Nacional de Incorporação de Tecnologias no SUS (Conitec)[88] que avalie sua proposta de incorporação do fármaco à lista oficial de medicamentos, a fim de a substância venha a ser fornecida gratuitamente aos usuários do sistema acometidos por Fibrose Pulmonar Idiopática (FPI).[89]

A incorporação do fármaco às relações oficiais do SUS é de interesse da fabricante, que quer vender o medicamento; é igualmente do interesse de alguns dos portadores de FPI, que desejam ser tratados especificamente com a substância, em detrimento de outras, e de seus familiares; eventualmente, a inclusão pretendida na política pública é também do interesse de alguns profissionais de saúde, que acreditam na linha de tratamento e a prescrevem aos seus pacientes, e, eventualmente, de associações de portadores de FPI.

Apesar disso, a deliberação estatal, subsidiada em parecer emitido pela Conitec, foi pela não incorporação da substância ao SUS.[90]

A Comissão considerou não haver evidências quanto à eficácia do medicamento em estabilizar a progressão da doença ou prevenir episódios de deterioração aguda ou hospitalizações; nem quanto a benefícios em termos de redução da mortalidade; tudo a um custo variável de aproximadamente 181 (cento e oitenta e um) milhões de reais em cinco anos.[91]

---

[87] HOWLETT; RAMESH; PERL, 2013, p. 125.
[88] Como se verá adiante, órgão é responsável, segundo a Lei nº 8.080/1990, por assessorar o MS nas decisões sobre a incorporação no SUS de novos medicamentos, produtos e procedimentos (art. 19-Q).
[89] Forma crônica de pneumonia que produz cicatrizes nos pulmões, levando ao endurecimento dos tecidos pulmonares e, com isso, gerando dificuldades na respiração.
[90] Para descrição completa do procedimento de incorporação de fármacos às relações oficiais do SUS, ver tópico 3.4
[91] BRASIL. Comissão Nacional de Incorporação de Tecnologia (Conitec). *Pirfenidona para tratamento de pacientes com fibrose pulmonar idiopática*. Relatório para a sociedade nº 125, out

Com essa escolha, os pacientes de FPI continuarão a ser tratados apenas com aquilo que já existe no SUS: antitussígenos, morfina, corticoterapia e oxigenoterapia, que apenas manejam e controlam os sintomas da doença, além de contarem com a possibilidade de realização do transplante de pulmão.

Os interesses dos grupos apontados deixaram de ser atendidos. Perdas. A fim de que os custos que seriam empregados nessa linha de tratamento sem eficácia comprovada fossem direcionados aos programas já existentes, ou a novos, cuja eficácia seja mais robustamente comprovada. Ganhos.

Estando-se diante de decisões que implicam a movimentação de recursos para determinado local em detrimento de outro, a fim de que os "perdedores" aceitem submeter-se aos resultados da escolha pública tanto quanto os "ganhadores", o processo precisa ser percebido como *legítimo* e *justo*.[92]

Por isso é que só se pode compreender corretamente uma política pública compreendendo, além do processo político de tomada de decisão, também os requisitos necessários para a sua legitimidade.[93]

Segundo Dye, citado por Duarte,[94] a legitimidade de uma política pública no Brasil é percebida a partir de sua derivação de obrigações jurídicas vinculantes previstas na CF/88, em documentos de proteção dos direitos humanos ratificados ou em leis infraconstitucionais, das quais retiram o seu fundamento de validade.

Nada obstante, a lei não é a única forma de expressão da política pública, na medida em que esta última, para se tornar concreta no mundo palpável, demanda uma série de outras medidas, como a criação de órgãos, a celebração de convênios, a contratação de pessoal, a decisão sobre a alocação de recursos etc. Em suma, é preciso que exista a combinação de um conjunto extremamente heterogêneo de medidas do ponto de vista jurídico, administrativo, financeiro etc.[95]

2018. Disponível em: https://www.gov.br/conitec/ptbr/midias/consultas/relatorios/2018/sociedade/resoc125_pirfenidona_fibrose_pulmonar_idiopatica.pdf. Acesso em: 22 jan. 2023.
[92] DANIELS, 2008, p. 109.
[93] DUARTE, 2013, p. 1-62.
[94] DUARTE, 2013, p. 16-43; MAJONE, 2006, p. 228.
[95] DUARTE, 2013, p. 16-43.

No sistema constitucional brasileiro,[96] a correta visualização de uma política pública depende da apreensão de informações oriundas, principalmente, do Poder Executivo. Isso por ser esse poder que detém a iniciativa privativa de projetos que impliquem comprometimento orçamentário ou estruturação de serviços públicos, com a contratação de pessoal com recursos públicos (CF/88, art. 61, §1º, II, a, b e e).[97]

Trata-se de protagonismo especial que incide sobre projetos de lei e medidas provisórias e, por força do poder regulamentar (CF/88, art. 84, VII), também sobre normas de organização dos serviços necessários à execução dos programas, na forma de decretos, portarias e outras disposições infralegais.[98]

Isso não abala, contudo, a imprescindibilidade de sua articulação com os demais poderes para o êxito das políticas públicas, as quais, embora formuladas em uma esfera, são implementadas por outras.

É que também é preciso que haja leis efetuando o planejamento (CF/88, art. 174) cristalizando diretrizes e princípios, elegendo órgãos responsáveis pela implementação da política e prevendo as fontes de recursos para seu financiamento,[99] atribuições essas oriundas do Poder Legislativo. Depois disso, retorna-se ao Executivo, a quem cabe aprovar as leis iniciadas pelo Legislativo, além de elaborar os projetos de leis orçamentárias necessários para a efetivação daquilo que foi planejado.

Em seguida, mais uma vez, desponta o Legislativo, com a incumbência de aprovar os projetos de leis orçamentárias feitas pelo Executivo e de verificar se eles de fato priorizam a implementação dos direitos fundamentais constitucionalmente previstos, sempre de modo racional e planejado,[100] ao menos em tese.

Para além da compreensão do seu complexo de formação, a partir do *police cycle*, uma política pública não pode ser adequadamente apreendida sem a visualização de seus elementos de formação. É o que será visto a seguir.

---

[96] BRASIL. Constituição (1988). *Constituição da República Federativa do Brasil de 1988*. Brasília, DF: Presidência da República, [2022]. Disponível em: http://www.planalto.gov.br/ccivil_03/Constituicao/Constituiçao.htm Acesso em: 12 ago. 2022.
[97] BUCCI, 2017.
[98] *Ibid* (Kindle).
[99] *Ibid*.
[100] *Ibid*.

3.2 Os elementos de uma política pública segundo Bucci[101]

O conceito de política pública[102] desenvolvido por Bucci destaca pelo menos quatro elementos: ação, coordenação, processo e programa. Passa-se a melhor detalhá-los, traçando um paralelo intencional com o sistema de saúde pública brasileiro – direito social cuja implementação depende de inúmeras políticas públicas, a fim de introduzir o leitor no objeto da pesquisa.

Política pública é ação (1). Ela surge quando o Poder Público é incitado a agir para realizar objetos coletivos. Assim, as políticas públicas constituem objeto por excelência dos direitos sociais, os quais, por sua vez, possuem como núcleo essencial um conjunto de prestações de natureza positiva, fática ou jurídica.[103]

As primeiras (prestações de natureza fática) são os bens concretos produzidos e fornecidos pelo Estado. É o atendimento emergencial, no hospital público, de uma criança recém-acidentada. As últimas (prestações de natureza jurídica) são as normas que regulamentam os direitos abstratamente previstos na Constituição, dando-lhes condições de fruição.[104] É a lei que organiza o funcionamento do SUS (Lei nº 8.080, de 1990[105]); e as portarias instituindo a Política Nacional de Medicamentos (PNM).

O elemento da coordenação (2) reside na articulação dos programas de ação governamental entre si. Eles envolvem diferentes Poderes (Executivo, Legislativo e Judiciário), diferentes esferas da Federação (União, estados e municípios) e diferentes órgãos de governo (Ministérios, Secretarias, Conselhos). A superposição de iniciativas

---

[101] BUCCI, 2006b, p. 39.
[102] O tópico trabalha com o seguinte conceito da autora: "Política pública é o programa de ação governamental que resulta de um conjunto de processos juridicamente regulados – processo eleitoral, processo de planejamento, processo de governo, processo orçamentário, processo legislativo, processo administrativo, processo judicial – visando coordenar os meios à disposição do Estado e as atividades privadas, para a realização de objetivos socialmente relevantes e politicamente determinados" (BUCCI, 2006b, p. 39).
[103] DUARTE, 2013, p. 21.
[104] Ibid., p. 21.
[105] BRASIL. Lei nº 8.080, de 19 de setembro de 1990. Dispõe sobre as condições para a promoção, proteção e recuperação da saúde, a organização e o funcionamento dos serviços correspondentes e dá outras providências. Disponível em: http://www.planalto.gov.br/ccivil_03/leis/l8080.htm#:~:text=LEI%20N%C2%BA%208.080%2C%20DE%2019%20DE%20SETEMBRO%20DE%201990.&text=Disp%C3%B5e%20sobre%20as%20condi%C3%A7%C3%B5es%20para,correspondentes%20e%20d%C3%A1%20outras%20provid%C3%AAncias. Acesso em: 22 jan. 2023.

e consequente desperdício de recursos só pode ser eliminada com a adequada repartição de recursos, encargos e responsabilidades.[106] A coordenação interorgânica e interinstitucional é notadamente importante na concretização da competência comum constitucionalmente atribuída aos três níveis da federação para cuidar da saúde e assistência pública (CF/88, art. 23[107]).

Um dos parâmetros regendo essa articulação no plano infraconstitucional está veiculado no art. 19-U da Lei nº 8.080/1990, segundo o qual a responsabilidade financeira pelo fornecimento de medicamentos e produtos de interesse para a saúde será pactuada na Comissão Intergestores Tripartite (CIT).[108] É fruto dessa pactuação, por exemplo, a decisão de que é função da União adquirir e distribuir insulinas humanas, a serem entregues às secretarias estaduais de saúde, que, por sua vez, são responsáveis pela sua distribuição aos municípios, tudo nos termos do art. 35 do Anexo XXVIII da Portaria de Consolidação GM/MS nº 02/2017.[109]

A concretização de uma política depende de processos de natureza administrativa, orçamentária, legislativa etc.[110] **(3)** Quanto ao ponto, Duarte[111] ensina que a abertura à participação popular é fundamental para a legitimidade da tomada de decisões políticas em um Estado Democrático de Direito. Apenas para citar um exemplo de como isso pode ocorrer, a abertura a contribuições da sociedade empresta legitimidade à deliberação governamental sobre o que caberá ou não ao SUS financiar em termos de tratamentos de saúde à população.[112]

---

[106] *Ibid.*, p. 22.
[107] BRASIL. Constituição (1988). *Constituição da República Federativa do Brasil de 1988*. Brasília, DF: Presidência da República, [2022]. Disponível em: http://www.planalto.gov.br/ccivil_03/Constituicao/Constituiçao.htm Acesso em: 12 ago. 2022.
[108] Foro deliberativo composto por gestores das três esferas governamentais, a quem incumbe a negociação e a pactuação quanto aos aspectos operacionais, financeiros e administrativos da gestão compartilhada do SUS, nos precisos termos do art. 14-A da Lei nº 8.080/1990.
[109] BRASIL. Ministério da Saúde. *Portaria de Consolidação nº 2*. Consolidação das normas sobre as políticas nacionais de saúde do Sistema Único de Saúde. Disponível em: https://bvsms.saude.gov.br/bvs/saudelegis/gm/2017/MatrizesConsolidacao/Matriz-2-Politicas.html Acesso em: 24 jan. 2023.
[110] DUARTE, 2013, p. 23.
[111] *Ibid.*, p. 23.
[112] Como se verá a seguir, a decisão final é do MS, por meio da Secretaria de Ciência, Tecnologia, Inovação e Insumos Estratégicos em Saúde (SCITE/MS), tecnicamente subsidiada pela Comissão Nacional de Incorporação de Tecnologias no SUS (Conitec). A depender da relevância da matéria, o Secretário também convoca audiência pública antes de decidir (art. 19-R, Lei nº 8.080/1990).

Ainda sobre o aspecto processual das políticas públicas, destaca-se que os direitos sociais são direitos de implementação progressiva, devendo-se realizar esforços contínuos para se ampliar, gradativamente, a cobertura dos serviços.[113] Assim, o direito à saúde é também um direito de satisfação progressiva, cuja realização encontra-se estreitamente ligada ao PIB e, portanto, à riqueza do país.[114]

É só a partir dessa compreensão do direito em questão que o Ministério da Saúde, ao aprovar o planejamento estratégico institucional para os anos de 2020-2023 (Portaria GM/MS nº 307/2021[115]), elencando missão, visão, valores e o mapa estratégico da pasta, pôde incluir, entre os objetivos estratégicos, o de ampliar o "acesso a serviços de saúde de qualidade e em tempo adequado".

Finalmente, o elemento programa **(4)**, indispensável para a configuração de uma política pública, diz respeito ao conteúdo da ação governamental propriamente dita, que resulta de opções políticas concretas tomadas para a garantia dos mais variados direitos. Por meio deles serão definidas prioridades, destinatários da política, meios para se alcançarem objetivos definidos, recursos para financiamento, prazos estipulados etc.[116]

Por exemplo: conforme Portaria nº 874, de 16 de maio de 2013, do Ministério da Saúde (MS),[117] ficou estabelecido que o tratamento de pessoas acometidas por câncer no Brasil, via SUS, no que diz respeito à atenção hospitalar, será feito mediante atendimento em Unidades de Assistência de Alta Complexidade em Oncologia (Unacons) e Centros de Assistência de Alta Complexidade em Oncologia (Cacons), vinculados de maneira direta ao MS, com responsabilidade e autonomia pela padronização e fornecimento de medicamentos antineoplásicos.

Para a imensa maioria de usuários de sistema público de saúde, a efetivação de seu direito é resultado direto de decisões das

---

[113] *Ibid.*, p. 23.
[114] CLÈVE, 2006.
[115] BRASIL. Ministério da Saúde. *Portaria GM/MS nº 307, de 22 de fevereiro de 2021.* Aprova o Planejamento Estratégico Institucional do Ministério da Saúde para os anos 2020 – 2023. Disponível em: https://brasilsus.com.br/index.php/pdf/portaria-gm-ms-no-307/ Acesso em: 24 jan. 2023.
[116] *Ibid.*, p. 25.
[117] BRASIL. Ministério da Saúde. *Portaria nº 874, de 16 de maio de 2013.* Institui a Política Nacional para a Prevenção e Controle do Câncer na Rede de Atenção à Saúde das Pessoas com Doenças Crônicas no âmbito do Sistema Único de Saúde (SUS). Disponível em: https://bvsms.saude.gov.br/bvs/saudelegis/gm/2013/prt0874_16_05_2013.html. Acesso em: 15 out. 2022.

administradoras públicas sobre políticas a respeito de medicamentos, cirurgias e exames. O tópico seguinte descreve, a partir do aparato teórico exposto, a estruturação de parte das políticas públicas que buscam concretizar o direito constitucional à saúde no Brasil, em (alguns de) seus múltiplos aspectos.

3.3 Compreendendo as políticas de saúde no Brasil: o panorama normativo

O advento da CF/88[118] configurou o Estado brasileiro como Estado Social e Democrático de Direito. Marcou, pretensamente, a redemocratização nacional e o término do período autoritário que a precedeu, acolhendo os clamores do chamado movimento sanitarista, nascido no contexto da luta contra a ditadura, que já propunha a universalidade do direito desde o início da década de 1970.

No campo dos direitos fundamentais, o Constituinte declarou o direito à saúde como direito social (*art. 6º*), e assegurou que todos o tivessem reconhecido, promovido e assegurado, por meio de diversas ações estatais (art. 196). A instituição SUS foi o modelo eleito como caminho rumo ao objetivo da universalização da saúde.

O fato de a CF/88 conter a estrutura institucional fundamental que guia o Poder Público e confere-lhe legitimidade para a realização de políticas públicas, nada obstante, é insuficiente. Imprescindível que haja também uma série de dispositivos legais disciplinando as condições de fruição desse direito, a fim de dar uma maior concretude à norma constitucional.

Em consideração a essa realidade, o núcleo essencial da política pública de saúde no Brasil é delineado, na CF/88, pelas Leis nºs 8.080, de 1990[119] e 8.142, de 1990[120] (Lei Orgânica da Saúde). Mas o conteúdo

---

[118] BRASIL. Constituição (1988). *Constituição da República Federativa do Brasil de 1988*. Brasília, DF: Presidência da República, [2022]. Disponível em: http://www.planalto.gov.br/ccivil_03/Constituicao/Constituiçao.htm Acesso em: 12 ago. 2022.

[119] BRASIL. *Lei nº 8.080, de 19 de setembro de 1990*. Dispõe sobre as condições para a promoção, proteção e recuperação da saúde, a organização e o funcionamento dos serviços correspondentes e dá outras providências. Disponível em: http://www.planalto.gov.br/ccivil_03/leis/l8080.htm#:~:text=LEI%20N%C2%BA%208.080%2C%20DE%2019%20DE%20SETEMBRO%20DE%201990.&text=Disp%C3%B5e%20sobre%20as%20condi%C3%A7%C3%B5es%20para,correspondentes%20e%20d%C3%A1%20outras%20provid%C3%AAncias. Acesso em: 22 jan. 2023.

[120] BRASIL. *Lei nº 8.142, de 28 de dezembro de 1990*. Dispõe sobre a participação da comunidade na gestão do Sistema Único de Saúde (SUS) e sobre as transferências intergovernamentais de

das prestações estatais propriamente dito, assim como as ferramentas de gestão e organização administrativa estão fracionadas em portarias do MS e das secretarias estaduais e municipais, além de resoluções de instâncias colegiadas.

Deve-se pontuar que essa fragmentação normativa resultante da multiplicidade de agentes governamentais que formulam, implementam e avaliam as políticas públicas sanitárias é, inclusive, fator que reconhecidamente contribui para a instabilidade do direito produzido.[121] [122] [123]

Os marcos normativos e ferramentas de gestão e implementação de que se valem as políticas públicas de saúde podem ser subdivididos, adotando-se o esquema organizacional proposto por Bucci,[124] na proposição de Jorge,[125] de acordo com os planos *macroinstitucional* (compreendendo o *governo* propriamente dito), *mesoinstitucional* (ação governamental agregada em unidades maiores. Implica a análise dos arranjos institucionais) e *microinstitucional* (unidade atomizada de atuação do governo, na qual se desenvolve a ação governamental). Enquanto o plano macroinstitucional tem por objeto a *politics*, ao passo em que os planos meso e microinstitucionais focam as *policies*.[126]

---

recursos financeiros na área da saúde e dá outras providências. Disponível em: http://www.planalto.gov.br/ccivil_03/leis/l8142.htm#:~:text=LEI%20N%C2%BA%208.142%2C%20DE%2028%20DE%20DEZEMBRO%20DE%201990.&text=Disp%C3%B5e%20sobre%20a%20participa%C3%A7%C3%A3o%20da,sa%C3%BAde%20e%20d%C3%A1%20outras%20provid%C3%AAncias. Acesso em: 22 jan. 2023.

[121] JORGE, 2017.
[122] OPAS. Organização Pan-Americana de Saúde. *Relatório 30 anos de SUS, que SUS para 2030?* Brasília: OPAS, 2018. Disponível em: https://iris.paho.org/handle/10665.2/49663. Acesso em: 14 jan. 2022.
[123] BUCCI, 2017.
[124] BUCCI, 2013.
[125] JORGE, 2017.
[126] De acordo com Frey, tem-se adotado, na ciência política, o emprego dos conceitos em inglês de *polity*, para denominar as instituições políticas, *politics*, para os processos políticos e, por fim, *policy*, para os conteúdos da política. Ver: FREY, 2022.

A organização sugerida dá-se na seguinte forma:

Quadro 1 – Relação entre planos institucionais e marcos normativos

Plano	Marco normativo/ferramenta de gestão/implementação
Macroinstitucional	Constituição Federal de 1988 CF/88
Mesoinstitucional	Lei Orgânica da Saúde: Leis nºs 8.080/1990 e 8.142/1990
Microinstitucional	Política Nacional de Medicamentos (PNM); Política Nacional de Assistência Farmacêutica (PNAF); Blocos de assistência farmacêutica; Relação Nacional de Medicamentos Essenciais (RENAME)

Fonte: JORGE, 2017.

O conceito de estruturar a política de medicamentos a partir de uma relação de medicamentos essenciais é mundialmente aceito. Em 1975, a Assembleia Mundial da Saúde solicitou da OMS que assessorasse os estados-membros na missão de selecionar medicamentos essenciais com qualidade e custo razoável. Em 1977, publicou-se a primeira lista modelo de medicamentos essenciais, que vem sendo atualizada desde então e adotada por países em organização aos seus próprios sistemas de saúde.

No Brasil, tanto a PNM,[127] de 1998, quanto a PNAF,[128] de 2004, mencionam a utilização de relação oficial de medicamentos como instrumento racionalizador de ações no âmbito da assistência farmacêutica.

Posteriormente, delineando de forma mais clara o alcance do conceito de integralidade da assistência terapêutica escopo de atuação do SUS, a Lei nº 12.401 de 2011[129] modificou a lei do SUS, deixando

---

[127] BRASIL. Ministério da Saúde. *Portaria nº 3.916, de 30 de outubro de 1998*. Disponível em: https://bvsms.saude.gov.br/bvs/saudelegis/gm/1998/prt3916_30_10_1998.html Acesso em: 22 jan. 2023.

[128] BRASIL. Ministério da Saúde. *Resolução nº 338, de 6 de maio de 2004*. Disponível em: https://bvsms.saude.gov.br/bvs/saudelegis/cns/2004/res0338_06_05_2004.html Acesso em: 22 jan. 2023.

[129] BRASIL. *Lei nº 12.401, de 28 de abril de 2011*. Altera a Lei nº 8.080, de 19 de setembro de 1990, para dispor sobre a assistência terapêutica e a incorporação de tecnologia em saúde

claro que o conceito se estrutura em torno da Relação Nacional de Medicamentos Essenciais (RENAME), da Relação Nacional de Ações e Serviços de Saúde (RENASES) e dos Protocolos Clínicos e Diretrizes Terapêuticas (PCDT).

A RENAME compreende a seleção e a padronização de medicamentos indicados para atendimento de doenças ou de agravos no âmbito do SUS e deve ser acompanhada de Formulário Terapêutico Nacional (FTN), documento que subsidia a prescrição, dispensação e uso dos seus medicamentos. Isso está previsto no Decreto nº 7.508, de 28 de junho de 2011,[130] que regulamenta a Lei nº 8.080/1990,[131] dispondo sobre organização do SUS, planejamento da saúde, assistência à saúde e articulação interfederativa.

Estados, Distrito Federal e municípios podem adotar relações específicas ou complementares de medicamentos, em consonância com a RENAME, desde que questões de saúde pública o justifiquem e que sejam respeitadas as responsabilidades dos entes pelo financiamento de medicamentos.[132]

A seleção dos medicamentos que serão ofertados pelos entes políticos subnacionais a partir da RENAME deve levar em conta o

---

no âmbito do Sistema Único de Saúde – SUS. Disponível em: https://www.planalto.gov.br/ccivil_03/_ato2011-2014/2011/lei/l12401.htm#:~:text=LEI%20N%C2%BA%20 12.401%2C%20DE%2028%20DE%20ABRIL%20DE%202011.&text=Altera%20a%20 Lei%20n%C2%BA%208.080,Sistema%20%C3%9Anico%20de%20Sa%C3%BAde%20 %2D%20SUS Acesso em: 23 jan. 2023.

[130] BRASIL. *Decreto nº 7.508, de 28 de junho de 2011*. Regulamenta a Lei nº 8.080, de 19 de setembro de 1990, para dispor sobre a organização do Sistema Único de Saúde – SUS, o planejamento da saúde, a assistência à saúde e a articulação interfederativa, e dá outras providências. Disponível em: http://www.planalto.gov.br/ccivil_03/_ato2011-2014/2011/decreto/d7508.htm Acesso em: 22 jan. 2023.

[131] BRASIL. *Lei nº 8.080, de 19 de setembro de 1990*. Dispõe sobre as condições para a promoção, proteção e recuperação da saúde, a organização e o funcionamento dos serviços correspondentes e dá outras providências. Disponível em: http://www.planalto.gov.br/ccivil_03/leis/l8080.htm#:~:text=LEI%20N%C2%BA%208.080%2C%20DE%20 19%20DE%20SETEMBRO%20DE%201990.&text=Disp%C3%B5e%20sobre%20as%20 condi%C3%A7%C3%B5es%20para,correspondentes%20e%20d%C3%A1%20outras%20 provid%C3%AAncias. Acesso em: 22 jan. 2023.

[132] Art. 27 do Decreto nº 7.508, de 28 de junho de 2011, e art. 9º da Resolução nº 25, de 31 de agosto de 2017, do MS/Gabinete do Ministro/CIT, que estabelece as diretrizes de atualização da RENAME no âmbito do SUS. (BRASIL. *Decreto nº 7.508, de 28 de junho de 2011*. Regulamenta a Lei nº 8.080, de 19 de setembro de 1990, para dispor sobre a organização do Sistema Único de Saúde – SUS, o planejamento da saúde, a assistência à saúde e a articulação interfederativa, e dá outras providências. Disponível em: http://www.planalto.gov.br/ccivil_03/_ato2011-2014/2011/decreto/d7508.htm Acesso em: 22 jan. 2023; BRASIL. Ministério da Saúde. *Resolução nº 25, de 31 de agosto de 2017*. Estabelece as diretrizes de atualização da Relação Nacional de Medicamentos Essenciais (RENAME) no âmbito do Sistema Único de Saúde (SUS). Disponível em: https://bvsms.saude.gov.br/bvs/saudelegis/cit/2017/res0025_05_10_2017.html Acesso em: 22 jan. 2023.

perfil epidemiológico, a organização dos serviços e a complexidade do atendimento oferecido. Outros critérios também poderão ser definidos pelos entes, mas devem ser pactuados nas Comissões Intergestores e nos Conselhos de Saúde.[133]

Os PCDT, por sua vez, constituem uma espécie de roteiro de tratamento preconizado pela política pública para atender determinada moléstia diagnosticada. A condução do tratamento está ligada à classificação do risco da doença e do estágio em que se encontra.

A ferramenta orienta o passo a passo do profissional de saúde a partir da identificação do mal de que o paciente padece, para obter a cura, impedir a progressão da doença ou, pelo menos, minorar seus sintomas, mediante roteiro envolve a prescrição de medicamentos ou produtos necessários em cada fase da doença, com indicação de esquema de administração e posologia recomendada, e já inclui a indicação das substâncias a que se deve recorrer em caso de perda de eficácia ou surgimento de intolerância ou reação adversa relevante aos tratamentos anteriores.

A estruturação da política de medicamentos e assistência farmacêutica em torno de protocolos clínicos está alinhada à chamada Medicina Baseada em Evidências (MBE).[134] A propósito, deve-se considerar que muitos autores associam o movimento da MBE ao início da evolução história das próprias PPBE.[135]

As atualizações na RENAME, bem como dos respectivos FTN e PCDT são consolidadas e publicadas a cada dois anos pelo MS. A última consolidação ocorrida até o fechamento deste trabalho foi a RENAME 2022, estabelecida pela Portaria GM/MS nº 3.435, de 8 de dezembro de 2021.[136]

A composição da relação de acordo com as responsabilidades de financiamento da assistência entre os entes (União, estados e municípios), por sua vez, está prevista na Resolução de Consolidação CIT, n. 1, de 30 de março de 2021.[137]

---

[133] Art. 10 da Resolução nº 25/2017.
[134] MONTEIRO, 2017.
[135] PINHEIRO, 2020.
[136] BRASIL. Ministério da Saúde. *Portaria GM/MS nº 3.435, de 8 de dezembro de 2021.* Estabelece a Relação Nacional de Medicamentos Essenciais – Rename 2022 no âmbito do Sistema Único de Saúde (SUS) por meio da atualização do elenco de medicamentos e insumos da Relação Nacional de Medicamentos Essenciais – Rename 2020. Disponível em: https://www.in.gov.br/en/web/dou/-/portaria-gm/ms-n-3.435-de-8-de-dezembro-de-2021-366021389 Acesso em: 24 jan. 2023.
[137] BRASIL. Ministério da Saúde. *Resolução de Consolidação CIT, n. 1, de 30 de março de 2021.* Consolida as Resoluções da Comissão Intergestores Tripartite (CIT) do Sistema Único

Embora as consolidações sejam feitas apenas bienalmente, inclusões ou exclusões de medicamentos nas listas e protocolos oficiais podem ser feitas a qualquer tempo, pelo processo de Avaliação de Tecnologias em Saúde (ATS).

O tópico a seguir descreve esse procedimento e responde à pergunta de como são tomadas as decisões do que cabe ou não ao SUS financiar em termos de tratamentos de saúde à população.

3.4 Decisões estatais sobre cobertura de saúde: o que cabe ao SUS financiar?

Em um cenário no qual o uso ineficiente de recursos é apontado como um dos principais obstáculos a que os países consigam entregar UHS,[138] a coordenação e o estabelecimento de um modelo institucional para as decisões de incorporação de tecnologias são ferramentas das quais não se pode prescindir.

Essa questão foi enfatizada pela OPAS, por ocasião da 28ª Conferência Sanitária que se realizou em setembro de 2012,[139] na qual encorajou os sistemas públicos de saúde dos Estados-membros a tomarem decisões sobre o que devem ou não cobrir e quais diretrizes clínicas e protocolos para novas tecnologias desenvolver valendo-se de processos decisórios baseados em ATS, a partir de critérios de segurança, eficácia, custo-efetividade e outros relevantes.

Segundo a Organização, a ferramenta contribui para o acesso universal, na medida em que melhora a qualidade de atenção de saúde, avalia as verdadeiras inovações terapêuticas, aumenta a eficiência dos gastos e amplia o acesso a tecnologias eficazes, seguras, custo-efetivas e de fato integrantes do direito à saúde.[140]

---

de Saúde (SUS). Disponível em: https://bvsms.saude.gov.br/bvs/saudelegis/cit/2021/rsc0001_02_06_2021.html#:~:text=Consolida%20as%20Resolu%C3%A7%C3%B5es%20da%20Comiss%C3%A3o,o%20inciso%20I%20do%20art. Acesso em: 24 jan. 2023.

[138] OPAS. Organização Pan-Americana de Saúde. *Avaliação e incorporação de tecnologias em saúde nos sistemas de saúde*. Washington, D.C, 2012. Disponível em: https://www.paho.org/hq/ dmdocuments/2012/CSP28-11-p.pdf. Acesso em: 25 maio 2021.

[139] OPAS. Organização Pan-Americana de Saúde. *Avaliação e incorporação de tecnologias em saúde nos sistemas de saúde*. Washington, D.C., 2012. Disponível em: https://www.paho.org/hq/ dmdocuments/2012/CSP28-11-p.pdf. Acesso em: 25 maio 2021.

[140] OPAS. Organização Pan-Americana de Saúde. *Avaliação e incorporação de tecnologias em saúde nos sistemas de saúde*. Washington, D.C., 2012. Disponível em: https://www.paho.org/hq/ dmdocuments/2012/CSP28-11-p.pdf. Acesso em: 25 maio 2021.

Fala-se em ATS para designar a avaliação de propriedades efeitos e/ou impactos das tecnologias em saúde,[141] considerando as dimensões médica, social, ética e econômica da decisão do que deve ou não ser fornecido pelo sistema público.

Inclusive, as estratégias elaboradas pela agência em 2014[142] para ampliar o acesso à UHS envolvem a racionalização da introdução e uso de medicamentos (e demais tecnologias em saúde), a partir da adoção de enfoque integrado, multidisciplinar e baseado em evidência, o que é proporcionado pela ATS.

No cenário brasileiro, pensar na ferramenta pressupõe, primeiramente, admitir que as expressões acesso universal e atendimento integral, fixadas como diretrizes do SUS, não podem receber uma *exegese* descolada da realidade, que confunda o princípio da integralidade a um suposto direito a todo tipo de tratamento ou dever estatal amplo e irrestrito no tocante à saúde. Isso não pode existir em qualquer lugar do mundo.

Parece razoável a adoção, para esse fim, da expressão de Miranda,[143] para quem a integralidade na oferta de uma "carteira generosa de bens e serviços para a população, a partir de escolhas fundadas em consensos baseados em critérios científicos e racionais de escolha, validados socialmente, e em princípios éticos, através de regras claras e transparentes".

O Brasil adota protocolos internacionalmente difundidos para avaliar tecnologias. Desde a Lei nº 12.401, de 2011,[144] a decisão sobre o que franquear ou não para atender às necessidades populacionais de saúde, mediante incorporação ao sistema, via relações de medicamentos e PCDT, é tomada dentro de um procedimento que valora critérios e

---

[141] De acordo com a Resolução em Tecnologia de Saúde WHA.60.29. 2007, da OMS, o termo tecnologia em saúde abrange qualquer dispositivo, medicamento, vacina, procedimento ou sistema desenvolvido para resolver um problema de saúde e melhorar a qualidade de vida das pessoas.

[142] OPAS. Organização Pan-Americana de Saúde. *Estratégia para o Acesso Universal à Saúde e Cobertura Universal de Saúde*. Washington, D.C, 2014. Disponível em: paho.org/hq/dmdocuments/2014/CD53-5-p.pdf. Acesso em: 12 jan. 2023.

[143] MIRANDA, 2013, p. 29-30.

[144] BRASIL. *Lei nº 12.401, de 28 de abril de 2011*. Altera a Lei nº 8.080, de 19 de setembro de 1990, para dispor sobre a assistência terapêutica e a incorporação de tecnologia em saúde no âmbito do Sistema Único de Saúde – SUS. Disponível em: https://www.planalto.gov.br/ccivil_03/_ato2011-2014/2011/lei/l12401.htm#:~:text=LEI%20N%C2%BA%20 12.401%2C%20DE%2028%20DE%20ABRIL%20DE%202011.&text=Altera%20a%20 Lei%20n%C2%BA%208.080,Sistema%20C%3%9Anico%20de%20Sa%C3%BAde%20 %2D%20SUS Acesso em: 23 jan. 2023.

adota parâmetros já pré-estabelecidos pelo legislador, com o envolvimento de uma entidade chamada Conitec.

A lei federal representou a institucionalização da ATS no sistema de saúde e tentou tornar as recomendações para inclusões em listas oficiais de tratamentos e protocolos clínicos mais transparentes, controláveis e informadas em evidências científicas.[145]

O esquema normativo traçado estabelece que a decisão sobre o que deve ou não ser fornecido pelo SUS (dentre milhares de novidades em tecnologias de saúde continuamente laçadas no mercado) é atribuição do MS, por meio da Secretaria de Ciência, Tecnologia, Inovação e Insumos Estratégicos em Saúde (SCITE/MS), contando com o auxílio da comissão referida.

O Decreto nº 7.646 de 2011[146] descreve o procedimento de incorporação de tecnologias em seus artigos 15 a 28. Funciona assim: qualquer interessado (que pode ser desde a mãe de um filho adoecido até o próprio fabricante de determinado medicamento) pode dar início a um processo administrativo com o objetivo de incorporar, excluir e/ou alterar uma tecnologia em saúde pelo SUS, bem como constituir/alterar um PCDT.

Para fazê-lo, deve instruir o requerimento com: i) evidência científica de que a tecnologia é, pelo menos, tão segura e eficaz quanto aquelas já fornecidas pelo SUS para a mesma indicação, e ii) estudo de avaliação econômica, também comparando a tecnologia com aquelas já disponibilizadas no sistema (art. 15º, Decreto nº 7.646, de 21 de dezembro de 2011[147]).

Partindo dessas e de outras informações, a Conitec emitirá um relatório essencialmente técnico no bojo do procedimento, o qual levará em consideração evidências científicas sobre eficácia, acurácia, efetividade e segurança do medicamento, produto ou procedimento que se busca incorporar, além de critérios como avaliação econômica

---

[145] WANG et al., 2020.
[146] BRASIL. *Decreto nº 7.646, de 21 de dezembro de 2011.* Dispõe sobre a Comissão Nacional de Incorporação de Tecnologias no Sistema Único de Saúde e sobre o processo administrativo para incorporação, exclusão e alteração de tecnologias em saúde pelo Sistema Único de Saúde – SUS, e dá outras providências. Disponível em: https://www.planalto.gov.br/ccivil_03/_ato2011-2014/2011/decreto/d7646.htm. Acesso em: 23 jan. 2023.
[147] BRASIL. *Decreto nº 7.646, de 21 de dezembro de 2011.* Dispõe sobre a Comissão Nacional de Incorporação de Tecnologias no Sistema Único de Saúde e sobre o processo administrativo para incorporação, exclusão e alteração de tecnologias em saúde pelo Sistema Único de Saúde – SUS, e dá outras providências. Disponível em: https://www.planalto.gov.br/ccivil_03/_ato2011-2014/2011/decreto/d7646.htm. Acesso em: 23 jan. 2023.

comparativa dos benefícios e dos custos em relação às tecnologias já incorporadas e impacto da incorporação da tecnologia no SUS (art. 19-Q, da Lei nº 12.401/2011[148] e Decreto nº 7.646/2011[149]).

O primeiro posicionamento da Conitec a respeito da proposição, emitido em forma de parecer conclusivo, é submetido a consulta pública pelo prazo de 20 (vinte) dias, período em que fica aberto a contribuições da sociedade, que pode argumentar tanto em caráter técnico-científico, quanto por experiências ou opinião.

Depois de analisar a fundamentação de cada uma das contribuições feitas nessa fase, a Comissão elabora a versão final da recomendação e a encaminha ao Secretário da SCITE/MS. A relevância da matéria pode indicar também a necessidade de realização de audiência pública.

A recomendação técnica pode ser contrária ou favorável à incorporação, exclusão ou alteração da tecnologia solicitada, e a decisão final do Secretário pode ou não acolher o parecer. Nada obstante, desde a sua criação até junho de 2016, todas as recomendações feitas pelo plenário da Conitec, sem exceção, haviam sido aceitas pelo secretário da SCTIE, conforme constataram Caetano *et al* em 2017.[150]

Entre julho de 2012 até o final de 2022, a Conitec havia emitido 740 recomendações, sendo 581 delas referentes a medicamentos, tendo deliberado pela incorporação em 54,7% das vezes (ver Figura 2).

---

[148] BRASIL. *Lei nº 12.401, de 28 de abril de 2011*. Altera a Lei nº 8.080, de 19 de setembro de 1990, para dispor sobre a assistência terapêutica e a incorporação de tecnologia em saúde no âmbito do Sistema Único de Saúde – SUS. Disponível em: https://www.planalto.gov.br/ccivil_03/_ato2011-2014/2011/lei/l12401.htm#:~:text=LEI%20N%C2%BA%20 12.401%2C%20DE%2028%20DE%20ABRIL%20DE%202011.&text=Altera%20a%20 Lei%20n%C2%BA%208.080,Sistema%20%C3%9Anico%20de%20Sa%C3%BAde%20 %2D%20SUS Acesso em: 23 jan. 2023.

[149] BRASIL. *Decreto nº 7.646, de 21 de dezembro de 2011*. Dispõe sobre a Comissão Nacional de Incorporação de Tecnologias no Sistema Único de Saúde e sobre o processo administrativo para incorporação, exclusão e alteração de tecnologias em saúde pelo Sistema Único de Saúde – SUS, e dá outras providências. Disponível em: https://www.planalto.gov.br/ccivil_03/_ato2011-2014/2011/decreto/d7646.htm Acesso em: 23 jan. 2023.

[150] CAETANO *et al.*, 2017.

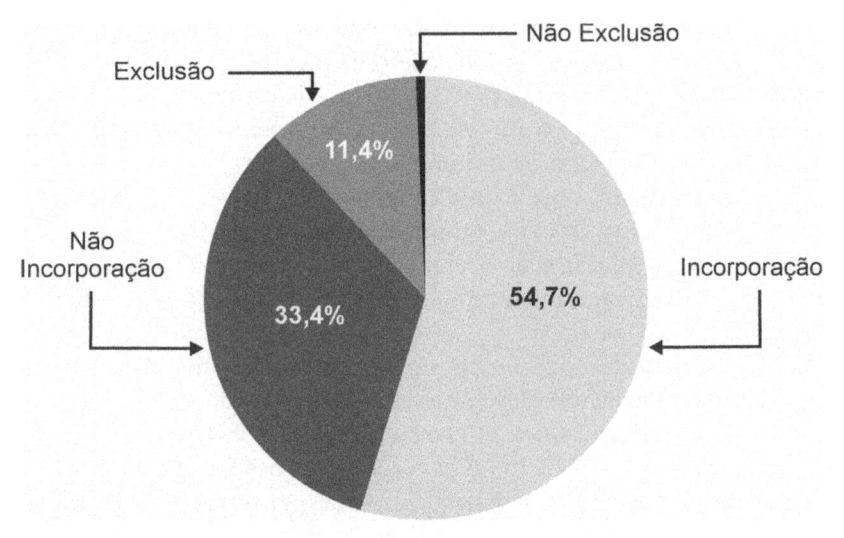

Figura 2 – Teor das recomendações da Conitec 2012-2022

- Exclusão: 11,4%
- Não Incorporação: 33,4%
- Incorporação: 54,7%
- Não Exclusão

Fonte: Sítio da Conitec.[151]

No mesmo período, 380.250 contribuições públicas foram realizadas, todas devidamente analisadas pelo órgão.

Todo esse procedimento (do protocolo do pedido à data da decisão do Secretário) não deve durar mais do que 180 dias prorrogáveis por mais noventa. As áreas têm o prazo de outros 180 dias contados da publicação da decisão que incorporar tecnologia em saúde ou PCDT para efetivar a respectiva oferta ao SUS. Uma tecnologia que seja negada em um momento pode ser depois submetida a nova análise, sem restrições. Também é possível que uma mesma tecnologia seja submetida por demandantes distintos e de forma individualizada ou conjunta com outras tecnologias.

O *site* da Conitec publica versões resumidas do relatório técnico da Comissão, ilustradas e elaboradas em linguagem simples, de fácil compreensão, com letras grandes e composição visual agradável, intituladas "Relatório para a Sociedade". A intenção declarada é de

---

[151] BRASIL. *Conitec em números*. Disponível em: https://datastudio.google.com/embed/u/0/reporting/ed1f017c-58e0-4177-aeb2-61f59d50b183/page/PzCbB. Acesso em: 12 jan. 2023.

"estimular a participação da sociedade no processo de ATS que antecede a incorporação, exclusão ou alteração de medicamentos, produtos e procedimentos utilizados no SUS."[152]

O Conselho Nacional de Secretários de Saúde (Conass), Conselho Nacional de Secretarias Municipais de Saúde (Conasems) e o Conselho Federal de Medicina (CFM) têm participação e voto no plenário da Conitec, circunstância que também amplia o debate democrático.

Sob esse aspecto, o Brasil está alinhado às recomendações da OMS tanto pela adoção de rol de medicamentos essenciais quanto pela integração da ATS nas decisões envolvendo o financiamento de tecnologias em saúde. A escolha legislativa materializa a utilização de evidências na construção de políticas de saúde, fortalece processos de tomada de decisão baseada em evidências e democratiza essas decisões, possibilitando ampla participação social em todas as fases e transparência na divulgação dos fatos, emprestando-lhe legitimidade.

Embora o processo de tomada de decisão em si não seja isento de críticas, é razoável esperar que eventuais discussões quanto ao acerto das decisões tomadas envolvendo as prestações de saúde a serem franqueadas à população seja feita dentro dele, a partir dele, ou não paralelamente a ele, ou apesar dele.

Ocorre que a comunidade científica vem apontando o processo de tomada de decisão que marca a política pública de saúde vem sendo amplamente desconsiderado nas decisões judiciais tomadas dentro do fenômeno chamado de judicialização da saúde, seja no âmbito estadual ou federal, ainda após a Lei nº 12.401.[153].[154]

O fenômeno da judicialização da saúde não pode ser desprezado quando se pensa em concretizar os objetivos do SUS, a fim de alcançar

---

[152] BRASIL. *Conitec.* Disponível em: http://conitec.gov.br/index.php/relatorio-para-a-socie dade. Acesso em: 17 maio 2021.

[153] BRASIL. *Lei nº 12.401, de 28 de abril de 2011.* Altera a Lei nº 8.080, de 19 de setembro de 1990, para dispor sobre a assistência terapêutica e a incorporação de tecnologia em saúde no âmbito do Sistema Único de Saúde – SUS. Disponível em: https://www.planalto. gov.br/ccivil_03/_ato2011-2014/2011/lei/l12401.htm#:~:text=LEI%20N%C2%BA%20 12.401%2C%20DE%2028%20DE%20ABRIL%20DE%202011.&text=Altera%20a%20 Lei%20n%C2%BA%208.080,Sistema%20%C3%9Anico%20de%20Sa%C3%BAde%20 %2D%20SUS Acesso em: 23 jan. 2023.

[154] WANG et al., 2020. Os pesquisadores concluem, a partir de amostra aleatória estratificada de 13.263 decisões judiciais, que a criação de um novo sistema de ATS (pela Conitec) não mudou a forma como as reivindicações judiciais por tratamentos de saúde são decididas pelos tribunais no Brasil, e que mesmo a existência de um relatório da Conitec com recomendação contrária à incorporação de determinado tratamento provavelmente não afetará se os pacientes receberão um resultado favorável no tribunal.

a UHS até 2030, conforme compromisso brasileiro perante as Nações Unidas.[155]

Por indispensável que seja angariar recursos em um sistema subfinanciado[156] e remover barreiras de acesso à saúde, se a intenção é ampliar e melhorar a qualidade da cobertura, precisa-se observar com uma lupa a forma como se gastam os recursos já existentes. E o dispêndio de recursos com aquisição de medicamentos, tratamentos e produtos para atendimento de determinações judiciais em demandas de saúde estão, cada vez mais, longe da irrelevância.

3.5 Como a judicialização da saúde se insere nesse ciclo

Ao celebrar os primeiro trinta anos de SUS, a OPAS[157] buscou traçar recomendações a partir das principais dificuldades que detectou para que o sistema alcance as metas de Objetivos de Desenvolvimento Sustentável (ODS) da Agenda de 2030, no que diz respeito à saúde.

Ao lado de estratégias como fortalecimento da atenção primária à saúde, aperfeiçoamento de mecanismos de participação social e motivação de recursos humanos, incluiu-se também a sugestão de aperfeiçoar o marco jurídico para a garantia do princípio da integralidade, "de maneira a evitar o fenômeno da excessiva judicialização no SUS".

O relatório elaborado pela agência menciona evidências de que a judicialização tenha aumentado a iniquidade em saúde, na medida em que apenas grupos sociais mais ricos teriam meios para requerer acesso a tratamentos via Poder Judiciário.

---

[155] Ver capítulo 2.
[156] GROSS, 2020. O autor aponta que, dentre os países com sistema universal de saúde, o Brasil é o com menor percentual de gasto público/PIB (3,9%) e mais baixo gasto público *per capita* anual (US$338,00). No Canadá o percentual de gasto público/PIB é de 8% e o gasto público *per capita* é de US$3.274,00; na França é de 10% e o gasto per capita é de US$3.534,00; na Suécia é de 9% e o gasto per capita é de US$4.769,00; no Reino Unido é de 8% e o gasto *per capita* é de US$3.175,00; na Austrália é de 6% e o gasto *per capita* é de US$3.417,00 e; em Cuba é de 11% e o gasto *per capita* é de US$870,00. Mesmo entre países latino-americanos sem cobertura universal gratuita, como é o caso do Uruguai (US$989,00), Argentina (US$711,00), Chile (US$696,00) e Panamá (US$683,00) o gasto *per capita* é maior do que no Brasil. Tais dados estão disponíveis em: OMS. Organização Mundial da Saúde. *Global Health Expenditure Database*. Disponível em: http://apps.who.int/nha/database/Select/Indicators/es. Acesso em: 18 out. 2022.
[157] OPAS. Organização Pan-Americana de Saúde. *Relatório 30 anos de SUS, que SUS para 2030?* Brasília: OPAS, 2018. Disponível em: https://iris.paho.org/handle/10665.2/49663. Acesso em: 14 jan. 2022.

O fenômeno diz respeito às ações em que cidadãos buscam garantia de acesso gratuito a tratamentos e produtos de saúde de um modo geral, estejam ou não contidos nas políticas vigentes, com fulcro nos artigos 6º e 196 da CF/88[158] – ver capítulo 2.

Tais demandas tiveram um crescimento ano a ano de aproximadamente 130% entre 2008 e 2017[159] em primeira instância, número muito superior aos 50% de crescimento do número total de processos de primeira instância, conforme relatórios do "Justiça em Números" publicados no mesmo período.[160]

Na maioria dos casos, essas reivindicações são aceitas[161] e geram a imputação ao orçamento público de custos imprevistos. Isso pode ocorrer porque o Poder Público não supriu a localidade com medicamentos constantes das relações oficiais de medicamentos do SUS,[162] mas é certo que também ocorre como forma de acesso a tecnologias que não são franqueadas aos demais cidadãos, de um modo geral, mesmo que haja alternativas terapêuticas disponíveis no sistema de saúde.[163]

Apesar da conclusão da OPAS, há muitos se posicionando no sentido de que a judicialização seja, na verdade, um instrumento de base para que pobres cobrem do governo a entrega de um sistema de cobertura universal de qualidade, sem aptidão para expandir desigualdades ou enfraquecer o sistema de saúde.[164] Ferraz[165] chama essa linha de pensamento de *rights revolution narrative*, em detrimento da *elite capture narrative*, segundo a qual a judicialização seria uma ferramenta

---

[158] BRASIL. Constituição (1988). *Constituição da República Federativa do Brasil de 1988*. Brasília, DF: Presidência da República, [2022]. Disponível em: http://www.planalto.gov.br/ccivil_03/Constituicao/Constituiçao.htm Acesso em: 12 ago. 2022.

[159] BRASIL. Conselho Nacional de Justiça. *Relatório analítico propositivo*: Judicialização da saúde no Brasil: perfil das demandas, causas e propostas de solução. Brasília: Instituto de Ensino e Pesquisa – INSPER, 2019.

[160] BRASIL. Conselho Nacional de Justiça. Programa das Nações Unidas para o Desenvolvimento. *Judicialização e saúde:* ações para acesso à saúde pública de qualidade. Brasília: CNJ, 2021.

[161] WANG, 2013.

[162] SCHULZE; GEBRAN NETO, 2019.

[163] CATANHEIDE; LISBOA; SOUZA, 2016. As autoras identificaram ao menos quatro estudos revelando que os medicamentos judicialmente demandados possuíam alternativa terapêutica disponível no SUS (41,7%; 80%, 73% e 96%). Concluem que a maioria das ações teria sido evitada, caso fossem observadas as alternativas terapêuticas presentes nas listas do SUS.

[164] BIEHL; SOCAL; AMON, 2016.

[165] FERRAZ, 2021, p. 135.

de promoção de iniquidade utilizada por elites econômicas que desvia recursos do sistema público, prevenindo-o de fazer mais pelos menos favorecidos.

Independente da aproximação inicial que se tenha em relação ao tema, a análise da racionalidade dos gastos saúde – que se viu ser necessária para o avanço no objetivo da universalidade de cobertura – não pode ser feita sem uma incursão sobre a temática da judicialização, que também mobiliza bilhões de reais a cada ano (os gastos decorrentes do fenômeno serão abordados com maior riqueza no capítulo 4).

Hachem[166] defende a tese de que, quando há concessão jurisdicional de uma prestação administrativa isoladamente a um indivíduo, isso significa que esse é um benefício que a Administração deveria estar fornecendo igualmente a todos os demais cidadãos que titularizem o mesmo direito exigido na demanda individual. Segundo esse raciocínio, o dever jurídico de atuação estatal não nasce da decisão judicial, mas é a ela pré-existente, de modo que é o seu descumprimento o fator que enseja a condenação pelo Judiciário.

Se isso é verdade, compreender com base em quais critérios juízes e tribunais entendem que um tratamento ou produto de saúde é devido a um cidadão é salutar, pois tais critérios deveriam ser igualmente aplicados a todos os usuários do SUS que ostentem situação semelhante, como medida de justiça.

Não obstante, se o exercício de ampliar determinações individuais de custeio de fármacos para toda a coletividade em idêntica situação se mostrar insustentável para o Sistema, isso deveria sinalizar a necessidade de repensar tais decisões.

A necessidade de analisar a racionalidade das deliberações judiciais em demandas de saúde é premente, tanto porque movimentam crescente e expressivo volume de recursos, quanto por que, tal qual decisões políticas, estabelecem o que é devido a quem em termos de prestações dessa natureza.

---

[166] HACHEM, 2014, p. 488. Para o autor, em razão da vinculação aos precedentes judiciais relativos à promoção de direitos sociais, a Administração Pública condenada reiteradamente na esfera judicial, em casos similares, embora por decisões com efeitos apenas *inter partes*, terá por obrigação tratar da mesma forma os demais titulares do mesmo direito fundamental que foi satisfeito pela via judicial individual, ainda que eles não tenham obtido um provimento jurisdicional determinado em seu favor. Conferir a tutela do direito a um único sujeito, sem universalizar a prestação e abrir acesso às outras pessoas na mesma situação fático-jurídica representaria, segundo ele, desvio da finalidade constitucional de satisfazer os direitos fundamentais sociais de forma igualitária.

A primeira questão a se fazer é: essas decisões levam ou não em consideração a política pública? Caso prevaleça a falta de deferência, quais critérios têm definido o posicionamento dos julgadores, pensando em termos estatísticos?

Trata-se de decisões que, assim como aquelas tomadas no âmbito da política pública, tem aptidão para nos afastar ou aproximar dos objetivos do SUS. Para promover igualdade ou desigualdade. Para favorecer ou desfavorecer a utilização racional de recursos. Para abrir ou não brechas à corrupção. Para compatibilizar-se ou não aos princípios de AFR (ver capítulo 2).

Partindo-se de tais premissas, questões pertinentes a respeito de deliberações judiciais em demandas de saúde que gerem a movimentação de recursos soariam algo como[167]: (a) essa escolha amplia a gama de serviços acessíveis a população de um modo geral? (b) prioriza o acesso a produtos, tecnologias e serviços custo-efetivos? (c) melhora as condições de saúde dos mais necessitados? (d) reflete uma escolha feita com participação social e diálogo com autoridades responsáveis pela saúde e outros setores relevantes?; (e) reflete uma escolha feita com transparência de critérios, prevenindo a corrupção? (f) preocupa-se em prevenir a tendência à utilização irracional dos medicamentos?

Aprimorar as escolhas feitas no âmbito do SUS, tendo os olhos voltados à Cobertura Universal, não terá eficácia se as diretrizes adotadas pela Administração no âmbito do sistema não se harmonizarem, em algum nível, com aquelas adotadas pelo Poder Judiciário, que igualmente delibera sobre o destino de parte considerável dos recursos em saúde.

Tratar-se-á, no capítulo 5, das características das decisões que levaram à aquisição de medicamentos pelo estado de Goiás entre 2019 e 2022. Antes disso, contudo, serão investigadas, no capítulo 4, as principais distorções surgidas do atual estado da judicialização.

---

[167] As questões aqui apresentadas refletem uma síntese das recomendações da OMS e OPAS apresentadas ao longo do capítulo 2 quanto aos fatores que aproximam e afastam os países da Cobertura Universal de Saúde.

4

COBERTURA UNIVERSAL DE SAÚDE E PODER JUDICIÁRIO: INCONSISTÊNCIAS NA JUDICIALIZAÇÃO DA SAÚDE BRASILEIRA E SEUS PRODUTOS

O atual estado da judicialização da saúde tem dado causa a uma série de distorções denunciadas pela comunidade científica. Como se verá no decorrer do capítulo, apesar da heterogeneidade regional, algumas características típicas do fenômeno parecem despontar em subsequentes estudos científicos. São elas: 1) predomínio de litigância individual – pessoas pedindo produtos em saúde para si próprias, sem necessário acesso do objeto demandado para outros indivíduos em igual situação; 2) predomínio de demandas que buscam a concessão de produtos não disponíveis nas listas e relações oficiais do SUS; 3) ações judiciais instruídas com nada mais que a prescrição médica; 4) receitas médicas que não cumprem os preceitos de boas práticas de prescrição;[168] e 5) automatismo na concessão de liminares.

Fato é que, seja em virtude dessas características ou de outras insuspeitas, o atual estado da judicialização da saúde no Brasil vem sendo conivente com um cenário indiscutível, porque palpável: fraudes, desvios, consequências indesejáveis e possível comprometimento em relação ao futuro da saúde brasileira.

---

[168] SANT'ANA et al., 2011. As boas práticas prescricionais estão descritas em normas legais: Lei nº 5.991/1973 (dispõe sobre controle sanitário do comércio de drogas, medicamentos, insumos farmacêuticos e correlatos); Portaria nº 3.916/1998 (dispõe sobre a PNM); Portaria nº 344/1998 (aprova o regulamento técnico sobre substâncias e medicamentos sujeitos a controle especial); Conselho Federal de Farmácia.

O presente capítulo buscou levantar as principais preocupações e malefícios apontados pela comunidade acadêmica a respeito do assunto, sem esgotar cada um dos assuntos em profundidade, mas apenas conscientizar o leitor da problemática.

Como o objetivo é traçar um panorama geral, não propôs citar tudo o que já foi produzido em relação a cada ponto do diagnóstico, mas se deteve aos trabalhos que foram considerados mais relevantes, baseados em critérios como frequência de abordagem do assunto, amplitude dos dados coletados e renome dos autores.

Antes de adentrar na análise, sugere-se ao leitor ter em mente que judicialização da saúde não é um programa governamental nem uma política pública, mas um fenômeno que ocorre na intersecção entre o sistema de justiça e o sistema de saúde.[169] Logo, as situações a seguir descritas não podem ser consideradas problemáticas atribuíveis à forma de atuação do Poder Judiciário ou do Poder Executivo, isoladamente considerados. São, antes, frutos da interação entre ambos.

Como uma erva daninha que se espalha apesar do zeloso jardineiro, as distorções da judicialização se instalam ao menor sinal de descompasso no desenvolver das competências de um e de outro Poder, de modo que é difícil mensurar até onde vai a contribuição de cada um na criação das situações que agora serão visualizadas. Com tais reflexões em mente, passa-se à análise.

4.1 Comprometimento orçamentário

O SUS é marcado por carências. São constantes as denúncias de falta de médicos, filas intermináveis para a realização de cirurgias eletivas, demora excessiva para a realização de exames, capilaridade insuficiente e sucessivas crises de gestão que, por vezes, resultam até na falta de insumos básicos em algumas unidades federativas. Em parte, tudo isso é motivado por subfinanciamento.[170]

Nesse contexto, a judicialização da saúde, como fenômeno que orienta a movimentação anual de cifras de bilhões de reais ganha evidente importância. A maior parte dos processos relacionados à saúde está concentrada nos Tribunais de Justiça Estaduais. No ano de 2020,

---

[169] BRASIL. Tribunal de Contas da União. *Auditoria operacional*. Fiscalização de Orientação Centralizada (FOC). Judicialização da saúde. Acórdão n. 1787, de 16 de agosto de 2017. Relator: Min. Bruno Dantas. Brasília, DF, 2017, p. 25.
[170] GROSS, 2020.

foram ajuizadas 486.423 novas ações envolvendo saúde no âmbito dos Tribunais de Justiça, além de 58.774 nos Tribunais Regionais Federais e 7.608 no Superior Tribunal de Justiça (STJ). Apenas entre 2018 e 2019, as ações propostas em âmbito estadual cresceram de 326.397 para 427.633.[171]

Tabela 1 – Quantidade de casos novos de saúde ingressados entre 2015 e 2020 por tipo de tribunal

Tribunal	2015	2016	2017	2018	2019	2020
Superior Tribunal de Justiça	6.953	8.116	9.764	10.250	147[6]	7.608
Tribunal de Justiça	322.395	320.447	367.438	326.397	427.633	486.423
Tribunal Regional Federal	36.673	47.139	40.730	40.357	41.795	58.774

Fonte: CNJ, 2021, p. 27, a partir de Painel do Justiça em Números, 2020.

O aumento no número de processos é associado a um aumento no gasto público. Dados apresentados pelo MS revelam que os valores gastos no cumprimento das decisões judiciais na área de saúde aumentaram mais de quatorze vezes entre 2008 e 2015, passando de 70 milhões de reais anuais para mais de um bilhão[172] – ver Gráfico 1.

Gráfico 1 – Valores gastos pelo Ministério da Saúde para cumprir decisões judiciais de 2008 a 2015

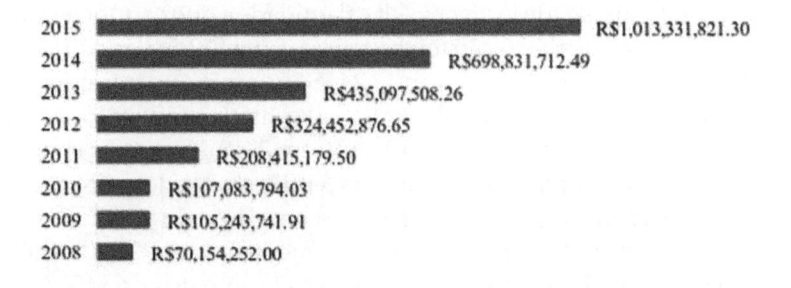

2015	R$1.013.331.821,30
2014	R$698.831.712,49
2013	R$435.097.508,26
2012	R$324.452.876,65
2011	R$208.415.179,50
2010	R$107.083.794,03
2009	R$105.243.741,91
2008	R$70.154.252,00

Fonte: Auditoria operacional do TCU. Acórdão n° 1787/2017, p. 25.

---

[171] BRASIL. Conselho Nacional de Justiça. Programa das Nações Unidas para o Desenvolvimento. *Judicialização e saúde*: ações para acesso à saúde pública de qualidade. Brasília: CNJ, 2021, p. 27.

[172] BRASIL. Tribunal de Contas da União. *Auditoria operacional*. Fiscalização de orientação centralizada (FOC). Judicialização da saúde. Acórdão n. 1787, de 16 de agosto de 2017. Relator: Min. Bruno Dantas. Brasília, DF, 2017, p. 25.

Auditoria operacional realizada pelo Tribunal de Contas da União (TCU) em 2017 destaca que todo esse valor é destinado à aquisição de medicamentos e insumos não abarcados pelos programas já existentes, ou seja, fora das tabelas e listas oficiais do SUS:[173]

> Esses valores referem-se apenas aos gastos contabilizados pelo ministério no que diz respeito ao cumprimento de decisões judiciais quando foi necessária a aquisição de medicamentos e insumos. Esses dados não abrangem, por exemplo, os casos em que o cumprimento da decisão ocorreu por meio de retirada de medicamento de programa já existente, em razão de sua pertinência a política de assistência farmacêutica.

Apenas para se ter um parâmetro: o dispêndio anual da ordem de R$1 bilhão corresponde a um gasto maior do que o orçamento do Ministério com medicamento para o tratamento de DST/AIDS, sendo comparável com todo o gasto da União com assistência farmacêutica, voltada à atenção primária em saúde.[174] [175]

Fora o gasto com a aquisição de produtos e medicamentos propriamente ditos, há outros custos envolvidos, como os de logística. Entre 2011 e 2015, a União gastou mais de treze milhões de reais com frete aéreo no transporte envolvido na judicialização.[176]

Vieira[177] analisou as compras realizadas pelo MS entre 2010 e 2019, classificando-as, de acordo com a destinação dos produtos, em componentes da assistência farmacêutica, judicialização, ambulatório, hospitais federais, saúde indígena, kit calamidade e outros. O achado foi que, na média, a judicialização foi responsável por 91,9% das aquisições do MS entre 2010 e 2019, totalizando 24.796 compras no período.

Embora o número de compras tenha diminuído ao longo dos anos (foram 3.305 compras em 2010 e 856 em 2019), os gastos com tais aquisições não acompanharam a mesma tendência, tendo, ao contrário, crescido a cada ano. Essa situação sugere a aquisição de medicamentos mais caros. Em todo o período, o dispêndio foi de R$8,5 bilhões, equivalentes a 10,3% do gasto direto em medicamentos do MS.

Em nível estadual, São Paulo, Minas Gerais e Santa Catarina, em estimativa conservadora, gastaram mais de R$734 milhões com

---

[173] Ibid., p. 26.
[174] VIEIRA, 2021.
[175] WANG, 2021.
[176] VIEIRA, 2021.
[177] Ibid.

judicialização da saúde no ano de 2013, passando esse valor para R$772 milhões em 2014.[178]

Em 2021, o Conselho Nacional de Justiça (CNJ) buscou avaliar como os direitos individualmente assegurados, por meio de peças processuais, podem comprometer os orçamentos destinados à saúde – e, com eles, a garantia do direito de forma coletiva. Enviou formulários com uma série de perguntas a uma amostra de 763 municípios de todas as unidades federativas (dos 5.570 existentes), obtendo 229 respostas: 49,3% dos respondentes afirmaram que destinam até 10% de todo o orçamento municipal para o cumprimento de decisões judiciais.[179] No cenário estadual, 12 unidades federadas (das 21 que enviaram respostas) afirmaram destinar até 10% do orçamento a demandas judicializadas. A Paraíba respondeu que destina de 50,01 a 70%, e o Ceará apontou 90% de comprometimento do orçamento estatal para fins de cumprimento de determinações vindas do Judiciário.[180]

O crescente aumento dos gastos, no mínimo, impacta no planejamento do sistema de saúde, obstando que seja o próprio Poder Executivo a definir o destino da alocação dos recursos públicos de acordo com a programação financeira e o perfil epidemiológico da população.[181]

Além disso, a pressão nos gastos de custeio, associado à dispensação de medicamentos, tende a reduzir a disponibilidade de recursos orçamentários para gastos de capital no sistema de saúde. Trocando em miúdos: mais gastos com medicamentos, menos hospitais e equipamentos novos.

A responsabilidade pela provisão de serviços de saúde é repartida entre União, 27 unidades federadas e 5.570 municípios. Todos eles podem ser acionados por pacientes que buscam acesso a tratamentos não provisionados pelo sistema público de saúde.

No julgamento do Tema 793,[182] de 23.05.2019, o Supremo Tribunal Federal (STF) reconheceu que são solidários os entes na

---

[178] BRASIL. Tribunal de Contas da União. *Auditoria operacional*. Fiscalização de orientação centralizada (FOC). Judicialização da saúde. Acórdão n. 1787, de 16 de agosto de 2017. Relator: Min. Bruno Dantas. Brasília, DF, 2017, p. 25.

[179] BRASIL. Conselho Nacional de Justiça. Programa das Nações Unidas para o Desenvolvimento. *Judicialização e saúde:* ações para acesso à saúde pública de qualidade. Brasília: CNJ, 2021, p. 107.

[180] *Ibid.*, p. 108.

[181] VIEIRA; ZUCCHI, 2013.

[182] BRASIL. Supremo Tribunal Federal. *RE 855178*. Relator: Min. Luiz Fux, 23/05/2019. Disponível em: https://redir.stf.jus.br/paginadorpub/paginador.jsp?docTP=TP&docID=752469853 Acesso em: 24 jan. 2023.

responsabilidade pelas demandas prestacionais em áreas de saúde, e que qualquer deles, em conjunto ou isoladamente, pode figurar no polo passivo desse tipo de ação.

Posteriormente, em tutela provisória concedida no RE nº 1.366.243, sob relatoria do Min. Gilmar Mendes, a Corte determinou que, até o julgamento definitivo do Tema 1234 de Repercussão Geral, as demandas judiciais relativas a medicamentos não incorporados devem ser processadas e julgadas pelo Juízo, estadual ou federal, ao qual foram direcionadas pelo cidadão, sendo vedada a declinação de competência ou determinação de inclusão da União no polo passivo.

Tudo isso torna dificultosa a execução de qualquer tipo de planejamento, ante a iminente possibilidade de que qualquer desses entes venha ser obrigado a custear tratamentos que, segundo a repartição legal de competências, não estão sob sua esfera de financiamento.

Outro fator de preocupação é o fato de que o cada vez maior comprometimento do orçamento em função dos gastos com a judicialização pode estar ocorrendo sem a necessária contraprestação em aumento de qualidade ou de oferta populacional.

Ao menos no estado de Goiás, parece se confirmar a hipótese de que as compras da judicialização, voltadas primordialmente à aquisição de medicamentos não constantes das listas oficiais do SUS,[183] estão ficando cada vez mais dispendiosas.

4.1.1 Emprego de gastos no estado de Goiás

No estado de Goiás, de acordo com os dados fornecidos pelo Centro Estadual de Medicação de Alto Custo (Cemac) Juarez Barbosa[184] para fins desta pesquisa, o valor gasto anualmente com a aquisição de medicamentos judicializados que não integram o rol do SUS, passou de R$6.415.943,94 em 2014 para R$123.779.480,86 em 2022.

A rubrica aqui compreende tudo o que a Cemac (órgão do estado de Goiás) gastou com a aquisição de todos os fármacos e pequenos insumos destinados ao cumprimento de ordens judiciais.

---

[183] Pesquisa deste PPGDP constatou, a partir de amostra colhida das 8.298 ações de saúde propostas contra o estado de Goiás entre 2016/2019, que 64% dos medicamentos requeridos não estavam inclusos nas listas do SUS. Ver: SANTOS, 2021.

[184] Centro de Referência Estadual na dispensação de medicamentos constantes no CEAF, de uso ambulatorial, no estado de Goiás. Também centraliza a aquisição de medicamentos oriundos de determinação judicial.

Apesar do aumento percentual de gastos de chocantes 1829% em apenas oito anos, o número de pacientes beneficiados com tais valores aumentou, comparavelmente, bem menos no período, apenas 223% (passando de 6.648 pacientes para 21.520, conforme Tabela 1). Isso pode indicar que a majoração anual nos gastos não necessariamente amplia a cobertura populacional, sugerindo a judicialização da saúde como fator de concentração dos recursos em saúde em benefício de poucas pessoas.

Também pode demonstrar que os medicamentos adquiridos judicialmente estão ficando cada vez mais caros, o que coincide com o achado de Vieira em relação ao MS.[185]

Tabela 2 – Gastos da SES Goiás para aquisição de medicamentos em virtude de determinação judicial no período de 2014 – 2022, e número de beneficiários

MEDICAMENTOS DE AQUISIÇÃO JUDICIALIZADA		
ANO	VALOR	PACIENTES
2014	6.415.943,94	6.648
2015	9.874.586,75	7.837
2016	27.984.885,53	8.413
2017	33.561.152,99	9.727
2018	39.107.372,32	10.532
2019	44.448.601,72	12.128
2020	58.058.860,36	14.968
2021	84.447.784,39	17.701
2022 (até nov)	123.779.480,86	21.520
TOTAL	427.678.668,86	

Fonte: Cemac para fins desta pesquisa.

---

[185] VIEIRA, 2021.

Tabela 3 – Gastos da SES Goiás para aquisição de medicamentos dentro do Componente Especializado da Assistência Farmacêutica no período de 2014 – 2022, e número de beneficiários

CEAF - COMPONENTE ESPECIALIZADO DA ASSISTÊNCIA FARMACÊUTICA		
ANO	VALOR	PACIENTES
2014	304.991.361,40	355.726
2015	322.234.344,42	426.303
2016	352.245.381,50	494.314
2017	357.911.091,20	533.516
2018	372.921.655,58	612.105
2019	424.611.804,00	686.756
2020	479.739.887,87	587.813
2021	481.331.689,12	534.886
2022 (até 14/12/2022)	528.832.127,33	650.335
TOTAL	3.624.819.342,42	4.881.734

Fonte: Cemac para fins desta pesquisa.

Em contrapartida, considerando-se o Componente Especializado da Assistência Farmacêutica (CEAF),[186] um dos eixos de financiamento da Assistência Farmacêutica no âmbito do SUS, conforme política pública vigente, a percentagem de incremento de gastos no mesmo período, de 2014 a de 2022, foi bem inferior – apenas 73%, sendo superado pelo aumento do número de pacientes beneficiados, que foi de 83%.

---

[186] Dos três componentes que estruturam a Assistência Farmacêutica no âmbito do SUS (Básico, Estratégico e Especializado), a CEAF é a estratégia de acesso caracterizada pela busca "da garantia da integralidade do tratamento medicamentoso, em nível ambulatorial, cujas linhas de cuidado estão definidas em PCDT publicados pelo Ministério da Saúde", conforme art. 48 do Anexo XXVIII da Portaria de Consolidação GM/MS nº 02/2017.

Observando o crescimento, em relação ao ano anterior, dos gastos com a aquisição de medicamentos com origem em determinação judicial (Gráfico 2) e na política de assistência farmacêutica (Gráfico 3), verifica-se que o comportamento é inverso: enquanto, na CEAF, o crescimento de pacientes supera o dos valores despendidos; na judicialização, o incremento dos gastos ultrapassa o de beneficiários ano a ano (com exceção de 2019).

A mudança de comportamento nas séries de dados da CEAF nos anos de 2020 e 2021, verificável nos gráficos, está possivelmente ligada à pandemia do Coronavírus.

O fato de o crescimento de beneficiários não acompanhar o crescimento considerável dos gastos com a judicialização, de forma contrária ao que ocorre com o custeio do CEAF, parece sugerir uma ineficiência dos gastos judicializados, associada à ausência de real contribuição do emprego de tais valores na ampliação da cobertura populacional.

Gráfico 2 – Crescimento dos gastos e de pacientes beneficiários em relação ao ano anterior para aquisição de fármacos por ordem judicial, 2015-2022

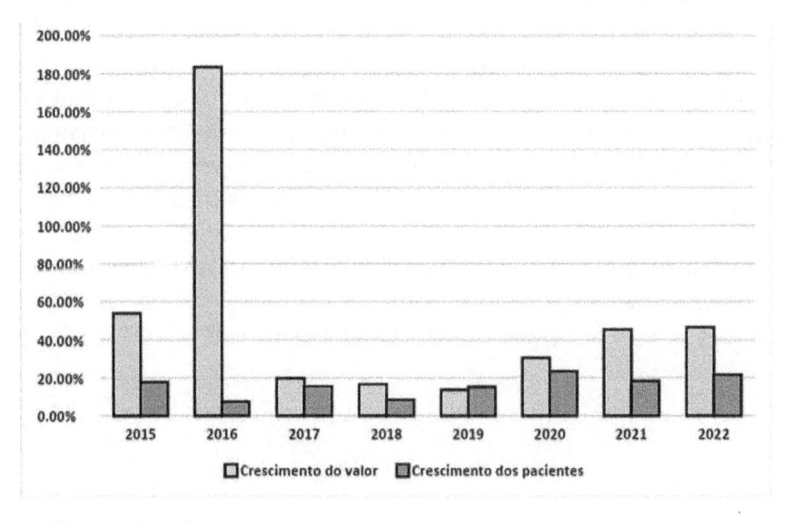

Fonte: Elaboração própria.

Gráfico 3 – Crescimento dos gastos e de pacientes beneficiários em relação ao ano anterior para aquisição de fármacos na política pública, 2015-2022

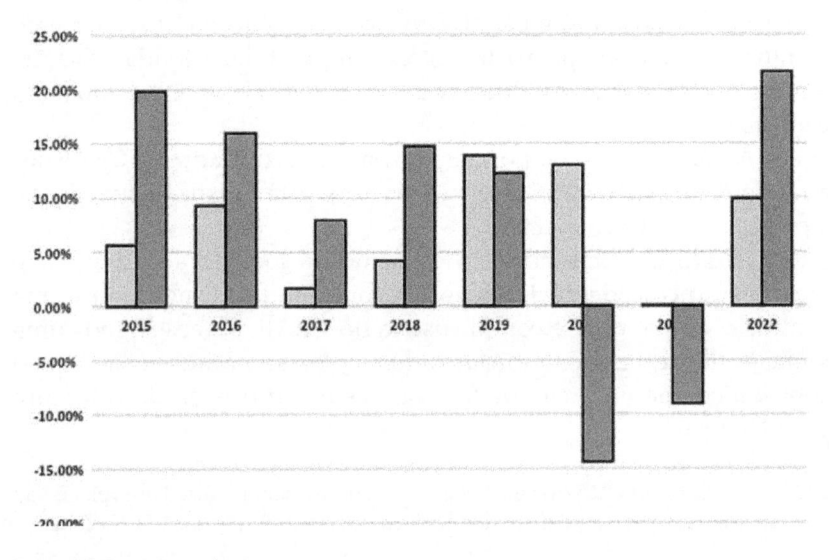

Fonte: Elaboração própria.

O Gráfico 4 compara o crescimento do valor médio gasto por paciente nos gastos de uma e de outra origem. Enquanto os custos por paciente na política pública se mantêm relativamente estáveis, o preço pago para atender os pacientes de ações judiciais dá saltos.

Isso permite inferir que os pacientes que decidem ajuizar uma ação têm acesso a tratamentos mais caros do que aqueles que se simplesmente submetem-se à política pública.

Gráfico 4 – Valor gasto por paciente por decisão judicial e por decisão de política pública entre 2014-2022

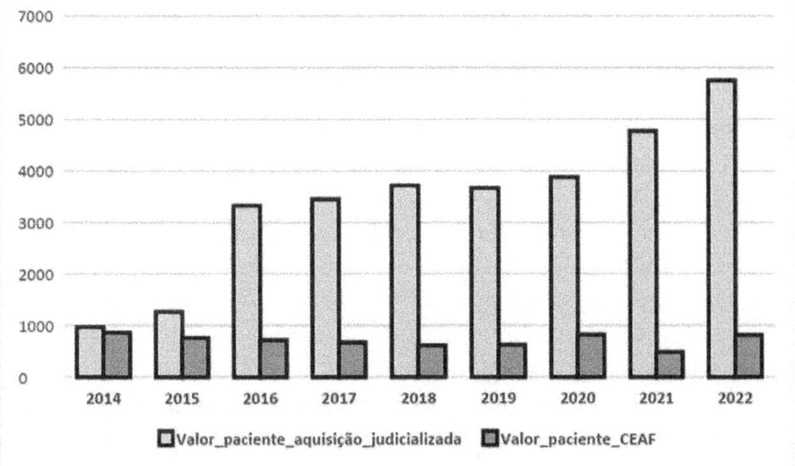

Fonte: Elaboração própria.

4.2 Critérios adotados pelo Poder Judiciário podem levar a decisões ineficientes

São diversas as pesquisas constatando que, em demandas de saúde, os critérios utilizados pelos julgadores, no momento de fazer escolhas sobre a destinação dos recursos em detrimento da política pública, não têm sido caracterizados exatamente por sua eficiência.

Supõe-se, aqui, que o objetivo dos julgadores seja o de garantir o suprimento de tecnologias para aqueles que delas efetivamente necessitem, ampliando o acesso à saúde. Ao deliberar sobre o que fornecer e a quem, critérios razoáveis devem ser utilizados.

Ainda que se adote um conceito muito amplo do que venha a ser integralidade e universalidade, parâmetros como eficiência e eficácia do produto que se está pedindo, associados a alguma superioridade em relação a outros já disponibilizados administrativamente demonstram razoabilidade mínima do julgador. Igualmente razoável que se exija do demandante a comprovação de que é efetivamente portador da moléstia para cujo tratamento litiga. Fora disso, as decisões estariam fora de um grau de eficiência mínimo esperável, revelando-se inaptas a destinar recursos públicos.

Partindo dessas premissas, o primeiro aspecto a indicar uma possível ineficiência nos critérios deliberativos adotados nas demandas em saúde é a automatização na concessão das liminares.

Catanheide, Lisboa e Souza[187] catalogaram, em 2016, pelo menos dezoito estudos apontando 90% ou mais liminares concedidas em relação ao total de demandas de saúde propostas, além de outros seis que identificaram o fenômeno em 100% dos casos.

Em 2020, Wang *et al*[188] constataram, analisando decisões em Porto Alegre, Florianópolis e São Paulo, que a criação de um sistema de avaliação em tecnologia de saúde, com a implementação da Lei nº 12.401, de 2011[189] não mudou a forma como a reivindicações judiciais por tratamentos de saúde são decididas pelos tribunais no Brasil: se um paciente decide litigar, a taxa de sucesso é de 92% em liminares, 98% em decisões de apelação e quase 100% no STJ e STF.

Bucci chega a afirmar que a concessão exagerada de medidas liminares, cautelares e antecipações de tutela é o problema mais agudo da judicialização da saúde, tendo por consequência o volume de ações, já que "o deferimento sistemático das antecipações de tutela faz do Judiciário o caminho mais curto para a obtenção do medicamento, com baixíssimo índice de recusa, a despeito da possível ilegitimidade dos pedidos".[190]

Por certo, a automatização na concessão das liminares não chegaria a ser problemática se as demandas em saúde se voltassem majoritariamente ao acesso a tratamentos assegurados, mas não disponibilizados pelo próprio Sistema (por exemplo, ações demandando medicamentos constantes das relações oficiais para as moléstias de que os demandantes fossem portadores, revelando um problema de desabastecimento). Pelo menos no estado de Goiás, contudo, essa hipótese já foi descartada.[191]

---

[187] CATANHEIDE; LISBOA; SOUZA, 2016.
[188] WANG *et al.*, 2002.
[189] BRASIL. *Lei nº 12.401, de 28 de abril de 2011*. Altera a Lei nº 8.080, de 19 de setembro de 1990, para dispor sobre a assistência terapêutica e a incorporação de tecnologia em saúde no âmbito do Sistema Único de Saúde – SUS. Disponível em: https://www.planalto.gov.br/ccivil_03/_ato2011-2014/2011/lei/l12401.htm#:~:text=LEI%20N%C2%BA%20 12.401%2C%20DE%2028%20DE%20ABRIL%20DE%202011.&text=Altera%20a%20 Lei%20n%C2%BA%208.080,Sistema%20%C3%9Anico%20de%20Sa%C3%BAde%20 %2D%20SUS Acesso em: 23 jan. 2023.
[190] BUCCI, 2017.
[191] SANTOS, 2021.

As pesquisas localizadas apontam que a judicialização, em geral, é a busca por produtos e medicamentos não ofertados regularmente pelo SUS, isto é, fora das listas e relações oficiais do sistema. Muitas liminares têm por objetivo atender a prescrições de produtos de alto custo, inclusive alguns recém-lançados em outros países e ainda não disponíveis no Brasil.[192] [193]

O automatismo na concessão das liminares se coaduna com um cenário de falta de razoabilidade decisória, porque revela que há pouca ou nenhuma discussão acerca da eficiência, eficácia do que está sendo demandado, ou mesmo da qualidade probatória dos documentos juntados aos autos, antes que se determine o fornecimento de algo.

Outro indicativo de possível ineficiência das escolhas alocativas feitas pelo Poder Judiciário em demandas de saúde é a não consideração das alternativas já fornecidas pelo SUS ao que está sendo postulado em juízo. A rigor, se o medicamento objeto de litigância pode ser substituído por um produto já fornecido pelo SUS sem prejuízos ao paciente, não há interesse na judicialização. Mais uma vez, há evidências de que as possibilidades terapêuticas não estejam sendo discutidas.

Vieira e Zucchi[194] observaram que 75% do gasto total com as ações movidas contra a municipalidade de São Paulo, em 2005, foi destinado à aquisição de antineoplásicos sem comprovação de eficácia. Gastaram-se, à época, R$876 mil reais com a compra de medicamentos que não fazem parte da relação municipal de medicamentos essenciais, 73% dos quais poderiam ser substituídos.

Catanheide, Lisboa e Souza[195] identificaram, em 2016, ao menos quatro estudos revelando que os medicamentos judicialmente demandados possuíam alternativa terapêutica disponível no SUS (41,7%, 80%, 73% e 96%).

Concluíram que a disponibilidade de alternativas terapêuticas na quantidade de medicamentos avaliados mostra que a gestão do SUS não é completamente omissa, e que ações judiciais poderiam ser evitadas se os prescritores observassem as listas de medicamentos do SUS, ou se os juízes consultassem os gestores de saúde antes de tomarem suas decisões.[196]

---

[192] CHIEFFI; BARATA, 2010.
[193] No Rio Grande do Sul, Biehl *et al.* tratam a afirmação acima como um mito, afirmando que a maioria dos pacientes demandam drogas de baixo custo que já deveriam estar publicamente disponíveis. Ver: BIEHL; SOCAL; AMON, 2016.
[194] VIEIRA; ZUCCHI, 2007.
[195] CATANHEIDE; LISBOA; SOUZA, 2016.
[196] *Ibid.*

O CNJ chegou à mesma constatação, o que o levou a editar o Enunciado nº 13 da jornada de direito da saúde,[197] recomendando aos julgadores a prévia oitiva do gestor do SUS nas ações que pleiteiam o fornecimento de medicamentos, produtos ou tratamentos, com vistas a identificar alternativas terapêuticas.

Deve-se advertir o leitor, contudo, de que há aspectos relevantes em que tratamentos podem ser diferentes, e que não há um consenso em torno do conceito de alternativa terapêutica. Isso fica claro quando se analisam os votos proferidos no *leading case* que ensejou a formação do tema 500 pelo STF. O voto do ministro Marco Aurélio foi no sentido de que a alternativa do SUS precisa ter a mesma eficácia.

Já o ministro Barroso sustentou que é suficiente que a alternativa terapêutica seja satisfatória, ainda que os graus de eficácia não sejam idênticos. Para ele, assim como para a ministra Rosa Weber e para os ministros Lewandowski e Fachin, o tratamento não incorporado deve ser concedido apenas quando o tratamento no SUS for ineficiente, inapropriado ou ineficaz. Essa segunda interpretação reforça o entendimento apresentado no RE nº 657.718/2019 de que o tratamento do SUS não precisa ser igualmente eficaz àquele pretendido pelo autor da ação judicial.[198]

Ao julgar o Tema 106 (REsp nº 1.657.156/RJ), sob a sistemática dos recursos repetitivos, o STJ firmou a tese de que somente quando as alternativas terapêuticas existentes no caso forem comprovadamente ineficazes, inefetivas ou inseguras para o paciente é que se poderá fornecer medicamentos fora do rol da saúde pública.

Embora o julgado date apenas de 2018, há dados de estudos subsequentes sugestivos de que os critérios da eficácia, efetividade ou segurança das alternativas existentes não estejam sendo levados em consideração nas decisões, embora não abordem a questão diretamente. É que a falta de manifestação técnica oriunda ou de perícia ou dos Natjus impede o julgador, a princípio, de considerar questões como a própria existência de alternativa terapêutica, na medida em que lhe falta formação para tanto. Assim, é razoável entender que uma decisão tomada sem subsídio técnico é uma decisão desconsiderativa das opções de tratamento existentes no sistema público para uma determinada situação clínica.

---

[197] BRASIL. Conselho Nacional de Justiça. *Enunciado nº 13 – III Jornada de Direito da Saúde*, 18 mar. 2019. Disponível em: https://www.cnj.jus.br/wpcontent/uploads/2019/03/e8661c101b2d80ec95593d03dc1f1d3e.pdf Acesso em: 24 jan. 2023.

[198] WANG, 2021.

Esclareça-se que os Natjus, ou Núcleos de Apoio Técnico ao Poder Judiciário, constituem mecanismos de qualificação dos processos judiciais na área de saúde, apoiando magistrados que julgam processos envolvendo medicamentos e outros produtos de saúde. Funcionam como uma "opinião técnica" sobre a validade e juridicidade do pedido apresentado judicialmente. Pois bem.

Araújo[199] analisou todas as 128 ações protocoladas entre março de 2016 e dezembro de 2020 que discutiram o direito de acesso a medicamentos envolvendo o município de Goiânia, tendo verificado o deferimento de liminares sem a oitiva prévia do gestor público em 98,43% dos casos, e sem a oitiva do Natjus em 79,53%.

Se forem considerados os 959 processos judiciais em que foram discutidos conflitos de saúde, envolvendo o mesmo ente de modo geral (e não apenas o acesso a medicamentos), os percentuais de liminares concedidas sem oitiva prévia do gestor e sem manifestação anterior do Natjus são, respectivamente, de 95% e 86%.

A possibilidade de isso estar ocorrendo pelo fato de as demandas envolverem prioritariamente hipóteses já parametrizadas pelo SUS é igualmente rechaçada: acerca da presença dos medicamentos em listas oficiais na data do protocolo das ações, a pesquisa encontrou 70.31% sem presença na RENAME e 82.81% sem figurar na REMUNE.[200]

O estudo também constata que, em 84,38% dos casos, na data do protocolo da ação, já havia alternativa terapêutica disponível no SUS, o que sugere que nem a recomendação do CNJ nem a tese fixada pelo STJ estejam sendo observadas.

Embora a criação dos Natjus no âmbito dos tribunais estaduais e federais tenha sido uma resposta institucional ao crescimento da judicialização da saúde,[201] sugerida pela Resolução CNJ nº 31/2010 e determinada em 2016, a sua subutilização, constatada em pesquisa encomendada pelo próprio CNJ em 2019[202] ainda parece prevalecer.

Todas essas circunstâncias convidam a repetir a questão formulada por Gloppen e Jorheim[203] quanto à judicialização: ela é uma grande via que providencia a pessoas marginalizadas justo acesso a

---

[199] ARAÚJO, 2022.
[200] ARAÚJO, 2022, p. 137.
[201] WANG, 2015.
[202] BRASIL. Conselho Nacional de Justiça. *Relatório analítico propositivo:* Judicialização da saúde no Brasil: perfil das demandas, causas e propostas de solução. Brasília: Instituto de Ensino e Pesquisa – INSPER, 2019.
[203] GLOPPEN; JORHEIM, 2011.

medicamentos ou uma estrada secundária para pacientes procurando acesso a tratamentos que, de uma perspectiva de saúde pública, seriam considerados de baixa prioridade?

A obra referida aponta que maioria dos autores preocupados com políticas de saúde, estabelecimento de prioridades e justiça social concordam que a preferência de atendimento deva ser estabelecida conforme determinados critérios (apesar de eventuais divergências acerca do peso a ser atribuído a cada um). São eles: (i) a gravidade da doença se lhe for atribuído tratamento padrão ou deixada sem tratamento; (ii) efetividade e (iii) custo-efetividade da intervenção; (iv) qualidade da evidência para os itens i a iii.

A partir de amostra de demandas propostas em face do município de São Paulo com deferimento de medicamentos, os autores tentaram diagnosticar a situação brasileira, avaliando critérios como efetividade do medicamento, custo, severidade da situação do paciente em necessidade e qualidade da evidência existente sobre os resultados na saúde, a partir do *Quality-Adjusted Life Year* (QALY)[204] e do PIB.[205]

A conclusão foi a de que os casos brasileiros apresentados podem ser descritos como promovendo benefícios em saúde apenas pequenos ou marginais, para condições muito severas (exceto para osteoporose), a um alto custo de oportunidade para o sistema de saúde. Embora a situação do município de São Paulo não seja necessariamente projetável para todo o país, os achados são consequências factíveis da falta de critérios técnicos e da falta de deferência para com a política pública demonstrada pelo Poder Judiciário em diversas ocasiões (e confirmada no estado de Goiás, conforme capítulo 5).

Wang[206] cita alguns exemplos de tratamentos ordenados por decisões judiciais sem evidência robusta de segurança e efetividade:

---

[204] QALY consiste em um indicador utilizado para tomar decisões sanitária, como mecanismo de Avaliação de Tecnologia em Saúde. De acordo com o glossário o NICE (National Institute for Health and Care Excellence), o sistema de saúde inglês, o QALY (ano de vida ajustado pela qualidade) é calculado estimando-se os anos de vida restantes para um paciente após um determinado tratamento ou intervenção e ponderando cada ano como uma pontuação de qualidade de vida (em uma escala de 0 a 1). Muitas vezes é medido em termos de capacidade da pessoa de realizar as atividades da vida diária e de ausência de dor e distúrbios mentais. 1 QALY é igual a 1 ano de vida em perfeita saúde. O glossário está disponível em: NICE. *Glossary*. https://www.nice.org.uk/glossary?letter=q. Acesso em: 6 abr. 2022.

[205] De acordo com o "IBGE explica", o PIB é a soma de todos os bens e serviços finais produzidos por um país, estado ou cidade, geralmente em um ano. Todos os países calculam o seu PIB nas suas respectivas moedas.

[206] WANG, 2015.

na Suspensão de Tutela Antecipada (STA) 223, julgada em 2008, o STF decidiu que o sistema único deveria custear uma cirurgia que somente poderia ser realizada por um cirurgião americano, chamado Dr. Abbott Krieger, que deveria ser trazido ao Brasil, cabendo ao Estado custear as despesas com voo, hotel e cento e cinquenta mil dólares do tratamento. A cirurgia não foi aprovada pela *Food and Drug Administration* (FDA)[207] americana e nunca chegou a ser avaliada pela Anvisa.

Em 2011, no julgamento do RE nº 368.546, o STF decidiu que caberia ao Estado custear o tratamento de seis pessoas para retinose pigmentar em Cuba, mesmo tendo o Conselho Brasileiro de Oftalmologia Brasileira confirmado a inefetividade do tratamento. A propósito do tema, o Ministro Luiz Fux argumentou: "Nunca acreditei na versão de que o tratamento em Cuba da retinose pigmentar não tinha cura, pelo contrário, eu entendo que se eles são especialistas nisso, deve haver uma esperança com relação a essa cura".

Apesar de os julgados datarem de mais de dez anos, e de a própria jurisprudência do STF ter evoluído bastante desde então,[208] variações desse tipo de discurso continuam sendo encontradas recorrentemente em todo o Brasil. Aliás: a própria falta de critérios técnicos em julgados de saúde não refletiria a convicção de que não há limitações no dever do Estado quando o assunto é saúde?

Não se pode desconsiderar o cenário criado a partir de decisões judiciais movimentadoras de recursos da saúde sendo tomadas com base em posicionamentos individuais de esperança e desejo sincero de ajudar, em detrimento de evidências científicas sobre eficácia, efetividade e segurança do medicamento.

A perpetuação de tais critérios, associada à magnificação de seus efeitos, inviabiliza a continuidade de qualquer Sistema em longo prazo. A movimentação da máquina administrativa, naturalmente vagarosa, jamais será capaz de equiparar-se à criatividade mercadológica da indústria farmacêutica para o lançamento de novos produtos.

O tópico pretendeu abordar a problemática subjacente ao fato de juízes e tribunais possivelmente embasarem suas decisões em saúde

---

[207] FDA. Agência federal responsável nos Estados Unidos por controlar a venda e a segurança de alimentos, suplementos alimentares, medicamentos, cosméticos, equipamentos médicos, materiais biológicos e produtos derivados do sangue humano. Equivale, grosso modo, à Anvisa brasileira.
[208] No julgado do Tema 500 (RE 657.718), por exemplo, o STF definiu a tese de que o Estado não pode ser obrigado a fornecer medicamentos experimentais e que a ausência de registro na Anvisa impede, como regra geral, o fornecimento de medicamento por decisão judicial.

(e, consequentemente, decidirem o destino do orçamento público nesta área) em critérios desprovidos de clareza, que não acompanham aqueles estabelecidos pelo legislador como justos para a definição do que é ou não incumbência do SUS fornecer. Isso contribui diretamente para a questão apresentada no tópico sequencial.

4.3 Judicialização como ferramenta dos mais privilegiados

Um ponto sensível quando se debate a judicialização da saúde é saber se ela contribui ao agravamento ou à solução das iniquidades em saúde já existentes na sociedade. Há pesquisas relevantes apontando pela primeira possibilidade.

A explosão de litigância em direitos da saúde, segundo Ferraz,[209] não é um fenômeno que afeta o Brasil inteiro com a mesma intensidade: a concentração em números absolutos, ajustada ao tamanho da população, ocorre na maior parte nas regiões Sul e Sudeste,[210] sendo notavelmente baixa em alguns estados das regiões mais pobres do Norte e Nordeste.[211]

Isso também pode estar relacionado a questões como a existência e disponibilidade não só do Poder Judiciário, mas da Defensoria Pública, patrocinadora habitual desse tipo de demanda.

Dados de 2010 a 2014 levantados pelo autor sugerem que os estados com maior índice de ações federais por habitante têm maior Índice de Desenvolvimento Humano Municipal (IDHM), e que os seis estados que apresentaram os maiores índices de ações federais por cem mil habitantes estão entre os dez primeiros na classificação do Programa das Nações Unidas para o Desenvolvimento (PNUD):[212] SC (3º lugar), MS (10º), RS (6º), RJ (4º), MG (9º) e PR (5º).[213]

---

[209] FERRAZ, 2021, p. 137.
[210] Somando as demandas por tratamentos de saúde de ambas as regiões em 2017, alcançaram-se 143.570 ações, o que é 81% de todas as ações do país, ao passo em que a população agregada das regiões equivale a 56,4% da população do Brasil. Norte e Nordeste, apesar de abarcarem 36% da população do Brasil, só representam 12,7% da judicialização em saúde.
[211] FERRAZ, 2021, p. 194.
[212] BRASIL. Tribunal de Contas da União. *Auditoria operacional*. Fiscalização de orientação centralizada (FOC). Judicialização da saúde. Acórdão n. 1787, de 16 de agosto de 2017. Relator: Min. Bruno Dantas. Brasília, DF, 2017, p. 25.
[213] PNUD. *Programa das Nações Unidas para o Desenvolvimento*. Disponível em: http://www.pnud.org.br/atlas/ranking/Ranking-IDHM-UF-2010.aspx. Acesso em: 12 mar. 2022.

A concentração não se dá apenas em relação aos estados com níveis de desenvolvimento socioeconômico comparativamente superiores, mas também nas municipalidades com essas caraterísticas: a partir de informações do CNJ de 2018, o mesmo estudo de Ferraz apontou que municípios com maior IDHM[214] normalmente possuem uma judicialização *per capita* maior.

Infere-se de tais dados que a estrutura de oportunidade para mobilização legal é mais fraca nas áreas mais pobres, o que, segundo o pesquisador, descarta a hipótese otimista de que a judicialização seja, ou venha a ser em um futuro próximo, uma ferramenta de transformação à disposição dos mais desfavorecidos e negligenciados historicamente no país. Essas pessoas não estão alcançando o Poder Judiciário em números significantes, se é que o estejam alcançando.[215]

O exposto corrobora com a afirmação de Wang[216] de que os recursos em saúde, pela via da judicialização, são distribuídos de acordo com um princípio moralmente arbitrário: a capacidade de litigar, certamente não ofertada de maneira justa na sociedade.

Muitos brasileiros possuem sérias limitações de acesso à Justiça (no sentido institucional), seja por baixo nível educacional, miséria de recursos e dificuldades de acesso à representação jurídica, o que também reforça a hipótese de que o fenômeno da judicialização da saúde tenha menor impacto nos mais desfavorecidos. Como o acesso ao Judiciário é ainda bastante restrito a grandes parcelas da população, o uso da via judicial como meio para destinar recursos escassos da saúde favorece automaticamente aqueles que têm maior facilidade de acesso a essa via, geralmente provenientes das camadas mais favorecidas da população.[217]

Em 2005, Vieira e Zucchi[218] analisaram o endereço de residência dos demandantes em ações protocoladas contra a secretaria municipal de São Paulo, buscando medicamentos e os categorizaram de acordo com o índice de exclusão/inclusão social do município, Iex. O indicador é composto pelo somatório de categorias como nível de autonomia,

---

[214] O índice agrega indicadores de saúde, educação e renda e varia de 0, pior cenário possível, a 1, melhor possibilidade. No Brasil, o IDH de cada município pode ser encontrado em: UNDP. United Nations Development Programme. *IDHM Municípios 2010*. Disponível em: https://www.br.undp.org/content/brazil/pt/home/idh0/rankings/idhm-municipios-2010.html. Acesso em: 11 mar. 2022.
[215] FERRAZ, 2021, p. 194.
[216] WANG, 2015, p. 19-20.
[217] FERRAZ; VIEIRA, 2009.
[218] VIEIRA; 2007.

qualidade de vida e desenvolvimento humano, variando de -1 a 1. Quanto mais próximo de -1, maior o nível de exclusão social.

O resultado obtido foi que 63% dos demandantes com endereço localizado residem em áreas com Iex entre -0,4 e 1, isto é, locais com menor grau de exclusão social. A conclusão: são os indivíduos menos carentes de proteção social aqueles que mais movem ações contra o Poder Público naquela municipalidade.

Em estudo semelhante, Chieffi e Barata[219] se debruçaram sobre 2.927 ações movidas, ao longo de 2006, por pacientes que declararam residência na cidade de São Paulo e receberam medicamentos por meio de processos contra a secretaria estadual. Analisaram as áreas de residência de acordo com estratos do Índice Paulista de Vulnerabilidade Social (IPVS) – indicador que classifica os setores censitários em grupos de vulnerabilidade social de 1 (nenhuma vulnerabilidade), até 6 (vulnerabilidade muito alta).

Se a judicialização estivesse servindo como uma ferramenta de acesso dos mais necessitados a serviços de saúde não disponibilizados pela gestão pública, esperar-se-ia uma concentração de demandantes em áreas com índice próximo de 6. O achado, contudo, apontou que 74% dos pacientes residem em regiões pertencentes aos estratos 1, 2 e 3, indicando que são os índices mais bem aquinhoados da população os beneficiários das ações judiciais.

Em 2011, também investigando ações propostas contra o estado de São Paulo, mas com maior riqueza de indicadores, Silva e Terrazas[220] concluíram que quando cortes decidem em favor de demandantes que pleiteiam bens sociais específicos – medicamentos ou tratamentos médicos – eles não estão encorajando equidade entre ricos e pobres, mas, ao contrário, beneficiando aqueles com menor necessidade de assistência.

A pesquisa se deu a partir da entrevista de 160 pessoas, selecionadas entre as 3.652 que compareceram à Farmácia de Ação Judicial (FAJ) nos meses de março e abril em 2007 (margem de erro de 7,5%). A FAJ foi criada na estrutura da secretaria estadual de saúde de São Paulo em 2005 com o fim de centralizar a distribuição de medicamentos obtidos por determinação judicial no estado, e, portanto, recebia os beneficiários de decisões determinando o fornecimento de fármacos pelo menos uma vez por mês.

---

[219] CHIEFFI; BARATA, 2009.
[220] SILVA; TERRAZAS, 2011.

Os resultados que levaram à conclusão indicada foram estes: 60,63% dos entrevistados receberam suas prescrições médicas em hospitais privados ou clínicas; foi o médico, e não um advogado, a maior fonte de informação acerca da possibilidade de obtenção do medicamento pela via judicial; 60% não se vale normalmente do sistema público de saúde, mas o procurou; em geral, os entrevistados têm um nível educacional alto em relação aos demais brasileiros.

No âmbito deste PPGDP, Araújo[221] constatou, pela análise do CPF de 946 pessoas que propuseram ações em face do município de Goiânia entre 2016 e 2020 buscando acesso a medicamentos, que 67% delas (n=638 casos) não tinham inscrição no Cadastro Único para Programas Sociais (CadÚnico), o que permite dizer, de modo geral, que superam a faixa de renda familiar mensal de até meio salário-mínimo por pessoa ou três salários-mínimos no total (embora também possa significar ausência de informação quanto à possibilidade de se obter o benefício).

Aqui, novamente, embora a maior parte dos estudos apontados se concentrem em São Paulo e não reflitam necessariamente a realidade de outros entes federados, deve-se admitir a possibilidade de que o fenômeno da judicialização da saúde não esteja promovendo o acesso ao bem a quem dele efetivamente precisa. Consequentemente, torna-se imperativo ao menos *considerar* a hipótese de que esteja servindo de forma escancarada ao enriquecimento de determinados atores. O próximo tópico cuida dessa possibilidade.

4.4 Fraudes e distorções

Diz-se que as árvores são conhecidas pelos seus frutos. Embora as críticas dirigidas à judicialização da saúde (muitas delas expostas no presente capítulo) não sejam indenes de questionamento, é certo que, em seu atual estado, o fenômeno tem dado espaço à ocorrência de fraudes e distorções. Isso ocorre de inúmeras maneiras. Verificam-se, algumas delas, a seguir.

---

[221] ARAÚJO, 2022.

4.4.1 O problema da fidelização entre médicos, indústria e associações de doentes

A ausência de uma aproximação crítica dos julgadores dos receituários médicos que instruem processos judiciais faz surgir o que o Moraes[222] chama de "fidelização" entre médicos, indústria farmacêutica e associações de doentes, no atendimento aos anseios de cada um desses atores. Segundo o raciocínio do autor:[223]

> Essa liberdade de atuação médica cuja mera declaração [...] faz abrir as portas da ordem judicial e, assim também dos cofres públicos, fez surgir o interesse não só de parte da indústria farmacêutica, mas de uma verdadeira rede de interesses que é alimentada por esse movimento crescente da judicialização da saúde.

Chieffi e Barata[224] fizeram essa correlação a partir da análise de ações propostas contra o estado de São Paulo em 2006, observando que mais de 70% das demandas ajuizadas para certos medicamentos são de responsabilidade de um único advogado, o que pode sugerir uma relação estreita entre o advogado e o fabricante do medicamento.

As pesquisadoras pontuam que o *lobby* da indústria e comércio de produtos farmacêuticos com associações de portadores de doenças crônicas, associado ao intenso trabalho de propaganda com os médicos, fazem com que tanto usuários quanto os prescritores passem a considerar imprescindível o uso de medicamentos novos.

Em abordagem semelhante, Campos Neto *et al.*[225] conduziram, em Minas Gerais, a análise de 2.412 ações por medicamentos movidas contra o Estado entre outubro de 1999 e outubro de 2009, tendo constatado que um único médico "X" foi responsável por cerca de 44% das prescrições para adalimumabe em 117 ações judiciais movidas pelo escritório de advocacia "A", revelando possível "parceria" entre os profissionais e o laboratório fabricante do medicamento. Isso pode significar que o aumento na demanda por novos fármacos reflita a atuação da indústria farmacêutica para que sejam padronizados no SUS.

---

[222] MORAES, José Luiz Souza. *O papel da Advocacia Pública no combate às fraudes na judicialização da saúde*.
[223] *Ibid*.
[224] CHIEFFI; BARATA, 2010.
[225] CAMPOS NETO *et al.*, 2012.

Naquele estado, houve crescimento contínuo das ações de adalimumabe até 2006, ano em que foi incorporado ao Programa de Medicamentos de Dispensação Excepcional.

No Rio de Janeiro, Messeder *et al.*[226] mostraram que houve aumento na solicitação dos medicamentos mesalazina, riluzol, peginterferona, sevelamer, levodopa + benserasida, rivastigmina, sinvastatina e infliximabe em 2001, até que fossem incorporados ao Programa de Medicamentos de Dispensação Excepcional (atual Componente Especializado da AF), no final de 2002.

O aumento manipulado das ações judiciais em torno de medicamentos novos, não necessariamente melhores do que aqueles já disponibilizados pelo SUS, acaba tornando inviável ao Sistema que continue a dispensação do medicamento apenas pela via judicial. O caso das insulinas análogas é um bom exemplo de como isso pode ocorrer.

4.4.1.1 O caso das insulinas análogas

O SUS trata os pacientes com Diabetes Mellitus tipo 1 (DM1) com dois tipos de insulina humana, uma de ação lenta (NPH) e outra de ação rápida, regular.

Em 2014, a sociedade brasileira de diabetes solicitou à Conitec a incorporação, ao SUS, de insulinas análogas, que são semelhantes às humanas, com pequenas alterações nas moléculas. Após consulta pública e realização de meta-análises de estudos publicados, o órgão recomendou a não incorporação das ditas insulinas análogas pelo SUS, por entender que não havia evidências científicas de sua superioridade terapêutica em relação à NPH e à regular.[227]

A consulta foi repetida em 2017, tendo a Comissão novamente concluído que os estudos científicos disponíveis sobre as insulinas análogas rápidas (asparte e lispro) não demonstraram melhor controle da glicemia ou segurança no tratamento do diabetes tipo 1 em relação à insulina regular e, ainda, que a incorporação dessas insulinas representaria um aumento considerável de gastos no SUS, sem benefício adicional comprovado. Mesmo assim, após a fase de consulta pública, provavelmente em razão da necessidade de manejar os inúmeros litígios, em sede de decisão final, o órgão decidiu por incorporar

---

[226] MESSEDER; OSORIO-DE-CASTRO; LUIZA, 2005.
[227] BRASIL. Comissão Nacional de Incorporação de Tecnologia (Conitec). *Relatório de recomendação da Conitec – 114*. Disponível em: http://conitec.gov.br/images/Relatorios/2014/Insulinas-tipoI-FINAL.pdf. Acesso em: 11 abr. 2022.

insulinas análogas de ação rápida para o tratamento do DM1 no âmbito do SUS.[228]

Continuada a judicialização intensa para obtenção de insulinas análogas de ação prolongada para o tratamento do DM1 (glargina, detemir e degludeca), o assunto foi novamente analisado pela Conitec, em dezembro de 2018, que ponderou não haver diferença clinicamente significativa no controle glicêmico entre tais tecnologias e a já disponibilizada no SUS; que a avaliação da segurança (incluindo eventos de hipoglicemia) restou prejudicada devido à heterogeneidade de critérios entre os estudos; que desfechos importantes não foram avaliados em longo período; e que o elevado impacto econômico em uma potencial incorporação desses medicamentos sugere ineficiência no tratamento e pode prejudicar a sustentabilidade do SUS.[229]

Mesmo assim, a recorrente judicialização tornou mandatória a disponibilização das drogas pelo próprio sistema, pelo descontrole do que se paga em produtos judicializados. Assim, também, após a fase de consulta pública, a própria Comissão deliberou por recomendar a incorporação da insulina análoga de ação prolongada para o tratamento de DM1, apenas condicionando a providência ao custo do tratamento igual ou inferior ao da insulina NPH.

Na ocasião, reiterou que as insulinas análogas de ação prolongada apresentam eficácia e segurança semelhantes à insulina humana NPH, mas apresentam custos elevados a ponto de comprometer a sustentabilidade do SUS.[230] Só que após a incorporação, no final de 2020, quando foram realizados pregões para aquisição de mais de 1 milhão de frascos do medicamento, as empresas não aceitaram reduzir os preços para chegar aos valores aprovados anteriormente, de modo que a condição não pôde ser implementada.

Mesmo assim, em 2022, ao analisar pedido de exclusão de insulinas análogas do SUS apresentado pela SCTIE/MS, a Comissão opinou pela manutenção delas no sistema.[231]

---

[228] BRASIL. Comissão Nacional de Incorporação de Tecnologia (Conitec). *Insulinas análogas rápidas no tratamento do DM1*. Relatório para a sociedade. Decisão final em março de 2017. Disponível em: http://conitec.gov.br/images/Relatorios/2017/Sociedade/ReSoc29_INSULINASRAPIDAS_diabetes_tipo1_DECISAO_FINAL.pdf. Acesso em: 11 abr. 2022.

[229] BRASIL. Comissão Nacional de Incorporação de Tecnologia (Conitec). *Insulinas análogas de ação prolongada para o tratamento de DM1*. Relatório de recomendação n. 440, mar. 2019, p. 59. Disponível em: http://conitec.gov.br/images/Relatorios/2019/Relatorio_Insulinas_Analogas_DM1.pdf. Acesso em: 11 abr. 2022.

[230] Ibid., p. 81.

[231] BRASIL. Comissão Nacional de Incorporação de Tecnologia (Conitec). *Alteração das Insulinas análogas de ação prolongada para o tratamento de diabetes mellitus tipo I*. Relatório

Agora, o cenário subjacente: a falta de vantagens dos fármacos em questão em relação às insulinas já fornecidas pelo SUS nunca impediu que a tecnologia fosse recomendada repetidamente por médicos e consequentemente judicializada. Sobre o tema, Lisboa[232] expõe que:

> Alguns estudos empíricos sobre o tema, em geral, destacam que no Rio de Janeiro a insulina Asparte foi o medicamento mais solicitado judicialmente entre 2009 e 2010. A insulina Glargina aparece entre os três medicamentos mais solicitados judicialmente nos estados de São Paulo, Minas Gerais, Santa Catarina e Pernambuco.

Na Bahia, também segundo o autor, entre 2002 e 2008, as insulinas glargina e asparte estiveram entre os quatro medicamentos mais requisitados judicialmente no estado e entre 2010 e 2013 corresponderam a 91% das solicitações para medicamentos no tratamento da diabetes.[233]

Diante da situação, apesar de estudos clínicos demonstrarem a ausência de vantagem em relação às humanas, o estado da Bahia incorporou as insulinas análogas à sua relação estadual de medicamentos, instituindo, desde 2013, um protocolo técnico para sua dispensação, dada a necessidade de garantir o uso racional e reduzir o impacto orçamentário das ações judiciais.

Nos relatórios que subsidiam essas ações, os médicos alegam apenas a necessidade do paciente de utilizar as análogas, sem citar evidências que justifiquem sua escolha,[234] mesmo para pacientes que não possuem condições de adquiri-las, e apesar de cientes de que havia alternativa fornecida pelo próprio sistema.

O fato de que é comum encontrar prescrições inadequadas; seguindo o raciocínio, pode ser uma consequência negativa do envolvimento das indústrias farmacêuticas com os médicos, por meio de seus representantes, publicidade de medicamentos, financiamento de congressos, entre outros benefícios ofertados.

A questão das insulinas também foi abordada em pesquisa conduzida por Campos Neto[235] acerca da influência da indústria

---

de recomendação n. 783, nov. 2022, p. 59. Disponível em: https://www.gov.br/conitec/pt-br/midias/relatorios/portaria/2022/20221206_relatorio_insulinas_analogas_acao_prolongada.pdf. Acesso em: 17 jul. 2023.

[232] LISBOA; SOUZA, 2017.
[233] Ibid.
[234] Ibid.
[235] CAMPOS NETO, 2017, p. 65-66.

farmacêutica na judicialização da saúde. A médica M1, selecionada para entrevista pelo fato de suas prescrições reiteradamente embasarem demandas de saúde em Minas Gerais, relata sobre o caso de uma bomba de insulina disponibilizada aos pacientes pela indústria que a produz, para um "período de testes" de 30 (trinta) dias, findo o qual, caso eles *gostem* do produto, também se oferece para arrumar um advogado.

M1 menciona advogados "que a pressionam para construir rapidamente o relatório médico, e com os itens que eles julgam necessário para o sucesso da ação judicial".[236] Conta também de um caso de paciente médica, cujo cunhado juiz "forneceu algumas informações para a construção do relatório médico, que M1 fez e foi utilizado na ação judicial". Depois disso, descobriu que "seu relatório que teve sucesso com a ação judicial estava sendo utilizado como modelo para outras ações".

A pesquisa registra a opinião da profissional de que "os médicos ao se tornarem superespecialistas funcionam como indutores do consumo dos novos produtos, a preocupação maior é com o uso da tecnologia mais recente, apresentada como superior e questões como o custo das políticas públicas são negligenciadas".[237]

O relato do caso das insulinas mostra uma forma pela qual a indústria farmacêutica maneja a judicialização da saúde em benefício próprio. Mas há muitas outras.

4.4.1.2 O caso Roche e Novartis

Schulze[238] aventa duas situações possíveis de atuação da indústria farmacêutica na judicialização: 1) laboratórios que não participam de licitações lançadas pelos entes federados com o objetivo de adquirir determinados fármacos, de modo a ensejar a busca dos mesmos medicamentos por meio de ações judiciais, por um preço bem mais alto; 2) concorrência entre laboratórios, no que toca aos fármacos de mesmo princípio ativo produzidos por mais de uma companhia.

Em exemplo da segunda, relata o caso das farmacêuticas Roche e Novartis, que foram multadas em 90,6 e 92 milhões de euros pela Autoridade de Garantia da Concorrência e do Mercado italiana, em

---

[236] *Ibid.*, p. 65.
[237] *Ibid.*, p. 66.
[238] SCHULZE, 2018, p. 17.

virtude da celebração de acordo entre ambos, para diferenciar artificialmente dois produtos equivalentes para tratamento de doenças oculares: Avastin e Lucentis. A fraude gerou um prejuízo financeiro de 45 milhões de euros aos cofres públicos italianos, apenas em 2012. Ambos são, conforme posteriormente reconhecido pelo Tribunal de Justiça da União Europeia, substituíveis entre si.[239]

Em 2015, a Conitec foi provocada a avaliar ambos, posicionando-se favoravelmente à incorporação do Bevacizumabe (Avastin®) para tratamento do Edema Macular Diabético (EMD), mas desfavoravelmente à incorporação do Ranibizumabe (Lucentis®), por entender que, embora ambos sejam eficazes e seguros, o primeiro (Avastin) é a opção mais custo-efetiva.[240]

Deve-se observar, contudo, que, apesar de reputado custo-efetivo, o uso do medicamento Bevacizumabe (Avastin) para o tratamento das doenças oftalmológicas era *off label*, o que significa dizer que a utilização não estava contemplada nas indicações da bula. Mesmo assim, o fármaco recebeu autorização excepcional, de caráter temporário, para o tratamento de doença macular relacionada à idade (DMRI) no âmbito do SUS, por solicitação da Conitec, por um período de três anos. Essa situação parece ter sido percussora da autorização posteriormente concedida pela Lei nº 14.313, de 2022, para o uso *off label* de medicamentos em que a indicação de uso seja distinta daquela aprovada no registro na Anvisa, desde que seu uso tenha sido recomendado pela Conitec; que sejam demonstradas as evidências científicas sobre a eficácia, a acurácia, a efetividade e a segurança, e que esteja padronizado em protocolo estabelecido pelo Ministério da Saúde.

Embora o próprio caso da multa italiana tenha repercutido na mídia mundial, sendo noticiada em jornais como *The New York Times*, *El Mundo*, *Reuters* e *Bloomberg* em 2014, juízes e tribunais não deixaram de continuar a condenar os entes públicos ao fornecimento de Lucentis®, cujas prescrições médicas continuaram disparando mesmo após a deliberação da Conitec.

---

[239] UNIÃO EUROPEIA. Tribunal de Justiça da União Europeia. *Comunicado de Imprensa nº 6/18*. Luxemburgo, 23 de janeiro de 2018. Acórdão no processo C-179/16. Disponível em: https://curia.europa.eu/jcms/upload/docs/application/pdf/2018-01/cp180006pt.pdf. Acesso em: 22 mar. 2022.

[240] BRASIL. Comissão Nacional de Incorporação de Tecnologia (Conitec). *Antiangiogênicos (bevacizumbe e ranibizumabe) no tratamento do edema macular diabético*. Disponível em: http://conitec.gov.br/images/Consultas/Relatorios/2015/Relatorio_Antiangiogenicos.pdf. Acesso em: 22 mar. 2022.

A situação acabou resultando na incorporação do ranibizumabe (Lucentis®) ao SUS também para tratamento de EMD, em setembro de 2020 (Portaria SCTIE-MS N. 39, de 21 de setembro de 2020), em função da necessidade de manejar os custos da judicialização.

4.4.1.3 O caso Soliris® (eculizumabe)

O Soliris®, da empresa Alexion®, é o primeiro medicamento que se propõe a reduzir a hemólise na Hemoglubinúria Paroxística Norturna (HPN), uma anemia hemolítica crônica rara, decorrente de mutação genética, que torna o portador mais predisposto a infecções e mais propenso a necessitar de transfusões sanguíneas de repetição.[241] Já foi descrito como o mais caro do mundo, e, por anos, foi o medicamento com o qual o MS mais gastou, dentre todos os judicializados.

A Alexion® Só solicitou o seu registro no Brasil em 2015, muito embora o medicamento já estivesse registrado e disponível para comercialização em outros países muitos anos antes (mais precisamente: desde 2007, nos Estados Unidos e União Europeia; desde 2009, no Canadá; desde 2010, no Japão e México; e desde 2011, na Colômbia).[242] Deve-se anotar que, em terras brasileiras, o registro só pode ser concedido mediante solicitação do fabricante, e que 2015 foi também o ano em que a proteção patentária da substância terminou no país.

O que pode ter levado a Alexion® a querer não formular o pedido à Agência Nacional de Vigilância Sanitária (Anvisa) por tanto tempo?

Devido à demora na solicitação, o registro só foi concedido pela agência em 13 de março de 2017. Depois de registrado, o produto, seguindo as etapas adequadas, foi precificado pela Câmara de Regulação de Medicamentos (CMED), passando a ter um teto para venda ao governo fixado em R$11.942,60 (com ICMS de 0%), por frasco-ampola de 300mg[243] (hoje o valor é de R$14.343,09[244]).

---

[241] BRASIL. Anvisa. *Parecer de registro do Eculizumabe*. Disponível em: https://consultas.anvisa.gov.br/#/pareceres/q/?nomeProduto=SOLIRIS Acesso em: 23 mar. 2022.
[242] MELO *et al.*, 2018, p. 159-174.
[243] BRASIL. Anvisa. *Definido o preço-teto para medicamento Soliris,* 2017. Disponível em: https://www.gov.br/anvisa/pt-br/assuntos/noticias-anvisa/2017/definido-o-preco-teto-para-medicamento-soliris. Acesso em: 24 mar. 2022.
[244] BRASIL. Anvisa. Câmara de Regulação – CMED. Secretaria Executiva. *Preços máximos de medicamentos por princípio ativo, para compras públicas Preço Fábrica (PF) e Preço Máximo de Venda ao Governo (PMVG)*, 10 dez. 2019. Disponível em: https://www.gov.br/anvisa/pt-br/assuntos/medicamentos/cmed/compras-publicas/lista-de-precos-maximos-para-compras-publicas/arquivos/lista_conformidade_gov_2019-12-10_v3.pdf. Acesso em: 11 mar. 2022.

Seguindo a dose da bula, o tratamento de um adulto com HPN iniciaria com 74 frascos-ampola no primeiro ano e 72 frascos/ano do segundo em diante, por toda a vida. Antes do registro, o valor pago pelo governo federal por unidade farmaco-técnica chegou a atingir o valor de R$27.933,76, conforme observam Caetano et al.[245]

Melo et al.[246] calcularam que, caso o registro na Anvisa e consequente precificação pela CMED houvesse ocorrido desde o início da utilização do fármaco no Brasil, somente a secretaria estadual de São Paulo teria economizado, pelo menos, 20 (vinte) milhões de dólares para proporcionar o mesmo tratamento à população.

A vantagem de não ter um registro, portanto, é que, quando determinada judicialmente a importação do medicamento, ele pode ser comprado por qualquer valor, sem limitação de teto ou orçamento.

Sem registro, também não há imposição clara à indústria da obrigatoriedade de se notificar suspeitas de Reações Adversas ao Medicamento (RAM), limitando a ação das agências sanitárias na garantia de segurança dos pacientes, ao mesmo tempo que isenta as farmacêuticas de assumirem riscos.

A falta de registro impedia, como regra, o fornecimento de medicamentos de uso não autorizado pela Anvisa pelo sistema público (art. 19-T, inc. I da Lei nº 8.080/1990[247]). Nada obstante, decisões descompromissadas com a vedação legal "contornaram" sistematicamente essa dificuldade por muitos anos, simplesmente por deixar de considerá-la, até que, em 2022, a Lei nº 14.313, de 21 de março,[248] estabelecesse exceções a essa vedação.

Segunda pergunta: sendo a HPN uma doença rara, como fabricar tantas ordens judiciais?

---

[245] CAETANO et al., 2020.
[246] MELO et al., 2018, p. 159-174.
[247] BRASIL. *Lei nº 8.080, de 19 de setembro de 1990*. Dispõe sobre as condições para a promoção, proteção e recuperação da saúde, a organização e o funcionamento dos serviços correspondentes e dá outras providências. Disponível em: http://www.planalto.gov.br/ccivil_03/leis/l8080.htm#:~:text=LEI%20N%C2%BA%208.080%2C%20DE%2019%20 DE%20SETEMBRO%20DE%201990.&text=Disp%C3%B5e%20sobre%20as%20 condi%C3%A7%C3%B5es%20para,correspondentes%20e%20d%C3%A1%20outras%20 provid%C3%AAncias. Acesso em: 22 jan. 2023.
[248] BRASIL. *Lei nº 14.313, de 21 de março de 2022*. Altera a Lei nº 8.080, de 19 de setembro de 1990 (Lei Orgânica da Saúde), para dispor sobre os processos de incorporação de tecnologias ao Sistema Único de Saúde (SUS) e sobre a utilização, pelo SUS, de medicamentos cuja indicação de uso seja distinta daquela aprovada no registro da Agência Nacional de Vigilância Sanitária (Anvisa). Disponível em: https://www.in.gov.br/en/web/dou/-/lei-n-14.313-de-21-de-marco-de-2022-387356896 Acesso em: 23 jan. 2023.

Também segundo Melo *et al.*,²⁴⁹ dos 56 processos movidos contra o estado de São Paulo entre 2008 e 2017 para a obtenção do eculizumabe, 38 foram ajuizados por um único advogado (68%). Também houve perceptível concentração de casos em 2 dos 29 médicos que elaboraram laudos para os processos.

Em 2017, a Alexion® foi alvo da operação Cálice de Hígia, da Polícia Federal, iniciada a partir de relato de paciente aliciada pela Associação dos Familiares, Amigos e Portadores de Doenças Graves (AGAF) para requisitar o medicamento por meio de ação judicial, mesmo sem ter diagnóstico da doença.²⁵⁰

No mesmo ano, em auditoria empreendida no processo de compra do medicamento, o MS constatou que cerca da metade das 414 pessoas que possuíam decisões judiciais para receber o fármaco não apresentava provas de diagnóstico da doença.²⁵¹

Os casos de concessão judicial de Soliris®, conforme manifestação da Advocacia Geral da União (AGU), reúnem uma série de indícios de fraude: demandas patrocinadas por um pequeno grupo de advogados; relatórios médicos semelhantes de pacientes com diferentes características; laudos elaborados por grupos específicos de médicos; desistência de processos após solicitação para que os pacientes passassem por perícias; isenção de cobrança de honorários pelos advogados da entidade.²⁵²

Ao analisar o pedido de incorporação da droga ao SUS, em momento inicial, a Conitec se posicionou desfavoravelmente,²⁵³ por considerar que as evidências apresentadas eram frágeis, os resultados obtidos com o tratamento não comprovavam o aumento de sobrevida ou qualidade de vida para os indivíduos com a doença e que o medicamento não apresentava resultados clínicos condizentes com o impacto orçamentário estimado, de até R$10 bilhões. Após a fase

---

²⁴⁹ *Ibid.*
²⁵⁰ *Ibid.*
²⁵¹ BRASIL. Ministério da Saúde. *Ministério da Saúde adota medidas para garantir oferta de medicamentos para doenças raras*, 07 mar. 2018. Disponível em: https://www.gov.br/saude/pt-br/assuntos/noticias/2018/marco/ministerio-da-saude-adota-medidas-para-garantir-oferta-de-medicamentos-para-doencas-raras. Acesso em: 11 abr. 2022.
²⁵² *Ibid.*
²⁵³ BRASIL. Comissão Nacional de Incorporação de Tecnologia (Conitec). Eculizumabe para o tratamento de Hemoglobinúria Paroxística Noturna. Relatório n. 413, dez. 2018. Disponível em: https://www.gov.br/conitec/pt-br/midias/relatorios/2018/relatorio_eculizumabe_hpn.pdf. Acesso em 2 ago. 2023.

de contribuições, contudo, a Comissão alterou seu posicionamento, basicamente pelo fato de se estar diante de doença rara.

Com isso, o fármaco acabou sendo incorporado no âmbito do SUS, vide Portaria nº 77, de 14 de dezembro de 2018, com a condição de que o tratamento com a droga ficasse restrito a hospitais integrantes da Rede Nacional de Pesquisa Clínica, de que houvesse negociação para redução significante de preço e de que a situação fosse reavaliada em 3 anos. Em 2021, a SCITE/MS deliberou pela não exclusão do fármaco, via Portaria SCTIE/MS nº 61, de 7 de setembro, retirando as condicionantes antes mencionadas.

O caso do eculizumabe foi utilizado para ilustrar, mas não chega perto de exaurir as fraudes. A operação Garra Rufa, deflagrada em 2008, por exemplo, identificou três organizações criminosas, integradas por médicos, advogados, organização não governamental e representantes de laboratórios, que atuavam na região de Marília-SP.

As associações dos portadores de vitiligo e psoríase, no estado de São Paulo, emitiam laudos dizendo que os pacientes necessitavam de determinados medicamentos, que não constavam dos programas oficiais e são fabricados pelos três laboratórios envolvidos, e as ações eram propostas. Na época, a Secretaria estimou que 2,5 das 3,8 mil pessoas que recebiam medicamentos de psoríase por meio de ordem judicial estariam envolvidas em algum tipo de fraude. De acordo com o Ministério Público (MP), o golpe rendeu mais de quatrocentos mil aos laboratórios.[254]

Fraudes desse tipo, mais ostensivas, claramente se beneficiam das inconsistências na forma como são conduzidas as ações em saúde no Brasil, as quais, décadas depois das primeiras operações, permanecem essencialmente as mesmas.

Fraudes, distorções e enriquecimento ilícito, contudo, ocorrem também de maneiras muito mais sutis e, diga-se, "institucionalizadas".

O próximo trópico trata da estratégia da indústria farmacêutica de se valer de ações de *marketing* para conseguir que o Poder Público invista milhões em medicamentos novos, sem nenhum tipo de comprovação de tenha eficácia superior ao que já é custeado pelo sistema.

---

[254] JUSTIÇA..., 2016.

4.4.2 Medicamentos de imitação e a questão da precificação

Uma das poucas constantes em judicialização da saúde, independente do tempo e da região, é a alta prevalência dos medicamentos como o benefício mais requerido, em quase todo lugar.[255] O CNJ aponta que, somadas as ações contra a União e as unidades federadas, havia pelo menos 420.000 demandas só para medicamentos, e outras 240.000 para medicamentos e/ou tratamento hospitalar, das 820.000 totais entre 2014 e 2017.

Há indícios de que a ações por medicamentos estejam pleiteando, via de regra, tecnologias novas, não constantes do rol de medicamentos incorporados ao SUS.[256][257]

Nesse ponto, deve-se questionar se a indústria farmacêutica é capaz de fato de lançar novos e melhores medicamentos tão rapidamente. A literatura sugere que não.

No livro *A verdade sobre laboratórios farmacêuticos*, Angell[258] relata que, com a perda da patente do medicamento e a permissão para fabricação de genéricos por outras empresas, o custo do medicamento cai muito, e a indústria, para compensar a perda de receita, lança um medicamento "inovador", ressaltando propriedades supostamente novas e fruto de pesquisas que, certamente, não foram realizadas.

Entre 1998 e 2002, a FDA, agência federal americana, responsável pela aprovação e registro de medicamentos nos Estados Unidos, aprovou 415 novas drogas, das quais 14% eram realmente inovadoras e 9% eram drogas antigas que haviam sido modificadas e aperfeiçoadas de modo significativo, pela ótica da FDA. Os 77% restantes eram medicamentos de imitação: classificados pela agência no mesmo nível de outros medicamentos para tratar a mesma condição. Nenhum deles foi considerado avanço.[259]

---

[255] FERRAZ, 2021, p. 116.
[256] CATANHEIDE; LISBOA; SOUZA, 2016. Os autores apontam dois estudos que analisam a proporção de ações judiciais que demandam medicamento fora dos componentes da assistência farmacêutica, obtendo percentuais de 80,6% e 81,5%, e outros quatorze que apontam a proporção de medicamentos que não pertenciam a nenhuma lista oficial; em dez deles, a proporção variou de 55% a 77,5%. A tendência foi confirmada no estado de Goiás em trabalho deste PPGDP – ver tópico 4.1.
[257] Usando dados do Rio Grande do Sul, Bieh *et al.* afirmam que a declaração seja um mito. Ver: BIEHL; SOCAL; AMON, 2016.
[258] ANGELL, 2008, p. 92-93.
[259] Ibid., p. 92.

Isso ocorre em parte porque, nos ensaios clínicos exigidos, as empresas farmacêuticas somente precisam comprovar que seus medicamentos são melhores do que o placebo. Não há exigência de comparação com fármacos já disponíveis no mercado.

Seguindo a mesma linha, o Conass descreve que muitos dos lançamentos no mercado são "medicamentos com pequenas alterações ou adições nas moléculas já disponíveis [...] com custo/ tratamento significativamente superiores ao seu antecessor e desproporcionais em relação à resposta obtida".[260] Essa estratégia é amplamente utilizada para a obtenção de novas patentes para determinado produto, o que assegura sua exclusividade na fabricação e comercialização.[261]

A economista italiana e professora de economia da inovação na *University College London*, Mazzucato,[262] afirma, em sua obra, *The value of everything*, que em nenhum lugar o moderno sistema de patentes é tão pernicioso quanto no que diz respeito à precificação farmacêutica.

Segundo ela, em setores intensivos de patentes como o farmacêutico, o aumento da proteção patentária não levou a incrementos na inovação, mas ao oposto: mais drogas com pouco ou nenhum valor terapêutico. Ao mesmo tempo, há inúmeras ações buscando expandir a validade de patentes pela reorganização de antigas combinações de componentes do fármaco. Com isso, em vez de promover incentivos para a criação de valor através de inovações farmacêuticas, o sistema de patentes, em si, acaba se tornando a principal fonte de extração de valor.

É a estratégia de *marketing* que garante que drogas repetidas sejam apresentadas à classe médica e a grupos específicos de usuários como inovadoras, ressaltando-se de maneira desproporcional suas vantagens em relação às terapêuticas já instituídas e produtos já ofertados pelo SUS.[263]

Como ocorreu nos casos das insulinas análogas e do Lucentis, depois que a judicialização de um fármaco ultrapassa certo limite, mesmo a Conitec, embora ciente da ausência de evidência científica de vantagem de uma droga em relação a outras já fornecidas pelo

---

[260] BRASIL. Conass. Conselho Nacional de Secretários de Saúde. *Assistência Farmacêutica: medicamentos de dispensação em caráter excepcional*. Brasília: Conass, 2004. Disponível em: https://bvsms.saude.gov.br/bvs/publicacoes/colec_progestores_livro7.pdf. Acesso em: 08 abr. 2022.

[261] *Ibid.*

[262] MAZZUCATO, 2018, p. 209.

[263] *Ibid.*

SUS e mais custo-efetivas, acaba tendo que opinar pela incorporação do medicamento ao sistema, na tentativa de reduzir o impacto orçamentário das ações judiciais.

As características da judicialização no Brasil, com suas liminares automáticas e aceitação acrítica de receituários, a tornam o terreno perfeito para que a indústria farmacêutica consiga lançar seus novos produtos, sem ter que se preocupar com limitações de preços (ver caso Alexion®, no tópico 4.4.1.3). Tudo o que precisam fazer, em regra, é direcionar o seu *marketing*. Angell[264] conta uma história para exemplificar como isso corre.

O maior ensaio clínico para o tratamento de pressão sanguínea elevada, realizado não pela indústria farmacêutica, mas pelo *Nacional Heart, Lung and Blood Institute*, que faz parte dos *National Institutes of Health* (o dado é importante, porque, segundo a autora, resultados de ensaios clínicos da indústria são constantemente manipulados), durou oito anos e envolveu 42.000 pessoas em mais de 600 clínicas. Ele comparou quatro tipos de drogas: a) besilato de anlodipino, um bloqueador de canais de cálcio vendido como Novarsc que, em 2002, pertencia à Pfizer e era o quinto medicamento mais vendido no mundo; b) doxazosina, bloqueador alfa-andrenérgico; c) lisinopril, inibidor de enzima conversora de angiotensina (ACE) e d) diuréticos genéricos, disponíveis no mercado há dezenas de anos, chamados, em inglês, de pílulas de água.

Os resultados divulgados no *Journal of the American Medical Association*, em 2002, foram categóricos ao afirmar que os diuréticos são a melhor opção para tratar a hipertensão, tanto sob o ponto de vista médico quanto econômico.

Ocorre que, em 1996, por exemplo, enquanto o Novarsc era o medicamento mais anunciado no *New England of Medicine*, não havia anúncio algum de diuréticos. Em 1982, o medicamento da Pfizer constituía 56% das prescrições para pressão alta. Os custos dos diuréticos, em 2002, eram cerca de 37 dólares anuais; o tratamento com Novarsc, por outro lado, custava 715 dólares por paciente/ano. O autor principal do estudo, Dr. Curt Fubert, chegou a afirmar: "Descobrimos agora que desperdiçamos muito dinheiro. Além disso, e provável que [a conduta atual] tenha causado mal aos pacientes".

Para que um medicamento seja judicializado, é indispensável que exista um médico que o tenha prescrito. Se constantemente depara-se

---

[264] ANGELL, 2008, p. 112-116.

com a judicialização de medicamentos sem comprovação de eficácia, é porque a ela também deve preexistir um problema de fundo, que são as más-práticas da profissão. Desse assunto cuidará o próximo tópico.

4.5 Medicina sem evidências

Cotidianamente, julgadores desconsideram balizamentos jurídicos e políticos ao determinarem ao Estado que forneça tecnologias em saúde com base unicamente em uma prescrição médica (a hipótese de ausência de critérios técnicos das decisões judiciais é testada para o estado de Goiás no capítulo 5), fazendo decisões profissionais individuais de médicos sobrepujarem decisões de autoridades em saúde.

Há muitas pesquisas que corroboram essa informação. Por todas, cita-se a constatação de Ventura et al.,[265] de que, no Rio de Janeiro, entre 2007 e 2008, em 96,9% das decisões de fornecimento de medicamentos contra entes públicos, o juiz não fez nenhuma exigência para a concessão ou manutenção do pedido liminar, firmando sua convicção somente na documentação apresentada pelo reivindicante.

O resultado evidencia a soberania da prescrição médica individual e a não relativização de seu conteúdo com regulamentos e normas sanitárias, ou outros meios de prova que constate se a prescrição é adequada, a exemplo de pareceres técnicos, esclarecimentos sobre a aplicabilidade de alternativas terapêuticas disponíveis no caso etc.

Essa situação, por si só, já é gravíssima, deve conduzir a uma necessária reflexão acerca do modo como medicamentos são prescritos. É pertinente que receituários de profissionais da medicina tenham o poder de obrigar a Administração acima de qualquer questionamento?

Atallah,[266] diretor do Centro Cochrane do Brasil,[267] já afirmou que apenas 20% dos médicos brasileiros fazem seu diagnóstico baseado em evidências,[268] o que inevitavelmente repercutirá nas prescrições médicas.

---

[265] VENTURA et al., 2009.
[266] ATALLAH; CASTRO, 1998.
[267] A Colaboração Cochrane é uma organização internacional, sem fins lucrativos, que tem por objetivo ajudar pessoas a tomar decisões baseadas em informações de boa qualidade na área da saúde. A missão do Centro Cochrane do Brasil, como membro da Colaboração Cochrane, é elaborar, manter e divulgar revisões sistemáticas de ensaios clínicos randomizados, o melhor nível de evidências para a tomada de decisões em saúde. Mais informações em: COCHRANE BRASIL. *Cochrane News*. Disponível em: https://brazil.cochrane.org/ Acesso em: 22 jan. 2023.
[268] SÓ 20%..., 2015.

A esse respeito, a OMS estima que, a nível global, mais da metade de todos os medicamentos sejam prescritos inapropriadamente.[269]

A forma como a pandemia de Coronavírus foi endereçada no Brasil ajuda a ilustrar: testes clínicos randomizados e controlados (RCT) para hidroxicloroquina (publicados no *The New England Journal of Medicine*,[270] na revista científica *Clinical Infectious Disease*[271] e no *Annals of Internal Medicine*[272]) demonstraram que o medicamento não funciona e não deve ser utilizado contra Covid-19. A Sociedade Brasileira de Infectologia (SBI) chegou a afirmar, em nota, ser "urgente e necessário que a hidroxicloroquina seja abandonada no tratamento de qualquer fase da Covid-19". Mesmo assim, prescrições para esse fim continuam Brasil afora, justificadas em falas como as da médica de família Raissa Soares, que discursou no evento Brasil Vencendo a Covid-19 – divulgada na matéria "Jalecos em Guerra", publicada na edição 169 da *Revista Piauí*:[273] "neste momento, com uma doença que mata, vou exigir evidência?".

Um dos princípios em que se baseia a aplicação da MBE é o de que assistência à saúde de alta qualidade é aquela que tem base em informações objetivas e clinicamente relevantes. Alguns tipos de evidência são mais robustos do que outros, ou seja, há uma hierarquia entre elas. Quando um médico toma uma decisão clínica, ele deve dar preferência as de maior elevação hierárquica possível, e também deve saber apontar em qual nível de evidência fundamenta sua decisão.[274]

Se considerar uma escala de confiabilidade de evidências científicas no formato de uma pirâmide, a opinião pessoal de especialistas, como aquela contida em um receituário médico, estará na base, como fator de evidência fraco.[275] No topo, estarão a revisão sistemática e metanálise (feitas a partir da síntese das evidências trazidas por artigos científicos sobre determinado tema). Entre elas, de baixo para cima, escalam-se: estudo de série de casos, estudo de caso controle, estudos

---

[269] OMS. Organização Mundial da Saúde. *Financiamento dos sistemas de saúde*. O caminho para a cobertura universal. Genebra, 2010, p. 69. Disponível em: http://www.who.int/whr/2010/whr10_pt.pdf Acesso em: 28 mar. 2022.
[270] BOULWARE *et al.*, 2020.
[271] MITJÀ *et al.*, 2020.
[272] CALEB; SKIPPER *et al.*, 2020.
[273] JALECOS..., 2020.
[274] NORDENSTROM, 2008, p. 9.
[275] SCHULZE; GEBRAN NETO, 2019, p. 195-201.

observacionais de coorte, ensaio clínico randomizado e ensaio clínico randomizado *Mega Trial*.[276]

Os dois últimos são estudos duplo-cego comparativos entre grupos de pacientes aleatoriamente distribuídos em que um grupo recebe um novo tratamento, e o grupo de controle recebe o tratamento tradicional ou placebo, diferindo-se apenas quanto ao número de pacientes.

Receituários médicos não embasados em evidências científicas não são fontes confiáveis de decisão e não deveriam ser suficientes para justificar o direcionamento de bilhões de reais anualmente, como têm feito pela via da judicialização. Decisões médicas complexas, notadamente quando impactem o Sistema, devem estar ancoradas em algo mais do que a mentalidade individual de cada prescritor.

A MBE é ferramenta essencial tanto para que os profissionais decidam a qual tratamento submeter seus pacientes para tratar esta ou aquela moléstia e quais tecnologias empregar para isso (nível individual), quanto para que o Poder Público delibere sobre quais tecnologias em saúde deve ofertar de forma equânime pelo SUS (nível coletivo).

Ao julgar a STA nº 175-CE, a respeito de medicamento de componente especializado excepcional fora dos protocolos clínicos (REBIF 44mg, Betainterferona, para tratamento de Esclerose Múltipla), o Ministro Gilmar Mendes pontuou que o SUS filiou-se à corrente da medicina com base em evidências.[277] Isso quer dizer que a legislação assegura que decisões de incorporação de tecnologias e de edição de PCDT no SUS observem os princípios da MBE: eficácia, eficiência, segurança, custo-efetividade.

Mas a observância de idênticos preceitos não é exigida, pelos juízes, das prescrições que embasam as demandas judiciais: de modo geral, sequer é verificada. E nem o Estado exige que tais preceitos sejam considerados pelos médicos que prescrevem pelo SUS. Tudo isso que gera notável descompasso entre os critérios idealizados pelo legislador na gestão do sistema e o que se defere em termos de judicialização da saúde.

Exemplo histórico de desconsideração da ciência é também a situação da fosfoetalonamina sintética, prescrita para milhares de

---

[276] *Ibid.*
[277] BRASIL. Supremo Tribunal Federal. *STA-AgR 175/CE*. Agravo Regimental em Suspensão de Tutela Antecipada. Relator: Min. Gilmar Mendes (presidente), j. 17 mar. 2010, DJ. 30 abr. 2010.

pacientes de câncer no período de junho de 2015 a fevereiro de 2016, com produção posteriormente imposta à Universidade de São Paulo (USP) por cerca de 13 mil liminares,[278] a despeito do fato de que "a substância não é um medicamento, não tem registro na Anvisa nem percorreu as etapas de pesquisa em animais e pesquisa clínica que se exigem para sua adoção terapêutica em seres humanos".[279] Não havia um estudo científico sequer que apontasse a segurança ou mesmo o benefício do uso da substância quando essas ações estouraram.

Após a larga utilização do Poder Judiciário como autorizador da circulação e distribuição da fosfoetanolamina,[280] em 13 de abril de 2016, a então presidente Dilma Rousseff sancionou a Lei nº 13.269,[281] permitindo a produção e o uso do elemento independentemente de registro na Anvisa.

Com isso, o Poder Legislativo violou sistemática regulatória brasileira, desconsiderando as ferramentas científicas exigidas no interesse de se comprovar qualidade, segurança e efetividade de medicamentos. Em maio de 2016, o Plenário do STF suspendeu a eficácia da Lei nº 13.269/2016 via medida cautelar proferida na Ação Direta de Inconstitucionalidade (ADI) nº 5.501, requerida pela Associação Médica Brasileira (AMB).

Um dos fundamentos foi que "a edição de lei para isentar de registro sanitário uma substância específica que não foi submetida aos testes e critérios técnicos mínimos exigidos no Brasil (e em todo o mundo) representa grave risco para a saúde pública" (trecho do voto do Ministro Ricardo Lewandowski).

Vale pontuar que essa violação à sistemática regulatória brasileira foi repetida na recente Lei nº 14.312, de 2022,[282] que, ao alterar a Lei do SUS (Lei nº 8.080[283]), permite o custeio, pelo orçamento público,

---

[278] BUCCI, 2017.
[279] *Ibid.*, p. 640 (Kindle).
[280] *Ibid.*
[281] BRASIL. *Lei nº 13.269, de 13 de abril de 2016*. Autoriza o uso da fosfoetanolamina sintética por pacientes diagnosticados com neoplasia maligna. Disponível em: https://www.planalto.gov.br/ccivil_03/_ato2015-2018/2016/lei/l13269.htm Acesso em: 23 jan. 2023.
[282] BRASIL. *Lei nº 14.312, de 14 de março de 2022*. Institui o Programa Nacional de Apoio à Aquisição de Habitação para Profissionais da Segurança Pública (Programa Habite Seguro); e altera as Leis nºs 8.677, de 13 de julho de 1993, 10.188, de 12 de fevereiro de 2001, 11.124, de 16 de junho de 2005, e 11.977, de 7 de julho de 2009. Disponível em: https://www.in.gov.br/en/web/dou/-/lei-n-14.312-de-14-de-marco-de-2022-385777953 Acesso em: 23 jan. 2023.
[283] BRASIL. *Lei nº 8.080, de 19 de setembro de 1990*. Dispõe sobre as condições para a promoção, proteção e recuperação da saúde, a organização e o funcionamento dos

de medicamentos para uso distinto daquele aprovado pela Anvisa, quando observadas determinadas condições.

Qualquer tratamento deve ser realizado de acordo com o estágio atual da ciência médica, não sendo razoável a utilização de recursos públicos para patrocinar serviços ou tratamentos experimentais, porque isso constituiria num inadmissível modo de patrocínio público de experiências da indústria farmacêutica.[284] Também não é razoável despender dinheiro público para custear tratamentos milagrosos, à margem da medicina baseada em evidência.[285]

Não obstante, pode-se afirmar que a maior parte da judicialização consubstancia a demanda de pacientes por tecnologias sem provas de efetividade, especialmente drogas que não mostraram vantagens em comparação ao placebo, nunca foram comparadas com substitutos terapêuticos ou tem um custo que não justifica os benefícios esperados. Nada disso é, em regra, avaliado no atual estado da judicialização da saúde.

Se a determinação judicial de fornecimento dessas tecnologias pelo Estado não se ampara nem no Direito, nem na evidência científica, é pertinente a conclusão apresentada por Araújo[286] de que também não é o direito à saúde que a justifica. As ações de saúde são transformadas em questões de vida ou morte, como se coubesse ao Judiciário impedir o desfecho trágico que a medicina não pode obstar. Embora possa haver sempre algo a mais a se fazer por um paciente, esse esforço adicional não precisa ser aceito como direito à saúde.[287]

Decisões por tratamentos tomadas ao fim da vida, muitas vezes, impulsionam uma pessoa que está inegavelmente morrendo a uma série de tormentos, dos quais não há redenção.[288]

Obstinação terapêutica, para a legislação da Comunidade de Madrid (Lei nº 4, de 9 de março de 2017), abrange o contexto em que, estando uma pessoa em situação terminal ou de agonia por uma

---

serviços correspondentes e dá outras providências. Disponível em: http://www.planalto.gov.br/ccivil_03/leis/l8080.htm#:~:text=LEI%20N%C2%BA%208.080%2C%20DE%2019%20DE%20SETEMBRO%20DE%201990.&text=Disp%C3%B5e%20sobre%20as%20condi%C3%A7%C3%B5es%20para,correspondentes%20e%20d%C3%A1%20outras%20provid%C3%AAncias. Acesso em: 22 jan. 2023.

[284] DRESCH, 2015.
[285] Ibid.
[286] ARAÚJO, 2018, p. 287-294.
[287] Ibid.
[288] NULAND, 1995.

enfermidade grave e irreversível, são mantidas medidas de suporte vital ou de realização de intervenção carente de utilidade clínica real, desproporcional ou extraordinária, que unicamente permite prolongar a vida biológica, sem considerarem-se possibilidades reais de melhora ou recuperação. De acordo com a norma, esses tipos de providência constituem má prática clínica e falta deontológica.

Por isso é tão importante avaliar as tecnologias em saúde em termos de benefícios esperados com os custos empregados. Por certo, isso deve ocorrer no momento em que o Poder Público delibera sobre o que incorporar ou não em suas relações oficiais. Mas, mais ainda, deve ser exigido quando um médico toma decisões em relação ao tratamento de seus pacientes.

O próximo e último tópico traz outra situação que pode estar por trás de condutas médicas desprovidas de embasamento científico, francamente facilitado pelos atuais mecanismos da judicialização.

4.6 Conflito de interesses

Outro problema advindo da prática judicial de se dar preferência a decisões médicas individuais em detrimento de deliberações de autoridades sanitárias são as possíveis situações de conflito de interesses subjacentes às prescrições.

Gotzshce,[289] representante do Centro Cochrane da Dinamarca, explica as formas pelas quais a indústria farmacêutica corrompeu e corrompe a assistência médica. O médico e pesquisador define o conflito de interesses como o conjunto de condições em que o "julgamento profissional a respeito de um interesse primário (como o bem-estar de um paciente ou a validade de pesquisa) tende a ser influenciado de forma indevida por um interesse secundário (como um ganho financeiro)".

Angell[290] também expõe algumas das práticas de moral duvidosa ligadas à indústria farmacêutica, envolvendo financiamento de cursos, viagens e vantagens indevidas aos médicos.

No Brasil, pesquisa realizada, em 2010, pelo Conselho Regional de Medicina (CRM) do estado de São Paulo,[291] tendo analisado o

---

[289] GØTZCHE, 2016, p. 146.
[290] ANGELL, 2008.
[291] SÃO PAULO. Conselho Regional de Medicina do Estado de São Paulo. *Pesquisa inédita do CREMESP*. 2010. Disponível em: https://www.cremesp.org.br/pdfs/pesquisa.pdf Acesso em: 20 jan. 2021.

relacionamento de médicos paulistas com a indústria de medicamentos, órteses e próteses, concluiu que 93% dos médicos recebem brindes e benefícios das empresas farmacêuticas e de equipamentos, e que 80% dos médicos recebem visitas de representantes da indústria de medicamentos.

Em razão desse cenário de conflito potencial, desde 2010, o *Physician Payments Sunshine Act* do governo americano obriga empresas farmacêuticas a declararem todos os seus gastos com a classe médica. Só no ano de 2019, as empresas declararam o dispêndio de 10,03 bilhões de dólares americanos a esse título. Desse valor, 3,56 bilhões foram destinados a *general payments*,[292] categoria que inclui materiais e eventos de divulgação, brindes, refeições e viagens a congressos para médicos, que também podem ser recrutados para fazer palestras pagas.

Uma indústria que movimenta trilhões de dólares todos os anos sabe muito bem que, de acordo com o conhecido ditado, não existe almoço grátis. Elevados dispêndios têm, certamente, um generoso retorno garantido.

Em regra, não se confia numa empresa para fazer uma avaliação imparcial de um produto que ela venda. Mas é amplamente aceito que a indústria farmacêutica eduque médicos e profissionais a respeito de seus medicamentos e das condições que tratam, sendo que os custos com a "informação" saem de seu orçamento de *marketing*.[293]

Um exemplo singelo: em rápida visita ao Google, constata-se que a empresa Nestlé, além de possuir cadeira cativa na Sociedade Brasileira de Pediatria, patrocina inúmeras pesquisas científicas envolvendo alimentação infantil e presenteia a participação de médicos pediatras em congressos que promove sobre o assunto. O resultado é a certeza da introdução de fórmulas da companhia na alimentação infantil em substituição ao leite materno por indicação dos próprios pediatras, em forte desestímulo à amamentação.

Acerca do assunto, estudo realizado em conjunto pela OMS, pelo UNICEF e Rede Internacional em Defesa do Direito de Amamentar (IBFAN) mostra que, apesar dos esforços para impedir a promoção prejudicial dos substitutos do leite materno, os países ainda estão aquém de proteger mães e pais de informações enganosas.

---

[292] OPEN PAYMENTS. *Search Open Payments*. 2021. Disponível em: https://openpaymentsdata.cms.gov Acesso em: 20 jan. 2021.
[293] ANGELL, 2008.

O valor gasto pela indústria de medicamentos com *marketing* e vendas é, inclusive, bem superior, na média, ao que se gasta com pesquisa e novas tecnologias, como divulga reportagem publicada no *The Washington Post*.[294]

A pesquisa de 2013 aponta que a maior parte do dinheiro é direcionada aos médicos que prescrevem, e não aos consumidores. Qualquer que seja o valor, ele é embutido no preço dos medicamentos e é pago pelos consumidores cada vez mais dependentes dessa indústria.

Cabe pontuar que, no Brasil, em razão do Código de Ética Médica, já é vedada a conduta de:

> Exercer a profissão com interação ou dependência de farmácia, indústria farmacêutica, óptica ou qualquer organização destinada à fabricação, manipulação, promoção ou comercialização de produtos de prescrição médica, qualquer que seja sua natureza (art. 68).

O documento, contudo, não especifica a que tipos de interação se referem, nem a forma como isso é controlado.

A situação é tal banal e corriqueira que, em compromisso para evitar a prática, foi criada a ONG Chilena Médicos sem Marca,[295] em que os profissionais de saúde aderentes se declaram publicamente sem nenhum conflito de interesse, registrando isso na rede mundial de computadores.

Em sua proposta, o grupo afirma:

> De un modo cada vez más evidente e inexcusable, los médicos hemos delegado nuestra responsabilidad de educarnos y mantenernos al día en manos de partes interesadas (la industria farmacéutica, de dispositivos médicos y de alimentos), desestimando la evidente deformación del conocimiento adquirido y el probado efecto que el marketing y los incentivos tienen sobre nuestras conductas de prescripción.
>
> Esta situación instala conflictos de interés innecesarios, y tiende a afectar negativamente tanto la calidad de nuestras decisiones clínicas como la debida prudencia en la evaluación de los riesgos y beneficios de los tratamientos. El resultado es un mayor riesgo de iatrogenia (por sobrediagnóstico, sobretratamiento e indicaciones con insuficiente base científica), un aumento en los costos de los tratamientos y una progresiva pérdida de confiabilidad de la profesión médica a ojos de los pacientes y de la comunidad.

---

[294] SWANSON, 2015.
[295] MEDICOS SIN MARCA. Disponível em: http://www.medicossinmarca.cl Acesso em: 24 mar. 2022.

A propósito, em 19 de julho de 2021, um dos membros publicou, no *blog* da organização, uma nota a respeito de decisão unânime da *Corte de Apelaciones* de Rancagua, que ordenara, ao Fundo Nacional de Saúde do Chile, a aquisição de uma droga oncológica de alto custo (brentuximab vedotina), para uma paciente com câncer, apesar da escassa evidência científica respaldando seu uso:[296]

> Vemos con preocupación que, una vez más, los tribunales ordenan al Estado comprar una droga de alto costo sin que esta haya pasado por un filtro racional que la valide como una compra mínimamente efectiva. Cuando se trata de decisiones sanitarias, los jueces deberían fundamentar sus fallos en las recomendaciones hechas por las comisiones de expertos que el mismo Estado ha dispuesto para ello. Esto es primordial para que los sistemas de salud sean económicamente sostenibles y velen por el bienestar de los pacientes.

A organização já possui aderentes em quase todos os países da América Latina, além de México, Nicarágua, Estados Unidos, França, Portugal, Espanha e Reino Unido. No Brasil, até a última consulta, em 15 de janeiro de 2023, eram apenas sete os profissionais que optaram por fizer o compromisso.

Embora se possa pensar sobre mecanismos de regulação das relações entre profissionais-indústria (e essa reflexão é indispensável), deve-se ter o cuidado de, ao mesmo tempo, buscar ferramentas para que a judicialização da saúde não sirva de mecanismo de validação de relações médicas conflituosas, ao transformar irrefletidamente prescrições em comandos em desfavor do Poder Público, a despeito de maiores considerações sobre a formação do documento.

Neste capítulo, tentou-se reunir os principais problemas advindos da judicialização da saúde, com as (ou em razão das) características que o fenômeno ostenta atualmente, mediante exposição das principais inconsistências que permitem a proliferação de efeitos indesejados.

A automatização na concessão das liminares; ausência de consideração, tanto por quem prescreve quanto por quem condena, das alternativas terapêuticas já disponibilizadas no SUS; possível subutilização dos Natjus e a não consideração dos preceitos legais, no que diz respeito às tecnologias incorporadas (vide pareceres da Conitec). Todos esses aspectos são indicativos de que as decisões judiciais sobre o que

---

[296] MEDICOS SIN MARCA. *Fármacos y Tribunales*, jul. 2021. Disponível em: http://medicossinmarca.cl/marketing-medico-2-2/. Acesso em 15 jan. 2023.

fornecer a quem em matéria de saúde não levam em conta preceitos como eficácia, eficiência e custo-efetividade do que é postulado.

Isso não só gera o agravamento das já expressivas iniquidades na distribuição da saúde, como também abre as portas para todos os tipos de fraudes e distorções, tornando a judicialização da saúde uma ferramenta de livre disposição por interesses financeiros não atrelados ao progresso da Cobertura Universal de Saúde.

O capítulo seguinte testará, em relação ao estado de Goiás, como os juízes vêm deliberando em matéria de saúde, a fim de saber se contribuem ou não com o modelo de judicialização apresentado.

5

CRITÉRIOS PARA IMPOR A AQUISIÇÃO DE MEDICAMENTOS: COMO DECIDEM OS JUÍZES?

Como informado na Introdução da presente pesquisa, neste capítulo serão apresentados os resultados da coleta de dados nos processos judiciais que culminaram na aquisição de medicamentos pelo estado de Goiás, entre 2019 e 2022, e expostas as evidências científicas da pesquisa, sugerindo-se inferências a partir do cruzamento de dados, possivelmente convoláveis em providências a serem tomadas.

5.1 Questões orientadoras e hipóteses

No percurso teórico até o presente capítulo, identificou-se a ineficiência no uso dos recursos em saúde como fator condutivo à igual ineficiência na distribuição de saúde populacional brasileira, embora o país se proponha a gerar acesso gratuito e equânime à população.[297] A constatação nos levou à necessidade de averiguar os critérios utilizados em decisões judiciais tomadas em demandas de saúde, por serem elas igualmente capazes de definir a destinação desses recursos.

Achados de pesquisa deste PPGDP[298] sobre a judicialização da saúde no estado de Goiás entre 2016-2019 apontaram para uma possível

---

[297] OMS. Organização Mundial da Saúde. *Informe sobre la salud en el mundo 2010:* Financiación de los sistemas de salud: el camino hacia la cobertura universal. Informe sobre la salud en el mundo. OMS, 2010.

[298] SANTOS, 2021. A pesquisadora analisou amostra aleatória (n=262) de base de dados contendo 8.298 ações de saúde movidas contra o estado de Goiás entre 2016 e 2019, a que teve acesso a partir da unidade da Procuradoria-Geral do Estado encarregada das demandas do tema.

falta de deferência judicial para com as políticas públicas e apresentaram alguns indícios de atecnia nas decisões judiciais. São eles:

Automatismo na concessão das liminares: o estudo encontra a concessão de liminares em 85% das ações de saúde propostas contra o Estado; a maioria delas deferindo a concessão de medicamentos registrados, mas não inclusos nas listas do SUS.
75,9% dos pedidos envolviam medicamentos; dos medicamentos pedidos, cerca de 64% não estava incluso nas listas do SUS.
Em cerca de 72% dos casos judicializados, o requerente teve seu pedido administrativo prévio negado com base em justificativas que remetem à configuração dos PCDTs e do RENAME. Ou seja, não por desabastecimento ou omissão do Poder Público, mas pelo fato de a solicitação médica não se enquadrar no que se deliberou fornecer via política pública.

A fixação de tais premissas é importante para afastar eventual resistência do leitor, que poderia, erroneamente, atrelar a judicialização da saúde a eventual descompasso do Poder Público em relação ao programa de ação governamental que previamente traçara para si. Isso não prevalece, ao menos no que diz respeito ao estado de Goiás.

Avança-se, a partir daí, para testar a hipótese de que haja pouca racionalidade no modelo de decisão que determina a aquisição de medicamentos pelo estado de Goiás, favorecendo a ineficiência na gestão dos recursos em saúde e o atraso no desenvolvimento do sistema (conforme premissas expostas no capítulo 2).

Três perguntas pautaram o falseamento dessa hipótese. Foram elas: a) as decisões tomam por base mais do que o que é declarado pelo próprio demandante? b) qual o nível de presença de argumentos que qualificam tecnicamente a decisão ou denotam consideração, pelo julgador, das políticas existentes? c) o sistema de ATS desenhado pelo legislador é considerado nas decisões?

Desde já, o leitor deve registrar que o objeto do estudo foram as decisões que deferiram medicamentos, movimentando recursos estatais, e a busca pela identificação de suas características. As conclusões a que aqui se chegou, portanto, ficam limitadas ao universo de julgamentos favoráveis ao demandante, não se estendendo ao fenômeno da judicialização no estado de Goiás como um todo, porque excludente da parcela de julgados que denegou os fármacos postulados. De todo modo, é seguro inferir que as decisões determinando a aquisição de fármacos, em vez de denegá-la, constituem a maioria das decisões exaradas, conforme índices já apresentados.

O meio de verificação adotado consiste em estudo de natureza quali-quantitativa, por intermédio do levantamento de dados em autos de processos judiciais e da estatística descritiva.

5.2 Descrição da amostra e percurso metodológico

Para responder às perguntas acima, como já adiantado, a pesquisa não se interessou pela totalidade das decisões prolatadas nas ações de saúde movidas em desfavor do estado de Goiás, já que se reputou, como fator de interesse, que delas adviesse uma efetiva movimentação de recursos da saúde.

Com isso em mente, partiu-se das aquisições de fármacos realizadas pelo ente público, em virtude de ordem judicial, entre 2019 e 2022, a fim de que se chegasse às decisões judiciais que as originaram. Trata-se, portanto, de decisões que necessariamente deferem o pedido do demandante em ações de saúde, dando ordem de compra, independentemente de serem precárias ou definitivas, proferidas em primeiro ou segundo grau, revertidas posteriormente ou não.

O estabelecimento do ano de 2019 como marco inicial se deu com o intuito de garantir que as aquisições estivessem registradas integralmente de forma eletrônica,[299] o que seria necessário para localizar, precisamente, a ordem judicial que originou o processo de compra.

A relação de medicamentos adquiridos em virtude de determinação judicial no período foi fornecida pela Cemac Juarez Barbosa, unidade da Secretaria de Saúde do estado de Goiás que centraliza a dispensação de medicamentos judicializados, contendo 10.012 itens.

No momento da pesquisa, o processo administrativo de compra de fármacos por determinação judicial tinha, por ato inicial, no estado de Goiás, documento chamado de *Orientação de Cumprimento de Decisão* (OCD), oriundo da Procuradoria-Geral do Estado, mais precisamente da Gerência da Área de Saúde (subdivisão especializada do contencioso).

---

[299] No estado de Goiás, o chamado Sistema Eletrônico de Informações (SEI), no qual os processos administrativos são autuados e tramitados de forma integralmente eletrônica, foi instituído, como de uso obrigatório pelos órgãos e pelas entidades, pelo Decreto nº 8.808, de 25 de novembro de 2016, com regime de transição fixado por Instrução Normativa de 21.09.2017, segundo o qual o encerramento das tramitações dos processos de suporte físico com registro no sistema anterior (SEPNET) deveria ocorrer até 30.06.2018 (art. 97). A indicação do ano de 2019 como marco inicial, portanto, teve o objetivo de garantir a acessibilidade integral dos procedimentos pela via eletrônica.

Em regra, a OCD já é instruída com cópias da decisão que ordena a aquisição e da petição inicial. O preenchimento do formulário de pesquisa, contudo, exigiu da pesquisadora que buscasse informações também nos autos do processo judicial em que prolatada a decisão, cujo número pôde ser localizado no documento eletrônico.

A pesquisa foi aprovada nos Comitês de Ética e Pesquisa da Universidade Federal de Goiás – (CAAE 55680922.0.0000.5083) e Leide das Neves Ferreira (CAAE 55680922.0.3001.5082), e obteve autorização da Superintendência da Escola de Saúde de Goiás (SESG); foi necessária, ainda, a inscrição da pesquisadora na unidade do sistema em que originadas as OCD, SES/CAGES/PROCSET-12248, esta última autorizada pela Procuradoria-Geral do Estado.

Removendo-se os processos duplicados constantes da relação de 10.012 itens adquiridos, chegou-se a 4.382 processos judiciais, ordenando a aquisição de 589 substâncias distintas. A duplicidade de processos judiciais na relação fornecida pela Cemac já era esperada, vez que é recorrente que uma única decisão judicial dê origem à compra de fármacos distintos.

O fato de a aquisição ter sido realizada entre 2019 e 2022 não significa que as decisões tenham sido proferidas em anos coincidentes, tanto porque pode haver um *delay* entre a data da ordenação e da efetiva aquisição, quanto porque ordens antigas podem se perpetuar no tempo, gerando novas compras.

Como a oitiva prévia do Natjus foi estabelecida como um dos critérios a serem mensurados, optou-se por excluir da análise decisões anteriores a 2017, considerando que o funcionamento do órgão técnico em cada tribunal só se tornou mandatório a partir da Resolução nº 238, do CNJ, de 06.09.2016, com vigência a partir de 06.11.2016.[300]

Excluindo-se os processos judiciais com ano inferior a 2017 (352) e mais 75 por inconsistências (processos sem ano; com dois anos

---

[300] BRASIL. Conselho Nacional de Justiça. *Resolução nº 238 de 06/09/2016*. Dispõe sobre a criação e manutenção, pelos Tribunais de Justiça e Regionais Federais de Comitês Estaduais da Saúde, bem como a especialização de vara em comarcas com mais de uma vara de fazenda Pública. Disponível em: https://atos.cnj.jus.br/atos/detalhar/2339 Acesso em: 24 jan. 2023. No âmbito do estado de Goiás, em 2012, passou a funcionar a Câmara de Saúde do Judiciário, exercendo o papel de formular uma opinião técnica sobre as prestações de saúde buscadas nas demandas judiciais. Posteriormente, a Câmara de Saúde passou a se chamar de Natjus. Deve-se considerar, contudo, que haja um período de divulgação e internalização da ferramenta na cultura dos magistrados. Parte-se da premissa de que a Resolução nº 238/2016 CNJ tenha dado um novo impulso às consultas, embora não as tenha tornado obrigatórias.

distintos ou com ano maior que 2022), chegou-se à população de 3.955 decisões judiciais – de análise inviável por uma única pesquisadora no tempo do Programa. Diante disso, calculou-se amostra para o Nível de Confiança NC = 95%, e margem de erro de 5% para a proporção, do que se obteve um tamanho de amostra de 351.[301] Os componentes da amostra foram selecionados utilizando-se o gerador de números randômicos do Panda[302] e transpostos para uma nova planilha, complementada com os quesitos do formulário, os quais foram preenchidos pela pesquisadora de forma manual (ver Apêndice B).

Deve-se pontuar que os dados foram disponibilizados pela Cemac em maio de 2022 (processo SEI 202100022028447, evento 000030 175262), de modo que a amostra não abrange decisões posteriores a essa data.

A partir dessa unidade de análise foram definidas informações qualitativas dos processos para responder aos objetivos da pesquisa. Essas informações foram transformadas em variáveis qualitativas de múltiplas categorias ou em formato binário/*dummy* (ver Apêndice A). O anonimato e o sigilo das informações do processo foram garantidos durante toda a pesquisa.

A amostra de 351 decisões analisadas apresenta a seguinte composição por ano:

---

[301] BARBETTA, 2012, p. 57-60.
[302] PANDAS. Disponível em: https://pandas.pydata.org/. Acesso em: 12 ago. 2022.

Tabela 4 – Número de feitos da amostra por ano

ANO	NÚMERO DE FEITOS
2017	33
2018	73
2019	105
2020	67
2021	55
2022	18

Fonte: Elaboração própria.

5.3 Formulário de pesquisa

A tentativa de responder às perguntas acima identificadas exigiu que fossem convoladas em critérios objetivamente aferíveis, organizados conforme a indagação a que se pretendia responder.

Esta pesquisa empírica, como qualquer outra, não se revela totalmente neutra.[303] Primeiro, deve-se considerar a própria amostra, que, por partir dos gastos com fármacos oriundos de determinação judicial, esteve associada a um inafastável viés de seleção, deixando de fora decisões que denegaram medicamentos postulados judicialmente. De todo modo, o conhecimento das perguntas que orientaram a definição de amostra e coleta de dados ao menos atenua eventuais desvios que a posição subjetiva do pesquisador possa apresentar.[304]

5.3.1 Primeira indagação

Quanto à primeira indagação (as decisões tomam por base mais do que o que é declarado na inicial?), optou-se por medi-la a partir de três parâmetros: a) oitiva prévia do Natjus antes da deliberação; b) oitiva prévia do gestor/ente público antes da deliberação; c) realização de perícia antes da decisão. A ausência do conjunto deles em uma

---
[303] HEISE, 1998.
[304] VALLE, 2015/2016, p. 12.

decisão permite inferir, com certa segurança, que tenha sido tomada levando em conta exclusivamente que o próprio demandante trouxe de informações.

5.3.2 Segunda indagação

Para, em atenção ao segundo questionamento, avaliar-se o nível de presença de argumentos de dada ordem, deliberou-se por arbitrar determinadas ocorrências como mais relevantes, em virtude de sua frequência nas decisões e do peso de sua contribuição na formação de convicção do julgador, com base na experiência profissional da pesquisadora na área. Antecipa-se que não houve pretensão de exaurir todos os possíveis argumentos utilizados pelos julgadores na hora de decidir (embora tenha sido confirmado posteriormente que as linhas argumentativas raramente divergem das destacadas).

Os critérios eleitos foram debatidos com os membros individuais do Comitê Executivo de Saúde do CNJ em Goiás (do qual a pesquisadora participava na data da pesquisa) que se dispuseram a tanto, tendo recebido contribuições do representante da Chefe da Gerência de Saúde da Procuradoria do Estado e do representante da Magistratura Federal à época (2022).

Uma vez identificadas, as linhas argumentativas foram agrupadas em duas classes: a primeira reunindo aquelas de caráter puramente jurídico; e a segunda compondo-se de argumentos técnicos ou denotadores de algum tipo de diálogo com a política pública estabelecida, na forma do Quadro 2.

Quadro 2 – Classificação dos argumentos

Grupo 1 Argumentos jurídicos	Grupo 2 Argumentos técnicos ou denotadores de diálogo com a política pública estabelecida
Dignidade da pessoa humana	Conceitos CFM urgência/emergência
Lei do SUS	Estudos científicos validando a prescrição
Menção genérica à ineficácia dos fármacos fornecidos pelo SUS	Existência de registro na Anvisa
Falta/demora no tratamento gerando potencial risco à saúde	Uso autorizado pela Anvisa
Jurisprudência local	Posicionamento do Natjus.
Omissão estatal	Precedentes vinculantes (106/STJ e 500/STF)
Gravidade da situação	Parecer CATS corrobora com o pedido
Imprescindibilidade/necessidade do medicamento conforme relatório médico acostado à inicial	Hipossuficiência / incapacidade financeira de arcar com o custo do medicamento prescrito
Presentes os requisitos da tutela antecipada	Alternativas terapêuticas inexistentes ou ineficazes
	Posicionamento da Conitec
	Repartição de competências-solidariedade-tema 793/STF.
	Solicitação administrativa prévia do medicamento

Fonte: Elaboração própria.

A presença ou ausência desses argumentos nas decisões foi registrada na planilha, mediante codificação SIM (1) e NÃO (0). As especificações do que foi considerado pela pesquisadora no momento de assinalar os respectivos campos foram apresentadas no Apêndice A.

Foram considerados puramente jurídicos os argumentos de que os juízes podem se valer para se referir a qualquer caso em demandas de saúde. Na linguagem do Código de Processo Civil (CPC)[305], correspondem à "invocação de motivos que se prestariam a justificar qualquer outra decisão" (art. 489, § 1º, inc. III). Por exemplo: quando um juiz defere um medicamento alegando, por fundamentos suficientes, a universalidade do SUS (CF/88[306]), a saúde como direito fundamental do ser humano (art. 2º, Lei nº 8.080/1990[307]) e, genericamente, o risco da demora decorrente da natureza das ações de saúde, tais argumentos são aptos, em tese, a justificar o deferimento de qualquer pedido, sem que seja necessário adentrar, nem mesmo superficialmente, às especificidades do caso concreto.

Os argumentos técnicos ou denotadores de diálogo com as políticas públicas foram assim classificados por se ter considerado que, de alguma forma, qualificaram tecnicamente a decisão, ao referir-se a algum nível de evidência científica além do relatório médico que instrui a inicial, analisarem ocorrências específicas do caso concreto, valerem-se de conceitos técnicos e/ou vislumbrarem o posicionamento da Conitec e da Anvisa, ou denotaram interesse em relação ao desenho das políticas públicas, pelo fato de indagarem sobre a existência de prévia solicitação administrativa ou sobre a repartição de competências entre os entes federados.

Essa subdivisão considerou que a menção aos precedentes do STJ e do STF melhor se enquadraria como argumento técnico, e não meramente jurídico, porque ambos os temas impõem ao julgador uma análise circunstanciada dos autos, avaliando se o medicamento demandado possui ou não registro, é ou não experimental, possui ou não substituto terapêutico etc. Apesar disso, constatou-se uma frequência alta de decisões que mencionavam os julgados sem efetivamente analisar a situação fática presente nos autos.

---

[305] BRASIL. *Lei nº 13.105, de 16 de março de 2015*. Código de Processo Civil. Disponível em: https://www.planalto.gov.br/ccivil_03/_ato2015-2018/2015/lei/l13105.htm Acesso em: 24 jan. 2023.

[306] BRASIL. Constituição (1988). *Constituição da República Federativa do Brasil de 1988*. Brasília, DF: Presidência da República, [2022]. Disponível em: http://www.planalto.gov.br/ccivil_03/Constituicao/Constituiçao.htm Acesso em: 12 ago. 2022.

[307] BRASIL. *Lei nº 8.080, de 19 de setembro de 1990*. Dispõe sobre as condições para a promoção, proteção e recuperação da saúde, a organização e o funcionamento dos serviços correspondentes e dá outras providências. Disponível em: http://www.planalto.gov.br/ccivil_03/leis/l8080.htm#:~:text=LEI%20N%C2%BA%208.080%2C%20DE%2019%20DE%20SETEMBRO%20DE%201990.&text=Disp%C3%B5e%20sobre%20as%20condi%C3%A7%C3%B5es%20para,correspondentes%20e%20d%C3%A1%20outras%20provid%C3%AAncias. Acesso em: 22 jan. 2023.

5.3.3 Terceira indagação

Buscou-se responder à questão final (o sistema de ATS desenhado pelo legislador é considerado nas decisões?) pela averiguação, no momento em que a decisão foi proferida, do posicionamento da Conitec em relação à substância demandada.

Tecnologia em saúde é um termo que compreende, de maneira abrangente, as intervenções designadas com o objetivo de resolver problemas de saúde ou melhorar a qualidade de vida das pessoas. Engloba, portanto, de forma bem ampla, medicamentos, dispositivos, vacinas, procedimentos, produtos etc. O fornecimento de tecnologias em saúde, como se sabe, é parte indispensável da estruturação de qualquer sistema de saúde (sejam governos ou planos de saúde).

O conceito de Avaliação de Tecnologia em Saúde, por sua vez, está atrelado a quaisquer processos, de caráter contínuo, por meio dos quais sejam produzidos os subsídios que informarão a tomada de decisões sobre as implicações da adoção e difusão de determinada tecnologia, no âmbito de um dado sistema.

No Brasil, a Lei federal nº 12.401/2011[308] criou a Conitec com a incumbência de realizar as avaliações das tecnologias em saúde, a fim de informar a tomada de decisão governamental sobre o que cabe ao SUS custear ou não no que diz respeito a produtos do setor. Para Wang,[309] a análise do histórico da lei, do posicionamento do primeiro corpo de diretores da Conitec e das opiniões legais emitidas pela AGU permite extrair que a criação da Comissão foi uma espécie de resposta institucional à judicialização da saúde. Imaginava-se que um procedimento administrativo mais claro, transparente, participativo e sofisticado no processo da criação de políticas de saúde seria capaz de convencer as cortes a se aproximarem de forma mais deferente das decisões tomadas nessa seara.

Embora a avaliação sobre a consideração ou não do sistema de ATS pelos julgadores esteja inserida na análise do nível de presença, nas decisões judiciais, de argumentos envolvendo subsídios técnicos/

---

[308] BRASIL. *Lei nº 12.401, de 28 de abril de 2011*. Altera a Lei nº 8.080, de 19 de setembro de 1990, para dispor sobre a assistência terapêutica e a incorporação de tecnologia em saúde no âmbito do Sistema Único de Saúde – SUS. Disponível em: https://www.planalto.gov.br/ccivil_03/_ato2011-2014/2011/lei/l12401.htm#:~:text=LEI%20N%C2%BA%2012.401%2C%20DE%2028%20DE%20ABRIL%20DE%202011.&text=Altera%20a%20Lei%20n%C2%BA%208.080,Sistema%20C3%9Anico%20de%20Sa%C3%BAde%20%2D%20SUS Acesso em: 23 jan. 2023.

[309] WANG, 2015, p. 36.

diálogo com a política pública estabelecida (segunda indagação), reputou-se que a questão mereceria ainda uma análise separada. Isso com o intuito de permitir uma averiguação mais clara sobre eventual êxito que a modificação do processo de tomada de decisões de incorporação de tecnologias no SUS tinha obtido em inspirar maior deferência na conduta dos magistrados diante desse tipo de demanda, ao menos no estado de Goiás.

O dado foi catalogado com base nas informações trazidas nos autos judiciais pelas partes e nas informações disponíveis para consulta pública no sítio eletrônico da Comissão,[310] ressalvando-se a possibilidade de eventuais inconsistências, dadas as limitações da pesquisadora em face do carácter técnico dessa averiguação em específico.

Como o intuito era homogeneizar as informações, o formulário sofreu ajustes à medida que novas situações se apresentaram e exigiram transposição para a coleta, ou outras se mostraram irrelevantes. Todas as alterações, contudo, foram feitas com o cuidado de não interferir ou invalidar dados catalogados anteriormente.

Outros dados secundários, com possibilidades de respostas múltiplas, foram igualmente catalogados, a fim de contextualizar as demandas (natureza da ação; representação da causa; registro do fármaco demandado na Anvisa; tipo e origem da decisão). Todas as variáveis estão listadas no Apêndice A.

5.4 Achados da pesquisa

Inicialmente, deve-se pontuar que as decisões que levaram o Estado a comprar medicamentos entre 2019 e 2022 foram da justiça estadual em 90% dos casos (79,2% justiça estadual e 10,83% juizado especial estadual – cf. Tabela 8). Logo, as inferências abaixo são aplicáveis principalmente a esse nível da justiça.

Ao lado disso, deve-se rememorar que os achados somente se referem a decisões judiciais que determinaram a aquisição de medicamentos pelo Estado, movimentando o erário, não englobando, portanto, decisões que negaram a prestação postulada em juízo.

---

[310] BRASIL. Comissão Nacional de Incorporação de Tecnologia (Conitec). *Decisões sobre Incorporações*. Disponível em: http://conitec.gov.br/decisoes-sobre-incorporacoes16https:// consultas.anvisa.gov.br/#/ Acesso em: 23 jan. 2023.

5.4.1 Decisões são majoritariamente tomadas sem informação técnica que não a produzida pelo demandante

Os dados colhidos da amostra apontam para uma baixa utilização do Natjus, que não foi ouvido antes de 80,34% das decisões (cf. Tabela 5). Essa constatação não é, contudo, suficiente para confirmar, para o estado de Goiás, a tendência de subutilização da ferramenta apresentada no tópico 4.2, porque a análise foi restrita às decisões que ordenaram à aquisição de fármacos pelo ente. Ao lado disso, o fato de não ter sido catalogada nenhuma decisão deferindo o pedido após a prolação de parecer *desfavorável* do Natjus aponta para uma possível aderência aos posicionamentos do órgão, quando chega a ser efetivamente consultado.

De todo modo, sugere que decisões movimentando o erário são prioritariamente tomadas em o auxílio do órgão.

Tabela 5 – Providências preparatórias para a decisão

Variável	Categorias	Frequência
Natjus	Não foi ouvido antes da decisão	80,34%
	Manifestou-se favoravelmente antes	17,37%
	Parecer inconclusivo	1,13%
	Nota técnica	1,13%
Diálogo prévio	O ente público não foi ouvido	88,60%
	O ente público foi ouvido	11,39%
Realização de perícias	Não	94,87%
	Sim	5,12%

Fonte: Elaboração própria.

O Comitê Executivo de Saúde no estado de Goiás antecipa uma possível melhora no cenário, registrando aumento significativo tanto das consultas quanto dos magistrados consulentes desde 2012, sendo que o assunto mais buscado até maio de 2023 se referia a medicamentos (44%).[311]

---

[311] GOIÁS. Tribunal de Justiça do Estado de Goiás. Estatística do NATJUS-GO. *Revista do Comitê Executivo de Saúde do CNJ em Goiás*, n. 3, 2023.

Gráfico 5 – Número de consultas ao Natjus 2012-2023

Número de pareceres *versus* ano

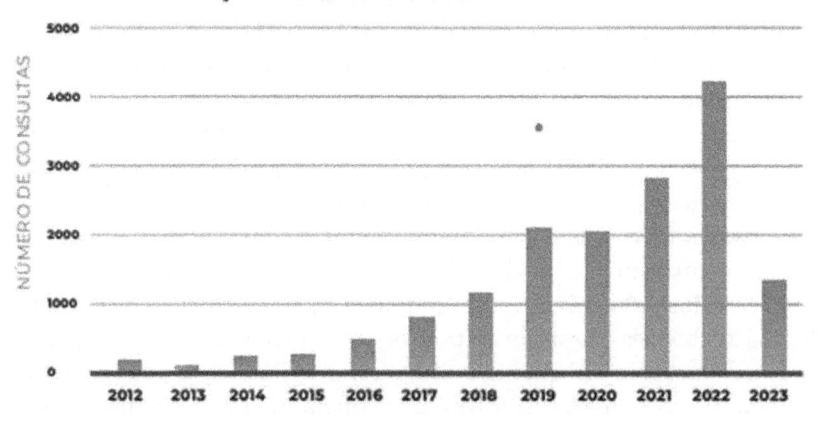

Fonte: *Revista do Comitê Executivo de Saúde do CNJ em Goiás*, 2023.

Gráfico 6 – Número de magistrados consulentes do Natjus 2012-2023

ANOS	2012	2013	2014	2015	2016	2017	2018	2019	2020	2021	2022	2023
NÚMERO DE MAGISTRADOS CONSULENTES	23	18	30	65	114	145	175	225	283	374	442	369

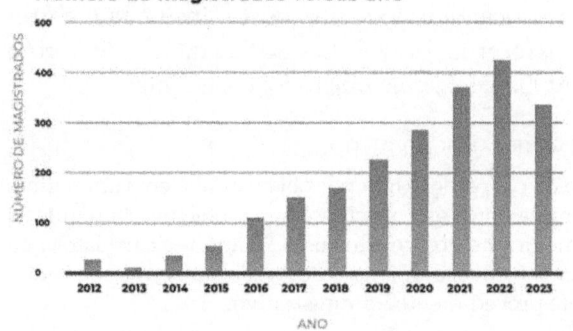

Número de magistrados *versus* ano

*A contagem de 2023 foi feita considerando até o mês de maio.

Fonte: *Revista do Comitê Executivo de Saúde do CNJ em Goiás*, 2023.

É importante pontuar que, desde que iniciado o monitoramento, no âmbito do Natjus, do desfecho dos posicionamentos do núcleo, em agosto de 2022, tem prevalecido pareceres favoráveis, em 61,4% no ano de 2022, e 59,1% dos casos, até maio de 2023.

Uma hipótese explicativa para o baixo grau de consulta ao Natjus no estado de Goiás *nas decisões que deferem medicamentos* consiste na possibilidade de os magistrados estarem considerando o parecer da Câmara de Avaliação Técnica em Saúde (CATS), do MP estadual, como uma espécie de legitimador do pedido, a tornar prescindível nova manifestação técnica sobre o objeto da demanda.

A CATS consiste em órgão auxiliar da Procuradoria-Geral de Justiça, composto por profissionais da saúde, que avaliam os pedidos apresentados pela população e emitem avaliações técnicas. O produto dessas avaliações é juntado na petição inicial em demandas propostas tanto pelo próprio MP quanto pela Defensoria Pública, e, por vezes, por advogados particulares. A informação oficial do *site*[312] afirma que tais manifestações técnicas são "baseadas em estudos científicos atualizados e comprovados".

A hipótese advém do fato de o parecer CATS ter sido mencionado em 50,99% das decisões que condenaram o Estado à aquisição de medicamentos (ver Gráfico 8), superando as menções ao próprio Natjus, que ocorreram em apenas 19,08% das decisões.

Por mais que se trate de uma análise pretensamente técnica, é produzida unilateralmente por quem é parte na demanda.

Há um fato subjacente que torna essa constatação preocupante. Em 2014, o estado de Goiás, via Secretaria de Saúde, firmou Termo de Cooperação Técnica com o MP estadual, visando regular o procedimento para dispensação de medicamentos de alto custo, insumos e correlatos que obtivessem parecer favorável da CATS. Trata-se do Termo nº 001/2014/MPGO/CAOSAUDE, cujo objeto foi o seguinte:

> CLÁUSULA PRIMEIRA – DO OBJETO
>
> O presente termo de cooperação tem por objeto estabelecer um regime de cooperação mútua entre os partícipes, com o objetivo de regular a dispensação de medicamentos de alto custo, insumos e correlatos que obtiverem parecer favorável da Câmara de Avaliação Técnica de Saúde – CATS, consoante procedimento administrativo.

---

[312] GOIÁS. Ministério Público do Estado de Goiás. *Medicamentos – CATS*. Disponível em: http://www.mpgo.mp.br/portal/conteudo/medicamentos-cats. Acesso em: 11 jan. 2023.

O instrumento, firmado em tentativa de reduzir a judicialização da saúde no Estado, foi estabelecido para dispensação de medicamentos fora da lista do SUS e/ou do protocolo, ou seja, fora da política de saúde, os quais, seguindo-se o fluxo normal, seriam negados administrativamente. Inicialmente, foi estipulado um teto de gastos para a execução desse ajuste (cerca de cinquenta milhões), mas o montante passou a ser largamente extrapolado ao longo dos anos, sem que se pudesse deter seu incremento, já que, desde a assinatura, a Secretaria de Estado da Saúde (SES) assumira previamente a obrigação de custear aqueles tratamentos.

Além disso, verificou-se que o ajuste importava um deslocamento da competência de deliberar sobre o fornecimento de medicamentos, que deveria permanecer na SES, e não no MP; a problemática maior, no entanto, deveu-se à prática da CATS de deferir medicamentos ainda que houvesse substituto terapêutico disponível no SUS ou a despeito da ausência de comprovação de custo-efetividade dos tratamentos solicitados. Outra problemática foi o fato de a observância da CATS impor ao Estado a aquisição de medicamentos que não eram de sua responsabilidade (por serem de competência da União ou dos municípios).

Todas essas circunstâncias levaram o ente público estadual a deliberar pela descontinuidade do ajuste, em dezembro de 2018.[313] Naquele ponto, apenas a manutenção dos tratamentos já iniciados, sem novas entradas, gerava um custo mensal de R$4.172.929,54.

Tudo isso torna extremamente questionável a conduta do Poder Judiciário de atribuir a CATS a palavra final sobre o que cabe ao Estado fornecer ou não em termos de medicamentos à população. Quando menos, a ampla adoção do parecer CATS como determinante na aquisição de fármacos torna necessário averiguar, com alguma profundidade, a qualidade técnica de tais posicionamentos, bem como o diálogo que promovem ou deixam de promover com a política pública existente.

À situação, parece aplicar-se a mesma crítica oponível à adoção de parecer do Natjus como posicionamento definitivo para a determinação do que, em termos de tratamento de saúde, é imputável ao Poder Público. É que a provisão de cuidados em saúde não é meramente

---

[313] As informações foram extraídas do processo administrativo SEI 201800010044889, mais precisamente dos seguintes atos: Despacho no 16/2018 e no 17/2018, ambos do Núcleo de Ações Judiciais da SES; Parecer Advocacia Setorial da SES no 217/2018 e Despacho no 1318/2018.

uma questão médica que a ciência possa resolver, mas uma matéria de política pública.[314] Médicos e farmacêuticos, analisando casos individuais, não são aptos a considerar questões de custo-efetividade, custos de oportunidade, prioridades em saúde pública e preferências dos *stakeholders*.[315] Logo, ainda que tecnicamente assistidos, juízes não estão aptos, mormente em ações individuais, a considerar todos os cenários necessários à tomada de uma decisão que é *política*.

É pertinente comentar que, muito embora seja notável a melhoria no padrão dos pareceres técnicos do Natjus ao longo dos anos, durante a coleta, observaram-se, com relativa frequência, pareceres que se limitam a atestar correlação clínica entre a prescrição dos medicamentos e o quadro clínico para o requerente. Verificada essa correlação, o parecer é favorável.

Não se discute que uma filtragem técnica, operada por profissionais da saúde, seja capaz de contribuir com a melhoria da qualidade técnica das decisões, barrando, quando menos, a proliferação de demandas fraudulentas (em que o demandante não tem o diagnóstico indicado). Nada obstante, conferir a um posicionamento técnico tomado em face de casos individualizados o condão de obrigar ou não o orçamento público não é menos agressivo à estruturação da política pública.

Em suma, nada obstante a CATS possa exercer um papel importante na filtragem de pedidos, e a amplificação da utilização dos Natjus seja certamente capaz de tornar as decisões mais tecnicamente acuradas, ambas são ferramentas que só levam em conta opiniões médicas em circunstâncias individualizadas, razão pela qual não são inaptas a equacionar as implicações da judicialização na execução das políticas públicas.

A oitiva prévia do ente público só foi registrada em 40 das 351 decisões contidas na amostra, harmonicamente divididas nas justiças estadual e federal. Prevalece a ausência de diálogo com o gestor do SUS ou com o ente público antes de 88,6% das decisões.

Uma explicação razoável para isso seria que o juízo já soubesse, de antemão, que houve um descumprimento da política pública pelo ente responsável, o que, até certo ponto, pode ser aferido de forma objetiva, pela observância das relações oficiais. A hipótese, contudo, é descartada pelos dados do já mencionado estudo deste PPGDP,

---

[314] WANG, 2015.
[315] *Ibid.*

apontando que 64% dos medicamentos pedidos não estavam na lista do SUS, sendo esse também o caso da maioria das liminares deferidas (ver tópico 5.1); os dados da presente pesquisa, por sua vez, também apontam que foram pouco mais de 15% os casos em que a Conitec havia deliberado pela inclusão dos fármacos nas linhas oficiais na data da prolação da decisão (cf. Gráfico 8 – soma dos códigos 1, 7 e 10).

Uma segunda possível explicação seria a de que o juízo considerasse desnecessária a oitiva quando houvesse prévia solicitação administrativa do fármaco – dado que foi mencionado em 62,67% das decisões (ver Gráfico 7). Para isso, contudo, seria necessário que o julgador dialogasse com as razões da negativa administrativa, refutando-as e demonstrando seu desacerto, situação que não se verifica.

Deve-se lembrar de que, como apontado no tópico 5.1, as negativas administrativas estão relacionadas às listas e protocolos oficiais em mais de 70% dos casos judicializados. Ou seja, as negativas se devem, majoritariamente, às políticas públicas vigentes, e não à omissão do Poder Público em instituir um programa de ação ou cumprir com o programa já designado.

Resta a hipótese de que a falta de diálogo se relaciona a uma presunção, da maioria dos julgadores, de que o Estado não esteja legitimado a negar acesso a nenhum tipo de medicamento, independente de qual seja ele e de quais sejam as especificidades do caso – circunstância que indicia decisões acriteriosas.

Independente da explicação, fato é que a não oitiva do gestor do SUS antes da decisão não atende ao que enuncia o CNJ, que a recomenda sempre que possível, com vistas, inclusive, a identificar solicitação prévia do requerente, alternativas terapêuticas e competência do ente federado, quando aplicável (Enunciado nº 13, Redação dada pela III Jornada de Direito da Saúde[316]).

Só houve realização de perícia antes da decisão em 5,12% das vezes (n=18), todas elas oriundas da justiça federal (10 em juizado especial federal; 7 na justiça federal e 1 em Turma Recursal Federal).

A constatação de que o diálogo prévio ocorre a baixos níveis, somada a prevalência da não oitiva do Natjus e da não realização de perícia demonstram, de forma segura, que as decisões judiciais que levam a aquisição de medicamentos pelo estado de Goiás são embasadas

---

[316] BRASIL. Conselho Nacional de Justiça. *Enunciado nº 13 – III Jornada de Direito da Saúde*, 18 mar. 2019. Disponível em: https://www.cnj.jus.br/wpcontent/uploads/2019/03/e8661c101b2d80ec95593d03dc1f1d3e.pdf Acesso em: 24 jan. 2023.

em documentação produzida unilateralmente pela parte demandante, acentuando as preocupações externadas no capítulo 4.

5.4.2 Pouca utilização de argumentos de cunho técnico ou denotadores de diálogo com a política pública

A Tabela 6 permite verificar, com bastante clareza, a baixa utilização de argumentos que emprestem alguma tecnicidade à decisão, ou que revelem algum tipo de consideração, pelos julgadores, da política pública existente. Os únicos argumentos inseridos no grupo 2 que em mais da metade dos casos foram: a) a constatação da existência de parecer CATS corroborando com o pedido (50,99%) – documento, como visto, produzido unilateralmente pelo demandante; b) hipossuficiência/incapacidade de arcar com o medicamento; c) solicitação prévia do medicamento (62,67%).

Tabela 6 – Presença de argumentos por grupo

Variável	Grupo 1) Argumentos jurídicos		Variável	Grupo 2) Argumentos técnicos / denotadores de diálogo com a política pública estabelecida	
	Sim	Não		Sim	Não
Dignidade da pessoa humana	7,71%	92,28%	Conceitos CFM urgência/emergência	1,42%	98,57%
Lei do SUS	13,67%	86,32%	Estudos científicos validando a prescrição	7,40%	92,59%
Menção genérica à ineficácia dos fármacos fornecidos pelo SUS	24,21%	75,78%	Existência de registro na Anvisa	40,17%	59,82%
Falta/demora no tratamento gerando potencial risco à saúde	74,64%	25,35%	Uso autorizado pela Anvisa	13,39%	86,60%
Jurisprudência local	25,07%	74,92%	Posicionamento do Natjus	19,08%	80,91%
Omissão estatal	36,46%	63,53%	Precedentes vinculantes (106/STJ e 500/STF)	28,77%	71,22%
Gravidade da situação	41,59%	58,40%	Parecer CATS corrobora com o pedido	50,99%	49,01%
Imprescindibilidade/ necessidade do medicamento conforme relatório médico acostado à inicial	91,16%	8,31%	Hipossuficiência / incapacidade financeira de arcar com o custo do medicamento prescrito	56,12%	43,87%
Presentes os requisitos da tutela antecipada	97,72%	2,27%	Alternativas terapêuticas inexistentes ou ineficazes	21,08%	78,81%
			Posicionamento da Conitec	4,55%	95,44%
			Repartição de competências-solidariedade-tema 793/STF	20,79%	79,20%
			Solicitação administrativa prévia do medicamento	62,67%	37,32%

Fonte: Elaboração própria.

A ordem de frequência de argumentos pode ser observada no Gráfico 7:

Gráfico 7 – Frequência de argumentos nas decisões

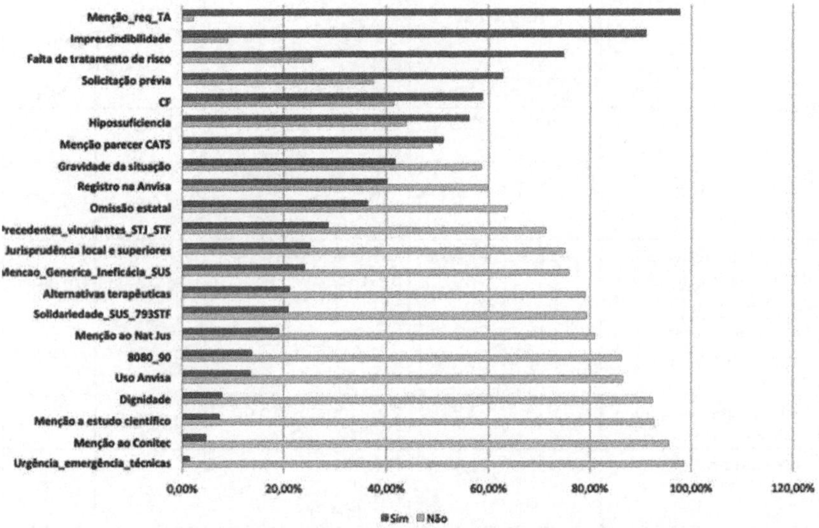

[Gráfico de barras horizontais mostrando a frequência (Sim/Não) dos seguintes argumentos, de cima para baixo:
Menção_req_TA; Imprescindibilidade; Falta de tratamento de risco; Solicitação prévia; CF; Hipossuficiência; Menção parecer CATS; Gravidade da situação; Registro na Anvisa; Omissão estatal; Precedentes_vinculantes_STJ_STF; Jurisprudência local e superiores; Mencao_Generica_Ineficácia_SUS; Alternativas terapêuticas; Solidariedade_SUS_793STF; Menção ao Nat Jus; 8080_90; Uso Anvisa; Dignidade; Menção a estudo científico; Menção ao Conitec; Urgência_emergência_técnicas. Eixo x de 0,00% a 120,00%. Legenda: ■ Sim ▨ Não]

Fonte: Elaboração própria.

A grande prevalência do argumento genérico relativo à "presença dos requisitos da tutela provisória no caso" é natural decorrência do fato de 97,72% das decisões que impuseram a aquisição de medicamentos pelo Estado no período consistirem em liminares (ver Tabela 8), o que torna tal argumento, de certa forma, "mandatório".

A concessão de uma tutela de urgência se justifica quando haja elementos que evidenciem a probabilidade do direito e o perigo de dano ou o risco ao resultado útil do processo (CPC, art. 300[317]). Diferente do que se poderia pensar, contudo, o perigo de dano ou risco ao resultado útil do processo, compreendido como presente em 97,72% das decisões analisadas, não envolve a avaliação, pelo julgador, da existência de

---

[317] BRASIL. *Lei nº 13.105, de 16 de março de 2015*. Código de Processo Civil. Disponível em: https://www.planalto.gov.br/ccivil_03/_ato2015-2018/2015/lei/l13105.htm Acesso em: 24 jan. 2023.

urgência e emergência em seus termos técnicos,[318] na acepção dada pelo CFM e suas variantes, cuja presença só foi avaliada em 1,42% das decisões (ver Tabela 6).

Registra-se caso em que a tutela de urgência foi concedida, inobstante ao fato de o próprio parecer técnico do Natjus ter afirmado, categoricamente, que a situação do demandante "não pode ser considerada nas definições clássicas de emergência e urgência proposta pelo CFM".[319]

Uma possível explicação para isso é que o caráter de urgência na obtenção de um tratamento esteja sendo avaliado em termos jurídicos, não atrelados à urgência da situação clínica do paciente, mediante aplicação de discurso genérico, variante deste: "[...] a urgência da medida também está demonstrada, em razão do quadro de saúde do substituído, que exige atenção, com o prosseguimento do tratamento proposto pelo médico assistente".[320]

Outros julgadores compreendem que a urgência na demanda, própria das tutelas de urgência, é "ínsita às lides de saúde", "vez que a necessidade pelo que se pede atende a um comando biológico premente que apenas o medicamento, fórmula, órtese ou prótese poderá suprir",[321] de modo que a urgência seria consequência lógica do fato de a necessidade estar atestada por um profissional de saúde.

A "imprescindibilidade/necessidade do tratamento"; a "falta/demora no tratamento gerando potencial risco à saúde" e a "gravidade da situação" foram apontadas como presentes em, respectivamente, 91,16%, 74,64% e 41,59% das decisões (Tabela 6). É certo que tais argumentos contêm, em si, a afirmação de presença de situação só aferível tecnicamente, por um profissional da saúde. Nada obstante,

---

[318] Segundo o CFM, define-se como emergência a constatação médica de condições de agravo à saúde que impliquem em risco iminente de vida (risco de morte) ou sofrimento intenso, exigindo, portanto, tratamento médico imediato. Alguns exemplos de emergências são a parada cardiorrespiratória, hemorragias volumosas e infartos que podem levar a danos irreversíveis e até ao óbito. Já a urgência é uma situação imprevista de agravo à saúde com ou sem risco potencial de vida, que requer assistência médica imediata a fim de evitar complicações e sofrimento. Vide Resolução CFM no 1451/95 (CFM. Conselho Federal de Medicina. *Resolução CFM nº 1451/1995*. Estabelece estruturas para prestar atendimento nas situações de urgência-emergência, nos Pronto Socorros Públicos e Privados. Disponível em: https://www.cremesp.org.br/?siteAcao=PesquisaLegislacao&dif=s&ficha=1&id=2989&tipo=RESOLU%C7%C3O&orgao=Conselho%20Federal%20de%20Medicina&numero=1451&situacao=VIGENTE&data=10-03-1995&vide=sim Acesso em: 23 jan. 2023).

[319] Vide Processo nº 5572807.65.2019.8.09.0006.

[320] Vide Mandado de Segurança nº 5038523-04.2022.8.09.0000.

[321] Vide Processo nº 5569616-37.2020.8.09.0051.

também esses aspectos, tal qual ocorre com a "urgência", vêm sendo atestado largamente pelos julgadores, como uma espécie de "pacote de presunções" decorrentes da própria propositura de uma demanda de saúde.

Isso pode ser melhor visualizado com um exemplo. Observou-se, ao longo da pesquisa, certa recorrência, no âmbito dos juizados especiais estaduais, de decisões emitidas em lote, abarcando, simultaneamente, cinco ou mais casos. Embora envolvendo fármacos e doenças completamente distintas e até réus diferentes (entes públicos e planos de saúde), a liminar é deferida com uma mesma e genérica argumentação, na linha a seguir:[322]

> [...] presentes os requisitos para a liminar requerida (*fumus boni iuris* e *periculum in mora*), nos termos do art. 3º e 27, c/c art. 300 do CPC/2015, pois demonstrada a grave enfermidade e a indicação médica eficaz; sendo que na hipótese de final improcedência, poderá haver sujeição a ressarcimento (art. 302 do CPC). Além do mais, parecer favorável do CATS/MP e registro na Anvisa (consulta à tabela de preços máximos de medicamentos por princípio ativo atualizada em 15.10.2018).

Pode-se inferir que basta a menção à presença de tais aspectos no relatório médico para que as decisões reputem satisfeitos os requisitos correspondentes (muito embora se tenha anotado caso de concessão de liminar mesmo em petição inicial desacompanhada de qualquer relatório médico[323]). Aponta para essa hipótese a constatação de que a menção a estudos científicos validando a prescrição só está presente em 7,40% das decisões, e a menção ao posicionamento do Natjus, em 19,08% (cf. Tabela 6).

A verificação de menção ao Tema 500 do STF (RE nº 657.718), relacionado à obrigatoriedade do Estado de fornecer medicamentos não registrados na Anvisa, acabou se mostrando de pouca relevância para esta pesquisa, vez que, dos fármacos adquiridos por determinação judicial no período de estudo, apenas 5,4% não possuíam registro (0,28%, cf. Tabela 8) ou estavam prescritos para uso *off label* (5,12%).

---

[322] Pratica registrada nos processos: 5433842.69.2019.8.09.0051; 5081783.05.2020.8.09.0000; 5244853.79.2019.8.09.0051; 5579481.55.2018.8.09.0051; 5248233.13.2019.8.09.0051; 5579265.94.2018.8.09.0051; 5162339-35.2020.8.09.0051; 5728413-48.2019.8.09.0051; 5660101.20.2019.8.09.0051; 5047933-35.2019.8.09.0051.

[323] Processo nº 5260098.80.2018.8.09.0079.

Ao julgar o Tema 106, na sistemática dos recursos repetitivos,[324] o STJ reconheceu que o Poder Judiciário deve se posicionar, a princípio, de forma deferente às políticas de saúde, priorizando as listas oficiais do SUS. Nesse prisma, firmou requisitos para a concessão de medicamentos não incorporados em atos normativos do Sistema, da seguinte forma:

> A concessão dos medicamentos não incorporados em atos normativos do SUS exige a presença cumulativa dos seguintes requisitos:
>
> i) Comprovação, por meio de laudo médico fundamentado e circunstanciado expedido por médico que assiste o paciente, da imprescindibilidade ou necessidade do medicamento, assim como da ineficácia, para o tratamento da moléstia, dos fármacos fornecidos pelo SUS;
>
> ii) incapacidade financeira de arcar com o custo do medicamento prescrito;
>
> iii) existência de registro do medicamento na Anvisa, observados os usos autorizados pela agência.

Com base nesse julgado, também o CNJ editou o Enunciado nº 14,[325] segundo o qual a não comprovação de ineficácia, inefetividade ou insegurança, para o paciente, dos medicamentos ou tratamentos fornecidos pela rede pública de saúde deve levar ao indeferimento do pedido.

A observância ao precedente em questão, de fato, teria alguma aptidão para incrementar a qualidade técnica das decisões, promovendo uma aproximação deferente para com as políticas públicas.

Nada obstante, a baixa menção à análise dos requisitos correlatos – embora, como se adiantou no início do capítulo, a demanda de medicamentos fora dos protocolos do SUS seja o que prevalece na judicialização contra o estado de Goiás –, permite identificar um baixo grau de aderência ao julgado nas decisões que levaram à aquisição de medicamentos pelo ente público.

Pondera-se que o objetivo desta pesquisa não envolveu propriamente a verificação da aderência ao Tema 106, de modo que, embora o julgamento date de abril de 2018, também foram inclusas, na amostra, decisões de 2017 (33 de 351) e de todo o ano de 2018 (73 de 351), correspondendo a quase 30% da composição da amostra.

---

[324] BRASIL. Superior Tribunal de Justiça. (1a Seção Cível). *Resp. nº 1.657.156*. Relator: Min. Benedito Gonçalves, julgamento em: 25.04.2018.
[325] BRASIL. Conselho Nacional de Justiça. *Enunciado nº 14 – III Jornada de Direito da Saúde*, 18 mar. 2019. Disponível em: https://www.cnj.jus.br/wpcontent/uploads/2019/03/e8661c101b2d80ec95593d03dc1f1d3e.pdf Acesso em: 24 jan. 2023.

Não se pode dizer, contudo, que o STJ tenha "inventado" a necessidade de análise das alternativas disponíveis no SUS, de modo que a averiguação de tal critério se tenha tornado de exigência razoável pelos julgadores só a partir de então.

Diferente da "incapacidade de arcar com o custo do medicamento" – requisito possivelmente contrário ao caráter universal do SUS –, a necessidade de consideração das alternativas terapêuticas disponíveis nas relações oficiais do Sistema decorre logicamente da postura, esperada do Poder Judiciário, de deferência judicial para com as políticas existentes; tal qual a necessidade de observância da existência de registro e do uso autorizado pela Anvisa – decorrentes da legislação sanitária.

A ineficácia dos fármacos fornecidos pelo sistema para o caso do demandante é abordada de forma genérica em 24,21% das decisões. Isso pode soar algo como: "[...] não havendo falar-se, neste momento, em tratamento alternativos (com outros medicamentos), tendo em vista que a médica que o acompanha possui todos os parâmetros necessários para prescrever-lhe a melhor medicação".[326]

Aqui, como na questão da "urgência", a só existência da prescrição médica é tomada como suficiente para que o julgador considere não haver outras possibilidades de tratamento viáveis, sem que isso precise estar de fato escrito.

Em 21,08% das vezes, a decisão efetivamente apontou a informação, com alguma correlação com os documentos existentes nos autos, de que as alternativas terapêuticas ou não existem ou, tentadas, resultaram em ineficácia. O que significa que, em 78,81% das decisões que levaram ao dispêndio de recursos de saúde pelo Estado, as alternativas já disponíveis no sistema de saúde não foram efetivamente consideradas.

Também se verificou uma certa tendência, nas decisões, de se atribuir ao ente público o ônus de comprovar que a alternativa terapêutica eventualmente disponibilizada pelo SUS é eficiente para o demandante:[327]

> [...] quando será permitida dilação probatória, na qual poderá ser demonstrada a eficiência no tratamento a partir dos medicamentos que são disponibilizados pelo SUS, observando que, neste momento

---

[326] Vide Processo nº 5211623-05.2019.8.09.0000.
[327] Vide Processo nº 5403763-95.2019.8.09.0152.

processual, não foram juntados pelo estado de Goiás documentos que desconstituam a prescrição médica juntada pelo autor na inicial.

Isso pode significar que se esteja partindo da premissa de que é o relatório médico (ou o parecer CATS), e não a política pública, quem detém presunção de legitimidade.

Valle[328] recorda que, ao mesmo tempo que o reconhecimento de liberdade plena de atuação ao administrador para formular escolhas públicas não suscetíveis de controle é perigoso e até arbitrário, também a transposição de juízos de conveniência e oportunidade para estruturas de controle não se mostra como uma alternativa compatível com o sistema democrático.

Segundo a autora, a deferência teria o condão de determinar três efeitos distintos sobre a função judicante, sendo eles: dever do controlador de conhecer os termos da opção administrativa sobre a qual incide o controle; inserir como parâmetro determinante de controle a observação da execução ou não da escolha administrativa tal qual enunciada e, em caso negativo, os motivos da inobservância; estabelecer a premissa de que a impugnação à opção administrativa seja sempre desenvolvida "a partir de uma relação dialética para com as razões oferecidas pela Administração para a eleição daquela trilha específica de ação".

Como visto, contudo, o baixo enfrentamento de questões como análise da viabilidade de, no caso concreto, recorrer-se às alternativas terapêuticas já disponibilizadas pelo Sistema (enfrentada em apenas 21,08% das decisões) corrobora com as hipóteses de que não apenas haja um completo descompasso entre a lógica da judicialização da saúde e as políticas públicas afetas à área, mas que, ainda pior, isso esteja ocorrendo sem dialeticidade. Em outras palavras, não há diálogo construtivo, apenas sistemática desconsideração das escolhas da Administração.

Embora 40,17% das decisões tenham averiguado a existência de registro na Anvisa, apenas 13,39% se debruçaram sobre o fato de o uso requerido coincidir ou não com aquele para o qual se obteve autorização.

A Tabela 7 mostra avanços muito discretos no incremento, ao longo dos anos, da adoção de argumentos que, considerou-se, qualificam tecnicamente as decisões:

---

[328] VALLE, 2020, p. 110.

Tabela 7 – Variação na adoção de argumentos técnicos ao longo dos anos

Variável (Argumentos técnicos)	% Sim					
	2017 n = 32	2018 n = 68	2019 n = 108	2020 n = 66	2021 n = 57	2022 n = 20
Conceitos CFM urgência/emergência	0%	2,94%	0%	3,03%	1,75%	0%
Estudos científicos validando a prescrição	3,12%	4,41%	4,62%	13,63%	12,28%	5,00%
Existência de registro na Anvisa	3,12%	17,64%	43,51%	60,60%	59,64%	35,00%
Uso autorizado pela Anvisa	0%	1,47%	12,96%	18,18%	31,57%	10,00%
Posicionamento do NatJus	9,37%	11,76%	19,44%	25,75%	29,82%	5,00%
Precedentes vinculantes (106/STJ e 500/STF)	9,37%	14,70%	30,55%	36,36%	38,59%	45,00%
Parecer CATS corrobora com o pedido	53,12%	55,88%	45,37%	57,57%	43,85%	60,00%
Hipossuficiência / incapacidade financeira de arcar com o custo do medicamento prescrito	40,62%	39,70%	52,77%	69,69%	68,42%	75,00%
Alternativas terapêuticas inexistentes ou ineficazes	18,75%	17,64%	19,44%	19,69%	28,07%	30,00%

Fonte: Elaboração própria.

Destaca-se o crescimento das menções ao Natjus, aos precedentes vinculantes e ao registro na Anvisa. O primeiro parece ser um mérito atribuível às ações empreendidas pelo próprio CNJ, notadamente ao Comitê Executivo de Saúde. Interessante observar que o crescimento das menções à observância do uso autorizado pela Anvisa, que envolve a utilização *on label* ou *off label* do medicamento, não acompanha o incremento das menções à própria existência do registro no órgão.

A comparação com o ano de 2022 fica prejudicada pelo fato de os dados fornecidos só englobarem o período até maio daquele ano (data de fornecimento da tabela pela Cemac).

O fato de as decisões só terem levado em consideração a repartição constitucional de competências em 20,79% das vezes (em geral, apenas para corroborar com a solidariedade da obrigação) também reforça a já apontada baixa deferência para com a política pública de saúde, bem como o potencial do fenômeno para a desorganização do Sistema, ao inviabilizar que qualquer esboço de planejamento possa ter êxito.

Como visto, no julgamento do Tema 793, no RE nº 855.178,[329] o STF fixou a possibilidade de se demandar prestações de saúde em face de qualquer dos entes federados, ou de todos eles, solidariamente. Ressalvou, contudo, que compete à autoridade judicial direcionar o cumprimento conforme as regras de repartição de competências e determinar o ressarcimento a quem suportou o ônus financeiro. Mais tarde, a Corte determinou que, até o julgamento definitivo do Tema 1234 de Repercussão Geral, as demandas judiciais relativas a medicamentos não incorporados devem ser processadas e julgadas pelo Juízo, estadual ou federal, ao qual foram direcionadas pelo cidadão, sendo vedada a declinação de competência ou determinação de inclusão da União no polo passivo.

Embora haja um claro intuito de facilitar a obtenção fática da prestação material pelo destinatário – diversificando os legitimados, a fim de que um deles atenda ao comando –, a imposição de um regime jurídico de solidariedade tem certamente consequências nos deveres de planejamento e dimensionamento financeiro, ocasionando, na expressão de Valle,[330] a subversão do prognóstico de gastos associado a essas mesmas condenações.

---

[329] BRASIL. Supremo Tribunal Federal. *RE 855178*. Relator: Min. Luiz Fux, 23/05/2019. Disponível em: https://redir.stf.jus.br/paginadorpub/paginador.jsp?docTP=TP&docID=752469853 Acesso em: 24 jan. 2023.

[330] VALLE, 2018, v. 1, p. 319-340.

Trata-se de distorção que transfere para um particular juízo relacionado à afetação de recursos públicos, que, como visto, é assinalado por um processo democrático, com intervenção dos poderes legislativo e executivo e, no âmbito do último, de diversos órgãos e instituições afetadas.[331] Está-se, com isso, diante da possibilidade de ruptura entre as dimensões executiva e financeira da ação estatal, transpondo escolha alocativas de recursos para arenas e sujeitos não indicados no modelo constitucional.[332]

De tudo isso, extrai-se que, independentemente de a judicialização ser considerada ferramenta de inclusão de menos privilegiados ou de favorecimento das elites, recursos de saúde têm sido movimentados sem critérios claros, em geral presumindo-se ser indevida qualquer negativa administrativa de fornecimento de medicamentos advinda do Estado e passando-se ao largo das políticas públicas existentes.

Muito tem se dito acerca da necessidade de se diagnosticar as irracionalidades dos agentes públicos nas tomadas de decisão em virtude de mecanismos cognitivos[333] e de se ancorar a estruturação de políticas em evidências científicas.[334] Com isso, não há razão para se fechar os olhos a decisões desprovidas de racionalidade e baseada em opiniões pessoais, que destinam recursos tanto quanto políticas públicas, apenas porque advindas do Poder Judiciário.

5.4.3 O sistema de ATS desenhado pelo legislador é desconsiderado nas decisões

O capítulo 3 abordou a importância da avaliação de tecnologia em saúde como mecanismo para decisão do que o SUS deve ou não custear à população em termos do acesso a serviços e produtos de saúde, sem o que o orçamento público permaneceria atrelado à capacidade da indústria farmacêutica de lançar novos medicamentos.

---

[331] *Ibid.*
[332] *Ibid.*
[333] QUIRINO, 2019. A autora adota o termo "mecanismo cognitivo" para se referir à decisão do agente que tenha por base alguma irracionalidade e organiza os fenômenos irracionais em dois grandes grupos: (i) erros sistemáticos de julgamento probabilístico (por exemplo, viés de confirmação ou excesso de confiança, distorções das heurísticas de disponibilidade, representatividade e ancoragem) e (ii) erros de tomada de decisão (efeitos de moldura como aversão à perda e efeito dotação e tendência à procrastinação ou desconto hiperbólico).
[334] CARTWRIGHT; HARDIE, 2012.

O fato de as liminares terem por objeto principalmente medicamentos não incorporados às listas do SUS (premissa apresentada no tópico 5.1), associado à não consideração, pelas decisões, sequer de qual seja a política do SUS para tratamento da moléstia que acomete o demandante em 78,8% (cf. Tabela 6) sugerem que o procedimento de incorporação de um medicamento ao rol do Sistema pode estar sendo vilipendiado. Outros achados desta pesquisam, reputa-se, confirmam essa hipótese de forma mais incisiva.

No momento em que prolatadas 71,5% das decisões que levaram o Estado a adquirir medicamentos entre 2019 e 2022, ou havia parecer da Conitec opinando desfavoravelmente à incorporação do fármaco às relações oficiais do SUS (42,44, cf. Gráfico 8, itens 2 e 8) ou ainda não havia manifestação do órgão acerca da utilização daquele medicamento para a situação do demandante (29,06). Tais dados são fortes indicadores de que esteja ocorrendo um descolamento do Poder Judiciário em relação à política pública em vigor.

Gráfico 8 – Posicionamento da Conitec na data da decisão

Comissão Nacional de Incorporação de Tecnologias no SUS

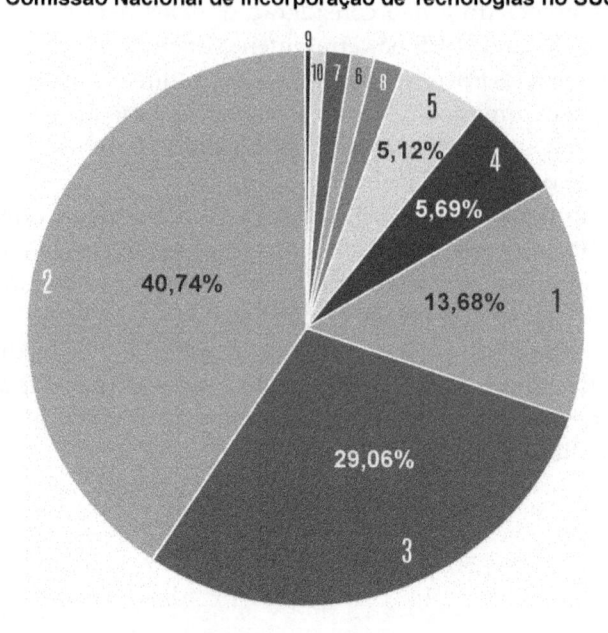

[Gráfico de pizza com os seguintes valores: 5,12%; 5,69%; 13,68%; 29,06%; 40,74%]

Amostra completa. N = 351 processos.
Fonte: Elaboração própria.
Nota. Classificações das categorias e proporções na amostra

Código	Categorização	Proporção na amostra
1	Havia deliberado pela incorporação	13.68%
2	Havia deliberado pela não incorporação	40.74%
3	Não havia se manifestado	29.06%
4	Não contém informação	5.69%
5	Paciente não se enquadrava na PCDT ao qual foi incorporado	5.12%
6	Inaplicável	1.42%
7	Ao menos um havia deliberado pela incorporação	1.42%
8	Ao menos um havia deliberado pela não incorporação	1.70%
9	Ao menos um paciente não se enquadra no PCDT	0,28%
10	Ao menos uma substância em relação opinou favoravelmente e ao menos uma desfavoravelmente	0,86%

Apesar da alta frequência em que havia recomendação contrária da Conitec, o posicionamento do órgão só foi mencionado nas decisões em 4,55% das vezes (ver Tabela 6).

O achado corrobora com a conclusão de Wang,[335] em pesquisa realizada em três dos cinco estados com maior volume de litígios para tratamentos de saúde no Brasil, de que mesmo a existência de um relatório da Conitec que recomenda contra a cobertura de financiamento público de um determinado tratamento provavelmente não afetará se os pacientes recebem um resultado favorável no tribunal.

Deve-se pontuar, contudo, que a situação é diversa nas ações em que figura como réu o município da Goiânia, conforme achado de pesquisa deste PPGDP:[336] só em 21,09% dos casos o medicamento possuía proposta de incorporação ao SUS rejeitada pela Conitec na data do protocolo da ação.

Ao opinar sobre se o governo deve ou não financiar determinado tratamento de saúde, a Conitec leva em consideração evidências científicas sobre sua eficácia, acurácia, efetividade e segurança, além de, em termos econômicos, comparar os benefícios e custos em relação às tecnologias já incorporadas (art. 19-Q, Lei nº 8.080/1990[337]).[338]

Eventuais perícias judiciais, pareceres do Natjus e mesmo da CATS, ainda que possam auxiliar tecnicamente o julgador, enfrentando questões como eficácia e efetividade do que se demanda, além de pertinência do tratamento proposto ao diagnóstico, não se aprofundam na comparação de custo-efetividade e benefícios e custos em relação às tecnologias já incorporada, aspecto essencial quando se delibera sobre o destino de recursos em saúde.

Mais uma vez, revela-se a inobservância à recomendação do CNJ, dessa vez pela análise dos pareceres técnicos da Conitec para

---

[335] WANG et al., 2020.

[336] ARAÚJO, 2022.

[337] BRASIL. *Lei nº 8.080, de 19 de setembro de 1990*. Dispõe sobre as condições para a promoção, proteção e recuperação da saúde, a organização e o funcionamento dos serviços correspondentes e dá outras providências. Disponível em: http://www.planalto.gov.br/ccivil_03/leis/l8080.htm#:~:text=LEI%20N%C2%BA%208.080%2C%20DE%2019%20DE%20SETEMBRO%20DE%201990.&text=Disp%C3%B5e%20sobre%20as%20condi%C3%A7%C3%B5es%20para,correspondentes%20e%20d%C3%A1%20outras%20provid%C3%AAncias. Acesso em: 22 jan. 2023.

[338] Para descrição completa do procedimento de incorporação de uma tecnologia em saúde no Brasil, ver capítulo 3.

auxiliar a prolação de decisão (Enunciados nºs 33[339] e 57[340]). O Conselho ainda sugere que, havendo recomendação pela não incorporação de tecnologia, a determinação judicial de fornecimento deve apontar o fundamento e a evidência científica que afaste a conclusão do órgão técnico, em razão da condição do paciente (Enunciado nº 103[341]). Os dados evidenciam a inobservância de tais preceitos.

5.4.4 Sobre os processos em que prolatadas as decisões: outras inferências

O mandado de segurança foi a ação mais utilizada para demandar com êxito medicamentos (53,28%, Tabela 8). A impossibilidade de dilação probatória característica do instrumento revela, por si, que ao Estado não foi dado produzir prova técnica, a fim de combater os documentos apresentados com a inicial.

Aqui, dois pontos são dignos de nota: o primeiro é que o próprio CNJ recomenda que a impetração do mandado de segurança só seja admitida em matéria de saúde pública quando o medicamento, produto, órtese, prótese ou procedimento constar em lista RENAME, RENASES ou protocolo do SUS (Enunciado nº 96 a Jornada de Direito da Saúde do CNJ).

A utilização majoritária do mandado de segurança em demandas de saúde contra o Estado não é característica específica das ações envolvendo pedidos de *medicamentos*: a pesquisa de Santos, também deste PPGDP,[342] de objeto mais amplo, igualmente identifica a utilização do mandado de segurança em cerca de metade das demandas de saúde em geral, independente do pedido específico. O mesmo estudo encontra que 64% dos medicamentos demandados não estavam nas listas do SUS (ver tópico 5.1), o que permite inferir uma larga desconsideração da recomendação.

---

[339] BRASIL. Conselho Nacional de Justiça. *Enunciado nº 33 – III Jornada de Direito da Saúde*, 18 mar. 2019. Disponível em: https://www.cnj.jus.br/wpcontent/uploads/2019/03/e8661c101b2d80ec95593d03dc1f1d3e.pdf Acesso em: 24 jan. 2023.

[340] BRASIL. Conselho Nacional de Justiça. *Enunciado nº 57 – III Jornada de Direito da Saúde*, 18 mar. 2019. Disponível em: https://www.cnj.jus.br/wpcontent/uploads/2019/03/e8661c101b2d80ec95593d03dc1f1d3e.pdf Acesso em: 24 jan. 2023.

[341] BRASIL. Conselho Nacional de Justiça. *Enunciado nº 103 – III Jornada de Direito da Saúde*, 18 mar. 2019. Disponível em: https://www.cnj.jus.br/wpcontent/uploads/2019/03/e8661c101b2d80ec95593d03dc1f1d3e.pdf Acesso em: 24 jan. 2023.

[342] SANTOS, 2021, p. 237.

O segundo ponto é que, levando em conta que o Natjus só foi ouvido em 19,66% das ações (Tabela 5), pode-se igualmente inferir que, quando o demandante se vale da via do mandado de segurança para postular em juízo, a possibilidade de discussão técnica da prova acostada à inicial fica inviabilizada. Ou seja, as provas documentais instrutivas do mandado de segurança, em demandas de saúde exitosas, são tidas por absolutas e indiscutíveis em tais casos, praticamente como um título executivo extrajudicial.

As decisões objeto de análise foram proferidas em ações iniciadas pelo MP estadual ou Defensoria Pública estadual em 68,37% das vezes (cf. Tabela 8). Vale frisar que ambos os atores costumam se valer de parecer da CATS instruindo as iniciais.

Outro dado digno de nota é que 97,72% das decisões que impuseram a aquisição de fármacos pelo Estado no período de estudo foram liminares. A falta de critério na concessão de liminar acaba tendo efeitos definitivos, porquanto, embora precária a decisão, os gastos dela decorrentes acabam sendo irrecuperáveis. Não é demais relembrar que o fato de a quase totalidade das decisões serem liminares está atrelada à limitação da amostra, que apenas considerou deliberações pela aquisição de medicamentos (logo, favoráveis ao demandante).

Tabela 8 – Descrição das ações que levaram a aquisição de fármacos

Variável	Categorias	Frequência
Natureza da ação	Mandado de segurança Ação ordinária Outro	53,28% 43,59% 3,13%
Representação	MP Estadual Defensoria Pública Estadual Advocacia privada Defensoria Pública da União Outros MP Federal	46,15% 22,22% 21,37% 8,83% 1,14% 0,28%
Registro Anvisa	Possui registro Uso *off label* Outro Não possui registro	91,17% 5,12% 3,41% 0,28%
Tipo de decisão	Liminar de 2º grau Liminar de 1º grau Acórdão Sentença Liminar STJ	53,28% 44,16% 1,14% 1,14% 0,28%
Âmbito da decisão	Justiça Estadual Juizado Especial Estadual Justiça Federal Juizado Especial Federal Outro STJ	79,2% 10,83% 6,55% 2,84% 0,28% 0,28%

Fonte: Elaboração própria.

A sugestão de Barroso,[343] antes de se tornar ministro do STF, como medida de racionalidade das decisões do Poder Judiciário no fenômeno da judicialização da saúde excessiva, foi a de adotar a lista de medicamentos como principal referência para o dever do Estado na assistência farmacêutica à população. Em decorrência disso, sugeriu

---

[343] BARROSO, 2009.

que a inclusão de novos medicamentos nas listas oficiais do SUS só poderia ser discutida no âmbito de ações coletivas e/ou ações abstratas de controle de constitucionalidade.

Isso não é observado em Goiás: todas as decisões da amostra revelaram ter sido proferidas ações individuais. Mesmo quando consubstanciadas em ações civis públicas, diziam respeito a uma ou duas pessoas individualizadas. Nada obstante, como visto, a maioria delas ordenou o fornecimento de medicamentos fora das relações e protocolos do SUS, todas elas individuais.

Estatisticamente, a demanda padrão que redundou na aquisição de medicamentos pelo estado de Goiás entre 2019 e 2022 consiste em:

- Um mandado de segurança (53,28%, cf. Tabela 8);
- Ajuizado pelo MP ou Defensoria estaduais (68,37%, cf. Tabela 8);
- Pleiteando medicamento com registro na Anvisa (91,17%); mas fora das relações oficiais do SUS, seja por não ter sido avaliado ou por ter um parecer contrário da Conitec (71,5%, cf. Gráfico 8);
- Impetrado na justiça estadual (79,2%, cf. Tabela 8);
- A decisão exitosa será uma liminar (97,72%, cf. Tabela 8); que deferirá o pleito sem ouvir previamente o gestor/ente público (88,6%, cf. Tabela 5); sem realizar perícia (94,87%, cf. Tabela 5) e sem consultar o Natjus (80,34%, cf. Tabela 5). Em virtude do rito, o ente público também não poderá requerer a produção de provas.

O julgamento típico (em mais da metade dos casos) terá, em resumo, seguinte estrutura argumentativa (vide Gráfico 8):

- Há probabilidade no direito e perigo de dano em caso de demora (presentes os requisitos da tutela provisória de urgência, 97,72%), presumíveis do fato de se estar diante de uma demanda de saúde;
- O medicamento é imprescindível, conforme relatório médico apresentado na inicial (91,16%);
- Também conforme relatório, a falta do tratamento gera risco à saúde do demandante (74,64%).

Assim, considerando que,

- O pedido foi previamente solicitado e negado na via administrativa (62,67%);
- A CF/88 assegura o direito saúde como dever do Estado (58,68%);
- A parte é hipossuficiente ou incapaz de arcar com os custos do medicamento prescrito (56,12%) e;
- O Parecer CATS atesta a pertinência da prescrição (50,99%)

Determino ao Estado que forneça o medicamento, nos moldes prescritos na inicial, em X dias, sob pena de ___ (prisão; multa etc.).

Em suma, os dados indicam prevalecer, no estado de Goiás, o que Ferraz[344] chama de jurisprudência do "direito a tudo", que "habita um mundo no qual escolhas difíceis não precisam ser feitas e processos complexos podem ser descartados pela conjunção mágica entre um artigo da Constituição e o carimbo de um médico no seu receituário".

6 Considerações finais

A realidade do sistema de saúde brasileiro é inerentemente complexa, e é verdade que o Poder Judiciário se porta diante dela sem indiferença. No estado de Goiás, a análise da forma como vêm sendo conduzidas as demandas que buscam o fornecimento de medicamentos perante o ente público revelou inegável insatisfação com as já bem conhecidas iniquidades existentes no acesso à saúde, bem como um grande desejo de modificá-las. Os dados coletados nesta pesquisa, contudo, parecem indicar que os meios adotados pelos julgadores para essa finalidade não são, a princípio, capazes de proporcionar os resultados esperados.

O que se vislumbrou, por meio dos dados colhidos, foi a evidência de que essas ordens de compra advenham de decisões judiciais proferidas com pouco ou nenhum critério. Primeiro, porque são decisões precárias (liminares em 97,72% dos casos); tomadas com base na informação trazida exclusivamente pelo demandante (sem oitiva do Natjus em 80,34% das vezes, sem diálogo prévio em 88,6%, e sem perícia

---

[344] FERRAZ, 2019.

judicial em 94,87%), e sem possibilidade de o réu produzir prova em contrário (mandados de segurança em 53,28% dos casos). Os pareceres emitidos pelo CATS, sem sujeição a contraditório, têm sido entendidos como prova técnica suficiente para a decisão dos casos em 50,99%.

Segundo, porque os argumentos preponderantes nessas decisões estão atrelados a conclusões, ao que parece, pressupostas do só fato de se estar diante de uma demanda fundamentada no direito social à saúde. A filtragem e catalogação por classes indicou que prevalecem argumentos desatrelados da desejável análise das especificidades do caso sob apreciação, que, por essa razão, prestar-se-iam a justificar qualquer outra decisão. Tal circunstância, na linguagem do CPC de 2015, equivale a não fundamentar (art. 489, §1º, III). Argumentos que, considerou-se, qualificam tecnicamente a decisão ou denotam algum tipo de interlocução com a política pública são francamente minoritários nas decisões judiciais que originaram compras de fármacos no estado de Goiás desde 2019.

Terceiro, o sistema de ATS desenhado pelo legislador é sistematicamente ignorado: embora, em 71,5% dos casos, houvesse parecer da Conitec opinando desfavoravelmente à incorporação do medicamento demandado às relações oficiais do SUS ou não houvesse manifestação quanto à utilização da substância na situação do demandante, a existência do órgão só foi lembrada em 4,55% das deliberações.

As decisões que foram causa de movimentação de recursos da saúde neste Estado, de 2019 a 2022, em geral, não buscaram se inteirar dos motivos pelos quais o medicamento não estava incluso nas relações oficiais do SUS (quando era esse o caso), ou mesmo se interessaram em saber da política pública vigente para o tratamento da moléstia de que o demandante se declarava portador. Embora a existência de prévio requerimento administrativo seja verificada em 62,67% dos julgados, não há registro de diálogo ou superação das razões do indeferimento.

Ao que parece, as evidências acerca do modo como foram tomadas referidas decisões apontam para a existência de uma espécie de *default rule*, segundo a qual o ente público não está intitulado a negar o fornecimento de nenhum fármaco cuja necessidade esteja atestada em um relatório médico, independentemente dos motivos que tenha para tanto.

Essa concepção, contudo, é problemática para a viabilidade do Sistema de Saúde. Apontaram-se, no capítulo 4, evidências fortes de que o aumento dos gastos com a judicialização no estado de Goiás – longe da insignificância – não é acompanhado do incremento na cobertura populacional, sugerindo que se esteja diante de uma judicialização cara e pouco eficiente.

Se é preciso emprestar racionalidade e fincar em evidências científicas as decisões tomadas por quem faz as políticas públicas, tais atributos não podem ser dispensados dos tomadores de decisão que, por ordens judiciais de aquisição de fármacos, igualmente movimentam recursos, principalmente quando está evidente que tais compras, cada vez mais, comprometem o orçamento público.

Pode-se pensar em algumas maneiras de se fazer isso.

Um dos pontos evidenciados na pesquisa foi o quão pouco as diretrizes estabelecidas pelo CNJ são levadas em consideração: além da já apontada subutilização do Natjus em decisões favoráveis ao demandante, isso é revelado pela prevalência do mandado de segurança como via de obtenção de medicamentos não inclusos nas listas oficiais do SUS e pela sistemática desconsideração, nas decisões exitosas, das recomendações de que o gestor seja ouvido, de que as alternativas terapêuticas sejam investigadas, de que se leve em conta a competência do ente federado etc.

O custo de uma deliberação é alto, principalmente quando, do outro lado do papel, há pessoas reais passando por dificuldades, como ocorre em demandas de saúde de maneira geral. Seres humanos têm uma já bem documentada propensão psicológica a dar mais importância a resgatar indivíduos com nome e sobrenome de perigo iminente do que prevenir a perda de vidas estatísticas, ainda que em número muito maior.

Como uma forma de aliviar "fardo da escolha",[345] e, ao mesmo tempo, diminuir a tomada de decisões inconsistentes (ruído),[346] Kahneman[347] propõe que os tomadores de decisão sejam munidos de ferramentas fáceis de usar, como listas de verificação e perguntas cuidadosamente formuladas, para orientá-los, na medida em que coletam informações sobre um caso, a fazer julgamentos intermediários e formular uma decisão final mais assertiva.

Trazendo tais ideias ao campo da judicialização da saúde, pode-se pensar no estabelecimento e divulgação de uma espécie de "roteiro decisório", pelo CNJ, a fim de guiar os magistrados, no qual sejam

---

[345] SUNSTEIN; ULLMANN-MARGALIT, 1999.
[346] KAHNEMAN et al., 2016.
[347] Ibid.

abordados pontos de crucial importância, a exemplo da preferência por ações coletivas e ritos ordinários para julgamento de ações que importem flexibilização da política pública; a indicação de providências de oitiva prévia e avaliações técnicas sempre que não haja motivos plausíveis que o impeçam; *check-list* dos requisitos a serem levados em conta no momento de decidir (a exemplo daqueles fixados nos temas 106/STJ, 500/STF e o que será ainda deliberado no RE nº 566.471), regras para a verificação do direcionamento das competências etc.

Outro ponto: apesar de o incremento na adoção do Natjus não ter o condão de equacionar a judicialização, já que juízes e tribunais, mesmo tecnicamente assistidos, continuam inaptos a tomar decisões *políticas*, ao dar subsídios técnicos para que os magistrados decidam, o órgão pode, sim, auxiliar na minoração do automatismo na concessão de liminares, que é fator de retroalimentação da judicialização.

Uma forma de se amplificar o uso dessa ferramenta é pensar em fluxograma no qual a petição inicial de uma demanda de saúde, após o protocolo, seja automaticamente remetida ao Natjus, que emitirá manifestação técnica acerca do pedido, a menos que o juízo o dispense expressamente (a fim de que a prática não interfira em sua autonomia). Trata-se de ideia que chegou a ser ventilada em reuniões do Comitê Executivo de Goiás, como de possível implementação pela Corregedoria do Tribunal de Justiça de Goiás.

Ao lado disso, há que se refletir sobre o aprimoramento do conteúdo mínimo das manifestações do Núcleo, para que avancem da mera análise da pertinência técnica entre a prescrição do medicamento postulado e o diagnóstico do demandante, e debrucem-se, de forma mais contundente, sobre questões como possibilidade de substituição do tratamento pelas alternativas terapêuticas (o que já ocorre em alguns casos) e custos da substância contrapostos aos benefícios dela esperados.

A pesquisa também indica a necessidade de se observar com cuidado o papel que o Judiciário goiano tem atribuído ao CATS do MPGO, já que o parecer da Comissão foi mencionado como fundamento por 50,99% das decisões que ordenaram o custeio de medicamentos pelo estado de Goiás, sem associação, na maioria dos casos, com outros ferramentais de aferição técnica das particularidades de cada demanda.

Essa circunstância torna necessário averiguar com maior profundidade a qualidade técnica de tais posicionamentos, bem como o diálogo que promovem ou deixam de promover com a política pública existente. Em todo caso, é salutar que haja movimentações do Comitê Executivo no sentido de educar os magistrados para que evitem utilizar o parecer CATS em substituição ao Natjus, ou mesmo atribuir-lhe um papel de determinante absoluto da legitimidade técnica de uma prescrição.

Enquanto se aventam rumos para a minoração dos impactos negativos gerados pela judicialização da saúde, também parece indispensável que se comece a pensar em formas de regular conflitos de interesses enquanto fatores determinantes do conteúdo de obrigações impostas ao Poder Público na seara da saúde, via judicialização.

A Administração pode se valer dos vínculos que possui com profissionais de saúde para exigir uma atuação ética, coesa, justificada e embasada em evidências científicas, com respeito e deferência ao SUS.

É razoável a exigência, por exemplo, de justificativa técnica adequada demonstrando inadequação, ineficiência e insuficiência da prescrição do medicamento padronizado, quando médicos e odontólogos servidores públicos estaduais, no exercício de suas atribuições, prescreverem medicamentos fora das políticas públicas, das listas padronizadas e dos protocolos do SUS, a exemplo do que faz o Decreto nº 241/2015,[348] de Santa Catarina.

A complexidade galgada pelo fenômeno da judicialização é avessa à adoção de soluções simplistas. A conscientização do problema pelos próprios magistrados é um primeiro passo. A continuidade no caminho, contudo, depende da boa vontade dos envolvidos em reconhecer que o destino a que conduz a estrada atualmente trilhada não é o desejável, tornando palatável a reformulação das rotas.

---

[348] SANTA CATARINA. *Decreto nº 241, de 30 de junho de 2015*. Disciplina procedimentos a serem adotados pelos médicos e odontólogos servidores públicos estaduais na prescrição de medicamentos e na solicitação de exames e procedimentos de saúde e estabelece outras providências. Disponível em: https://leisestaduais.com.br/sc/decreto-n-241-2015-santa-catarina-disciplina-procedimentos-a-serem-adotados-pelos-medicos-e-odontologos-servidores-publicos-estaduais-na-prescricao-de-medicamentos-e-na-solicitacao-de-exames-e-procedimentos-de-saude-e-estabelece-outras-providencias Acesso em: 25 jan. 2023.

REFERÊNCIAS

ANGELL, Márcia. *A verdade sobre os laboratórios farmacêuticos:* como somos enganados e o que podemos fazer a respeito. Tradução de Waldéa Barcellos. Rio de Janeiro: Record, 2008.

ARAÚJO, Cynthia Pereira de. Qual direito à saúde? *In:* SANTOS, Alethele de Oliveira; LOPES, Luciana Tolêdo (Org.). *Coletânea direito à saúde:* dilemas do fenômeno da judicialização da saúde. Brasília: Conass, 2018.

ARAÚJO, Eliane Pires. *Perfil de litigiosidade da saúde pública em face do município de Goiânia (2016-2020):* judicialização e solução consensual. 2022. Dissertação (Mestrado) – Programa de Pós-graduação em Direito e Políticas Públicas da Universidade Federal de Goiás, 2022.

ATALLAH, Álvaro Nagib; CASTRO, Aldemar Araújo. Medicina baseada em evidências: o elo entre a boa ciência e a boa prática. *Revista da Imagem*, v. 20, n. 1, p. 5-9, 1998.

BARBETTA, Pedro Alberto. *Estatística aplicada às ciências sociais*. 8. ed. Florianópolis: Ed. UFSC, 2012.

BARCELOS, Ana Paula de. Constitucionalização das políticas públicas em matéria de direitos fundamentais: o controle político-social e o controle jurídico no espaço democrático. *In:* SARLET, Ingo Wolfgang; TIMM, Luciano Benetti (Orgs.). *Direitos fundamentais orçamento e "reserva do possível"*. Porto Alegre: Livraria do Advogado, 2008.

BARROSO, Luís Roberto. Da falta de efetividade à judicialização excessiva: direito à saúde, fornecimento gratuito de medicamentos e parâmetros para a atuação judicial. *Revista Jurisprudência Mineira*, ano 60, n. 188, p. 29-60, jan./mar. 2009.

BIEHL, J; SOCAL, MP; AMON, JJ. The Judicialization of Health and the Quest for State Accountability: Evidence from 1,262 Lawsuits for Access to Medicines in Southern Brazil. *Health and human rights*, v. 18, n. 1, p. 209-220, 2016.

BOULWARE, David R. *et al.* A Randomized Trial of Hydroxychloroquine as Postexposure Prophylaxis for Covid-19. *The New England Journal of Medicine*, 6 aug. 2020. Disponível em: https://www.nejm.org/doi/full/10.1056/NEJMoa2016638. Acesso em: 24 mar. 2022.

BRACHO, T. Políticas basadas en evidencia. La política pública como acción informada e objeto de investigación. *In:* MERINO, M.; CEJUDO, G.M. (Eds.). *Problemas, decisions y soluciones*. México D.F.: FCE/CIDE, 2010.

BRASIL. ANVISA. Câmara de Regulação – CMED. Secretaria Executiva. *Preços máximos de medicamentos por princípio ativo, para compras públicas Preço Fábrica (PF) e Preço Máximo de Venda ao Governo (PMVG)*, 10 dez. 2019. Disponível em: https://www.gov.br/anvisa/pt-br/assuntos/medicamentos/cmed/compras-publicas/lista-de-precos-maximos-para-compras-publicas/arquivos/lista_conformidade_gov_2019-12-10_v3.pdf. Acesso em: 11 mar. 2022.

BRASIL. ANVISA. *Definido o preço-teto para medicamento Soliris*, 2017. Disponível em: https://www.gov.br/anvisa/pt-br/assuntos/noticias-anvisa/2017/definido-o-preco-teto-para-medicamento-soliris. Acesso em: 24 mar. 2022.

BRASIL. ANVISA. *Parecer de registro do Eculizumabe*. Disponível em: https://consultas.anvisa.gov.br/#/pareceres/q/?nomeProduto=SOLIRIS Acesso em: 23 mar. 2022.

BRASIL. CNDSS. Comissão Nacional sobre Determinantes Sociais da Saúde. As causas sociais das iniquidades em saúde no Brasil. *Relatório Final da Comissão Nacional sobre Determinantes Sociais da Saúde (CNDSS)*, 2008. Disponível em: https://bvsms.saude.gov.br/bvs/publicacoes/causas_sociais_iniquidades.pdf. Acesso em: 28 abr. 2022.

BRASIL. Comissão Nacional de Incorporação de Tecnologia (Conitec). *Relatório de recomendação da Conitec – 114*. Disponível em: http://conitec.gov.br/images/Relatorios/2014/Insulinas-tipoI-FINAL.pdf. Acesso em: 11 abr. 2022.

BRASIL. Comissão Nacional de Incorporação de Tecnologia (Conitec). *Insulinas análogas rápidas no tratamento do DM1*. Relatório para a sociedade. Decisão final em março de 2017. Disponível em: http://conitec.gov.br/images/Relatorios/2017/Sociedade/ReSoc29_INSULINASRAPIDAS_diabetes_tipo1_DECISAO_FINAL.pdf. Acesso em: 11 abr. 2022.

BRASIL. Comissão Nacional de Incorporação de Tecnologia (Conitec). *Insulinas análogas de ação prolongada para o tratamento de DM1*. Relatório de recomendação n. 440, mar. 2019. Disponível em: http://conitec.gov.br/images/Relatorios/2019/Relatorio_Insulinas_Analogas_DM1.pdf. Acesso em: 11 abr. 2022.

BRASIL. Comissão Nacional de Incorporação de Tecnologia (Conitec). *Alteração das Insulinas análogas de ação prolongada para o tratamento de diabetes mellitus tipo I*. Relatório de recomendação n. 783, nov. 2022. Disponível em: https://www.gov.br/conitec/pt-br/midias/relatorios/portaria/2022/20221206_relatorio_insulinas_analogas_acao_prolongada.pdf. Acesso em: 17 jul. 2023.

BRASIL. Comissão Nacional de Incorporação de Tecnologia (Conitec). *Antiangiogênicos (bevacizumbe e ranibizumabe) no tratamento do edema macular diabético*. Disponível em: http://conitec.gov.br/images/Consultas/Relatorios/2015/Relatorio_Antiangiogenicos.pdf. Acesso em: 22 mar. 2022.

BRASIL. Comissão Nacional de Incorporação de Tecnologia (Conitec). *Pirfenidona para tratamento de pacientes com fibrose pulmonar idiopática*. Relatório para a sociedade nº 125, out 2018. Disponível em: https://www.gov.br/conitec/ptbr/midias/consultas/relatorios/2018/sociedade/resoc125_pirfenidona_fibrose_pulmonar_idiopatica.pdf. Acesso em: 22 jan. 2023.

BRASIL. Comissão Nacional de Incorporação de Tecnologia (Conitec). *Decisões sobre Incorporações*. Disponível em: http://conitec.gov.br/decisoes-sobre-incorporacoes16https://consultas.anvisa.gov.br/#/ Acesso em: 23 jan. 2023.

BRASIL. CONASS. Conselho Nacional de Secretários de Saúde. *Assistência Farmacêutica: medicamentos de dispensação em caráter excepcional*. Brasília: Conass, 2004. Disponível em: https://bvsms.saude.gov.br/bvs/publicacoes/colec_progestores_livro7.pdf. Acesso em: 08 abr. 2022.

BRASIL. *Conitec em números*. Disponível em: https://datastudio.google.com/embed/u/0/reporting/ed1f017c58e04177aeb261f59d50b183/page/PzCbB. Acesso em: 12 jan. 2023.

BRASIL. *Conitec*. Disponível em: http://conitec.gov.br/index.php/relatorio-para-a-sociedade. Acesso em: 17 maio 2021.

BRASIL. Conselho Nacional de Justiça. *Enunciado nº 103 - III Jornada de Direito da Saúde*, 18 mar. 2019. Disponível em: https://www.cnj.jus.br/wpcontent/uploads/2019/03/e8661c101b2d80ec95593d03dc1f1d3e.pdf Acesso em: 24 jan. 2023.

BRASIL. Conselho Nacional de Justiça. *Enunciado nº 13 - III Jornada de Direito da Saúde*, 18 mar. 2019. Disponível em: https://www.cnj.jus.br/wpcontent/uploads/2019/03/e8661c101b2d80ec95593d03dc1f1d3e.pdf Acesso em: 24 jan. 2023.

BRASIL. Conselho Nacional de Justiça. *Enunciado nº 14 - III Jornada de Direito da Saúde*, 18 mar. 2019. Disponível em: https://www.cnj.jus.br/wpcontent/uploads/2019/03/e8661c101b2d80ec95593d03dc1f1d3e.pdf Acesso em: 24 jan. 2023.

BRASIL. Conselho Nacional de Justiça. *Enunciado nº 33 - III Jornada de Direito da Saúde*, 18 mar. 2019. Disponível em: https://www.cnj.jus.br/wpcontent/uploads/2019/03/e8661c101b2d80ec95593d03dc1f1d3e.pdf Acesso em: 24 jan. 2023.

BRASIL. Conselho Nacional de Justiça. *Enunciado nº 57 - III Jornada de Direito da Saúde*, 18 mar. 2019. Disponível em: https://www.cnj.jus.br/wpcontent/uploads/2019/03/e8661c101b2d80ec95593d03dc1f1d3e.pdf Acesso em: 24 jan. 2023.

BRASIL. Conselho Nacional de Justiça. *Justiça em Números 2020:* ano-base 2019. Brasília: Conselho Nacional de Justiça, 2020. Disponível em: https://www.cnj.jus.br/wp-content/uploads/2020/08/WEB-V3-Justi%C3%A7a-em-N%C3%BAmeros-2020-atualizado-em-25-08-2020.pdf. Acesso em: 3 jul. 2021.

BRASIL. Conselho Nacional de Justiça. Programa das Nações Unidas para o Desenvolvimento. *Judicialização e saúde:* ações para acesso à saúde pública de qualidade. Brasília: CNJ, 2021.

BRASIL. Conselho Nacional de Justiça. *Relatório analítico propositivo:* Judicialização da saúde no Brasil: perfil das demandas, causas e propostas de solução. Brasília: Instituto de Ensino e Pesquisa – INSPER, 2019.

BRASIL. Conselho Nacional de Justiça. *Resolução nº 238 de 06/09/2016*. Dispõe sobre a criação e manutenção, pelos Tribunais de Justiça e Regionais Federais de Comitês Estaduais da Saúde, bem como a especialização de vara em comarcas com mais de uma vara de fazenda Pública. Disponível em: https://atos.cnj.jus.br/atos/detalhar/2339 Acesso em: 24 jan. 2023.

BRASIL. Constituição (1988). *Constituição da República Federativa do Brasil de 1988*. Brasília, DF: Presidência da República, [2022]. Disponível em: http://www.planalto.gov.br/ccivil_03/Constituicao/Constituiçao.htm Acesso em: 12 ago. 2022.

BRASIL. *Decreto nº 591, de 6 de julho de 1992*. Atos Internacionais. Pacto Internacional sobre Direitos Econômicos, Sociais e Culturais. Promulgação. Disponível em: http://www.planalto.gov.br/ccivil_03/decreto/1990-1994/d0591.htm. Acesso em: 28 abr. 2022.

BRASIL. *Decreto nº 7.508, de 28 de junho de 2011*. Regulamenta a Lei nº 8.080, de 19 de setembro de 1990, para dispor sobre a organização do Sistema Único de Saúde - SUS, o planejamento da saúde, a assistência à saúde e a articulação interfederativa, e dá outras providências. Disponível em: http://www.planalto.gov.br/ccivil_03/_ato2011-2014/2011/decreto/d7508.htm Acesso em: 22 jan. 2023.

BRASIL. *Decreto nº 7.646, de 21 de dezembro de 2011*. Dispõe sobre a Comissão Nacional de Incorporação de Tecnologias no Sistema Único de Saúde e sobre o processo administrativo para incorporação, exclusão e alteração de tecnologias em saúde pelo Sistema Único de Saúde - SUS, e dá outras providências. Disponível em: https://www.planalto.gov.br/ccivil_03/_ato2011-2014/2011/decreto/d7646.htm Acesso em: 23 jan. 2023.

BRASIL. *Emenda Constitucional nº 108, de 26 de agosto de 2020*. Altera a Constituição Federal para estabelecer critérios de distribuição da cota municipal do Imposto sobre Operações Relativas à Circulação de Mercadorias e sobre Prestações de Serviços de

Transporte Interestadual e Intermunicipal e de Comunicação (ICMS), para disciplinar a disponibilização de dados contábeis pelos entes federados, para tratar do planejamento na ordem social e para dispor sobre o Fundo de Manutenção e Desenvolvimento da Educação Básica e de Valorização dos Profissionais da Educação (Fundeb); altera o Ato das Disposições Constitucionais Transitórias; e dá outras providências. Disponível em: https://www.planalto.gov.br/ccivil_03/constituicao/emendas/emc/emc108.htm Acesso em: 22 jan. 2023.

BRASIL. Lei nº 12.401, de 28 de abril de 2011. Altera a Lei nº 8.080, de 19 de setembro de 1990, para dispor sobre a assistência terapêutica e a incorporação de tecnologia em saúde no âmbito do Sistema Único de Saúde - SUS. Disponível em: https://www.planalto.gov.br/ccivil_03/_ato20112014/2011/lei/l12401.htm#:~:text=LEI%20N%C2%BA%20 12.401%2C%20DE%2028%20DE%20ABRIL%20DE%202011.&text=Altera%20a%20Lei%20 n%C2%BA%208.080,Sistema%20%C3%9Anico%20de%20Sa%C3%BAde%20%2D%20 SUS Acesso em: 23 jan. 2023.

BRASIL. Lei nº 13.105, de 16 de março de 2015. Código de Processo Civil. Disponível em: https://www.planalto.gov.br/ccivil_03/_ato2015-2018/2015/lei/l13105.htm Acesso em: 24 jan. 2023.

BRASIL. Lei nº 13.269, de 13 de abril de 2016. Autoriza o uso da fosfoetanolamina sintética por pacientes diagnosticados com neoplasia maligna. Disponível em: https://www.planalto.gov.br/ccivil_03/_ato2015-2018/2016/lei/l13269.htm Acesso em: 23 jan. 2023.

BRASIL. Lei nº 14.313, de 21 de março de 2022. Altera a Lei nº 8.080, de 19 de setembro de 1990 (Lei Orgânica da Saúde), para dispor sobre os processos de incorporação de tecnologias ao Sistema Único de Saúde (SUS) e sobre a utilização, pelo SUS, de medicamentos cuja indicação de uso seja distinta daquela aprovada no registro da Agência Nacional de Vigilância Sanitária (Anvisa). Disponível em: https://www.in.gov.br/en/web/dou/-/lei-n-14.313-de-21-de-marco-de-2022-387356896 Acesso em: 23 jan. 2023.

BRASIL. Lei nº 8.080, de 19 de setembro de 1990. Dispõe sobre as condições para a promoção, proteção e recuperação da saúde, a organização e o funcionamento dos serviços correspondentes e dá outras providências. Disponível em: http://www.planalto.gov.br/ccivil_03/leis/l8080.htm#:~:text=LEI%20N%C2%BA%208.080%2C%20DE%20 19%20DE%20SETEMBRO%20DE%201990.&text=Disp%C3%B5e%20sobre%20as%20 condi%C3%A7%C3%B5es%20para,correspondentes%20e%20d%C3%A1%20outras%20 provid%C3%AAncias. Acesso em: 22 jan. 2023

BRASIL. Lei nº 8.142, de 28 de dezembro de 1990. Dispõe sobre a participação da comunidade na gestão do Sistema Único de Saúde (SUS) e sobre as transferências intergovernamentais de recursos financeiros na área da saúde e dá outras providências. Disponível em: http://www.planalto.gov.br/ccivil_03/leis/l8142.htm#:~:text=LEI%20N%C2%BA%208.142%2C%20 DE%2028%20DE%20DEZEMBRO%20DE%201990.&text=Disp%C3%B5e%20sobre%20 a%20participa%C3%A7%C3%A3o%20da,sa%C3%BAde%20e%20d%C3%A1%20 outras%20provid%C3%AAncias. Acesso em: 22 jan. 2023.

BRASIL. Ministério da Saúde. *Declaração de Alma Ata sobre cuidados primários*. Alta-ata, URSS, 12 set 1978. Brasília: MS, 2002. Disponível em: https://bvsms.saude.gov.br/bvs/publicacoes/declaracao_alma_ata.pdf. Acesso em: 28 abr. 2022.

BRASIL. Ministério da Saúde. *Ministério da Saúde adota medidas para garantir oferta de medicamentos para doenças raras*, 07 mar. 2018. Disponível em: https://www.gov.br/saude/pt-br/assuntos/noticias/2018/marco/ministerio-da-saude-adota-medidas-para-garantir-oferta-de-medicamentos-para-doencas-raras. Acesso em: 11 abr. 2022.

BRASIL. Ministério da Saúde. *Portaria de Consolidação nº 2*. Consolidação das normas sobre as políticas nacionais de saúde do Sistema Único de Saúde. Disponível em: https://bvsms.saude.gov.br/bvs/saudelegis/gm/2017/MatrizesConsolidacao/Matriz-2-Politicas.html Acesso em: 24 jan. 2023.

BRASIL. Ministério da Saúde. *Portaria GM/MS nº 3.435, de 8 de dezembro de 2021*. Estabelece a Relação Nacional de Medicamentos Essenciais - Rename 2022 no âmbito do Sistema Único de Saúde (SUS) por meio da atualização do elenco de medicamentos e insumos da Relação Nacional de Medicamentos Essenciais - Rename 2020. Disponível em: https://www.in.gov.br/en/web/dou/-/portaria-gm/ms-n-3.435-de-8-de-dezembro-de-2021-366021389 Acesso em: 24 jan. 2023.

BRASIL. Ministério da Saúde. *Portaria GM/MS nº 307, de 22 de fevereiro de 2021*. Aprova o Planejamento Estratégico Institucional do Ministério da Saúde para os anos 2020 – 2023. Disponível em: https://brasilsus.com.br/index.php/pdf/portaria-gm-ms-no-307/ Acesso em: 24 jan. 2023.

BRASIL. Ministério da Saúde. *Portaria nº 3.916, de 30 de outubro de 1998*. Disponível em: https://bvsms.saude.gov.br/bvs/saudelegis/gm/1998/prt3916_30_10_1998.html Acesso em: 22 jan. 2023.

BRASIL. Ministério da Saúde. *Portaria nº 874, de 16 de maio de 2013*. Institui a Política Nacional para a Prevenção e Controle do Câncer na Rede de Atenção à Saúde das Pessoas com Doenças Crônicas no âmbito do Sistema Único de Saúde (SUS). Disponível em: https://bvsms.saude.gov.br/bvs/saudelegis/gm/2013/prt0874_16_05_2013.html. Acesso em: 15 out. 2022.

BRASIL. Ministério da Saúde. *Resolução de Consolidação CIT, n. 1, de 30 de março de 2021*. Consolida as Resoluções da Comissão Intergestores Tripartite (CIT) do Sistema Único de Saúde (SUS). Disponível em: https://bvsms.saude.gov.br/bvs/saudelegis/cit/2021/rsc0001_02_06_2021.html#:~:text=Consolida%20as%20Resolu%C3%A7%C3%B5es%20da%20Comiss%C3%A3o,o%20inciso%20I%20do%20art. Acesso em: 24 jan. 2023.

BRASIL. Ministério da Saúde. *Resolução nº 25, de 31 de agosto de 2017*. Estabelece as diretrizes de atualização da Relação Nacional de Medicamentos Essenciais (RENAME) no âmbito do Sistema Único de Saúde (SUS). Disponível em: https://bvsms.saude.gov.br/bvs/saudelegis/cit/2017/res0025_05_10_2017.html Acesso em: 22 jan. 2023.

BRASIL. Ministério da Saúde. *Resolução nº 338, de 6 de maio de 2004*. Disponível em: https://bvsms.saude.gov.br/bvs/saudelegis/cns/2004/res0338_06_05_2004.html Acesso em: 22 jan. 2023.

BRASIL. Superior Tribunal de Justiça. (1ª Seção Cível). *Resp. nº 1.657.156*. Relator: Min. Benedito Gonçalves, julgamento em: 25.04.2018.

BRASIL. Supremo Tribunal Federal. *REsp. 855178*. Relator: Min. Luiz Fux, 23/05/2019. Disponível em: https://redir.stf.jus.br/paginadorpub/paginador.jsp?docTP=TP&docID=752469853 Acesso em: 24 jan. 2023.

BRASIL. Supremo Tribunal Federal. *STA-AgR 175/CE*. Agravo Regimental em Suspensão de Tutela Antecipada. Relator: Min. Gilmar Mendes (presidente), j. 17 mar. 2010, DJ. 30 abr. 2010.

BRASIL. Tribunal de Contas da União. *Auditoria operacional*. Fiscalização de orientação centralizada (FOC). Judicialização da saúde. Acórdão n. 1787, de 16 de agosto de 2017. Relator: Min. Bruno Dantas. Brasília, DF, 2017.

BUCCI, Maria Paula Dallari. Contribuição para a redução da judicialização da saúde: uma estratégia jurídico-institucional baseada na abordagem de Direito e políticas públicas. *In:* BUCCI, Maria Paula Dallari; DUARTE, Clarice Seixas (Coord.). *Judicialização da saúde:* a visão do Poder Executivo. São Paulo: Saraiva, 2017.

BUCCI, Maria Paula Dallari. *Fundamentos para uma teoria jurídica das políticas públicas.* São Paulo: Saraiva, 2013.

BUCCI, Maria Paula Dallari. O conceito de política pública em Direito. *In:* BUCCI, Maria Paula Dallari (Org.). *Políticas públicas:* reflexões sobre o conceito jurídico. São Paulo: Saraiva, 2006a.

BUCCI, Maria Paula Dallari (Org.). *Políticas Públicas:* reflexões sobre o conceito jurídico. São Paulo: Saraiva, 2006b.

BUCCI, Maria Paula Dallari; DUARTE, Clarice Seixas (Coord.). *Judicialização da saúde:* a visão do Poder Executivo. São Paulo: Saraiva, 2017.

CAETANO, R. *et al.* O caso do eculizumabe: judicialização e compras pelo Ministério da Saúde. *Rev. Saúde Pública*, v. 54, n. 22, 2020.

CAETANO, Rosângela *et al.* Incorporação de novos medicamentos pela Comissão Nacional de Incorporação de Tecnologias do SUS, 2012 a junho de 2016. *Ciênc. Saúde Coletiva*, Rio de Janeiro, v. 22, n. 8, p. 2513-2525, ago. 2017. Disponível em: http://www.scielo.br/scielo.php?script=sci_arttext&pid=S141381232017002802513&lng=en&nrm=iso Acesso em: 17 maio 2021.

CALEB, P.; SKIPPER, MD. *et al.* Hydroxychloroquine in Nonhospitalized Adults With Early COVID-19. *Annals of Internal Medicine*, 20 oct. 2020. Disponível em: https://www.acpjournals.org/doi/10.7326/M20-4207 Acesso em: 24 mar. 2022.

CAMPOS NETO, Orozimbo Henrique. *A indústria farmacêutica na judicialização da saúde:* percepção dos atores sociais envolvidos. 2017. Tese (Doutorado em Saúde Pública) – Universidade Federal de Minas Gerais. Belo Horizonte, 2017.

CAMPOS NETO, Orozimbo Henrique *et al.* Médicos, advogados e indústria farmacêutica na judicialização da saúde em Minas Gerais, Brasil. *Rev. Saúde Pública, São Paulo*, v. 46, n. 5, p. 784-790, 2012.

CAPELLA, Ana Cláudia Niedhardt. *Formulação de políticas públicas.* Brasília: ENAP, 2018. (Coleção Governo e Políticas Públicas)

CARTWRIGHT, N.; HARDIE, J. *Evidence-based Policy:* A Practical Guide to Doing it Better. Oxford: Oxford University Press, 2012.

CATANHEIDE, Izamara Damasceno; LISBOA, Erick Soares; SOUZA, Luís Eugenio Portela Fernandes de. Características da judicialização do acesso a medicamentos no Brasil: uma revisão sistemática. *Physis*, Rio de Janeiro, 2016. Disponível em: http://www.scielo.br/scielo.php?script=sci_arttext&pid=S010373312016000401335&lng=en&nrm=isso. Acesso em: 26 jun. 2020.

CFM. Conselho Federal de Medicina. *Resolução CFM nº 1451/1995.* Estabelece estruturas para prestar atendimento nas situações de urgência-emergência, nos Pronto Socorros Públicos e Privados. Disponível em: https://www.cremesp.org.br/?siteAcao=Pesq uisaLegislacao&dif=s&ficha=1&id=2989&tipo=RESOLU%C7%C3O&orgao=Consel ho%20Federal%20de%20Medicina&numero=1451&situacao=VIGENTE&data=10-03-1995&vide=sim Acesso em: 23 jan. 2023

CHIEFFI, Ana Luiza; BARATA, Rita de Cássia Barradas. Ações judiciais: estratégia da indústria farmacêutica para introdução de novos medicamentos. *Revista de Saúde Pública*, v. 44, n. 3, p. 421-429, 2010.

CHIEFFI, Ana Luiza; BARATA, Rita de Cássia Barradas. Judicialização da política pública de assistência farmacêutica e eqüidade. *Cadernos de Saúde Pública*, v. 25, n. 8, p. 1839-1849, 2009.

CLÈVE, Clémerson Merlin. A eficácia dos direitos fundamentais sociais. *Revista de Direito Constitucional e Internacional*, n. 54, 2006.

COCHRANE BRASIL. *Cochrane News*. Disponível em: https://brazil.cochrane.org/ Acesso em: 22 jan. 2023.

DANIELS, Norman. *Just Health:* Meeting health needs fairly. New York: Cambridge University Press, 2008.

DRESCH, Renato Luís. A garantia de acesso à saúde e as regras de repartição da competência entre os gestores. *RAHIS – Revista de Administração Hospitalar e Inovação em Saúde*, v. 12, n. 1, 2015.

DUARTE, Clarice Seixas. O ciclo das políticas públicas. *In:* SMANIO, Gianpaolo Poggio; BERTOLIN, Patrícia Tuma Martins (Orgs.). *O Direito e as políticas públicas no Brasil*. São Paulo: Atlas, 2013.

FARIA, C. A. Pimenta de. O movimento das políticas públicas baseadas em evidências: uma radiografia crítica. *BIB – Revista Brasileira de Informação Bibliográfica em Ciências Sociais*, [S. l.], v. 1, n. 97, 2022. Disponível em: https://bibanpocs.emnuvens.com.br/revista/article/view/577 Acesso em: 27 set. 2022.

FERRAZ, Octavio L. Motta. *Health as a Human Right:* The Politics of Judicialization of Health in Brazil. Oxford: Cambridge University Press, 2021.

FERRAZ, Octavio L. Motta. Health Inequalities, Rights and Courts: The Social Impact of the Judicialization of Health. *In:* GLOPPEN, Siri. *Litigatin health rights*: Can courts bring more justice to health? Cambridge: Harvard University Press, 2011.

FERRAZ, Octavio L. Motta. Para equacionar a judicialização da saúde no Brasil. *Revista Direito GV [online]*, v. 15, n. 3, 2019. Disponível em: https://doi.org/10.1590/2317-6172201934. Acesso em: 11 ago. 2022.

FERRAZ, Octavio L. Motta; VIEIRA, Fabiola Sulpino. Direito à saúde, recursos escassos e equidade: os riscos da interpretação judicial dominante. *Dados*, v. 52, n. 1, p. 223-251, 2009.

FREY, K. Políticas públicas: um debate conceitual e reflexões referentes à prática da análise de políticas públicas no Brasil. *Planejamento e Políticas Públicas*, [S. l.], n. 21, 2022. Disponível em: www.ipea.gov.br/ppp/index.php/PPP/article/view/89. Acesso em: 20 set. 2022.

GEBRAN NETO, João Pedro; SCHULZE, Clênio Jair. Judicialização da saúde e sociedade: o novo projeto do CNJ. *Empório do Direito*, 09 ago. 2021. Disponível em: https://emporiododireito.com.br/leitura/judicializacao-da-saude-e-sociedade-o-novo-projeto-do-cnj Acesso em: 24 jan. 2023.

GIATTI, Luana; SANDHI, Maria Barreto. Situação do indivíduo no mercado de trabalho e iniqüidade em saúde no Brasil. *Rev. Saúde Pública*, 2006. Disponível em: https://www.scielo.br/j/rsp/a/Kn7DNvNwKsmJPnh9pKQSThc/?format=pdf&lang=pt. Acesso em: 10 jan. 2022.

GLOPPEN, Siri; JORHEIM, Ole Frithjof. Litigating for medicines: how can we assess impact on health outcomes? *In:* YAMIN, Alicia Ely; GLOPPEN, Siri (Edit). *Litigating health rights:* Can courts bring more justice to health. Massachusetts: Harvard University Press, 2011.

GOIÁS. Ministério Público do Estado de Goiás. *Medicamentos – CATS.* Disponível em: http://www.mpgo.mp.br/portal/conteudo/medicamentos-cats. Acesso em: 11 jan. 2023.

GOIÁS. Tribunal de Justiça do Estado de Goiás. Estatística do NATJUS-GO. *Revista do Comitê Executivo de Saúde do CNJ em Goiás,* n. 1, dez. 2020. Disponível em: https://portal.trf1.jus.br/sjgo/comunicacao-social/imprensa/noticias/revista-do-comite-executivo-de-saude-do-cnj-em-goias.htm. Acesso em: 12 jan. 2023.

GØTZCHE, Peter. *Medicamentos mortais e crime organizado:* como a indústria farmacêutica corrompeu a assistência médica. Tradução de Anayr Porto Farjado. Porto Alegre: Bookman, 2016.

GROSS, Alexandre Felix. *Desigualdade de acesso à saúde e as consequências redistributivas da judicialização.* Rio de Janeiro: Lumen Juris, 2020.

HACHEM, Daniel Wunder. *Tutela administrativa efetiva dos direitos fundamentais sociais:* por uma implementação espontânea, integral e igualitária. 2014. 614 f. Tese (Doutorado) – Programa de Pós-Graduação em Direito, Universidade Federal do Paraná, Curitiba, 2014.

HEISE, Michael. The Importance of Being Empirical. *Pepp. L. Ver,* v. 26, p. 807-834, 1998.

HOLMES, Stephen; SUNSTEIN, Cass. R. *The Cost of Rights:* Why Liberty Depends on Taxes. W. W. Norton & Company, 1999.

HOWLETT, Michael; RAMESH, M.; PERL, Anthony. *Política pública.* Seus ciclos e subsistemas: uma abordagem integradora. Tradução técnica de Francisco G. Heidermaan. Rio de Janeiro: Elsevier, 2013.

JALECOS em Guerra. Como a cloroquina e seu principal propagandista fraturaram a classe médica, *Folha de S. Paulo,* out. 2020. Disponível em: https://piaui.folha.uol.com.br/materia/jalecos-em-guerra/. Acesso em: 31 maio 2021.

JORGE, Ighor Rafael de. A base normativa da política de assistência farmacêutica. *In:* BUCCI, Maria Paula Dallari (Org.). *Judicialização da saúde:* a visão do Poder Executivo. São Paulo: Saraiva, 2017.

JUSTIÇA condena dez pessoas por fraude em tratamento de psoríase, *Globo.com.,* 19 jan. 2016. Disponível em: https://g1.globo.com/sp/bauru-marilia/noticia/2016/01/justica-condena-dez-pessoas-por-fraude-em-tratamento-de-psoriase.html. Acesso em: 11 abr. 2022.

KAHNEMAN, Daniel *et al.* Ruído: como superar o alto custo oculto da tomada de decisão inconsistente. *Harvard Business Review,* p. 36-43, out. 2016. Disponível em: https://hbr.org/2016/10/noise Acesso em: 25 jan. 2023.

KUTZIN, Joseph. Anything Goes on the Path to Universal Coverage? No. *Bulletin of the World Health Organization,* v. 90, n. 11, p. 867-8, 2012.

LISBOA, E.S.; SOUZA, L.E. Por que as pessoas recorrem ao judiciário para obter o acesso aos medicamentos? O caso das insulinas análogas na Bahia. *Ciênc. Saúde Coletiva,* Rio de Janeiro, v. 22, n. 6, p. 1857-1864, 2017.

MAJONE, Giandomenico. Agenda Setting. *In:* GOODIN, Robert E.; REIN, Martin; MORAN, Michael. *The Oxfod Handbook of Public Policy.* Oxford: Oxford University Press, 2006.

MARMOT, Michael; GOLDBLATT, Peter; ALLEN, Jessica et al. *Fair society, healthy lives:* a strategic review of health inequalities in England post - 2010. The Marmot Review, 2010. Disponível em: https://www.instituteofhealthequity.org/resources-reports/fair-society-healthy-lives-the-marmot-review/fair-society-healthy-lives-exec-summary-pdf.pdf. Acesso em: 12 jan. 2022.

MAZZUCATO, Mariana. *The Value of Everything:* Making and Taking in the Global Economy. Allen Lane, 2018.

MEDICOS SIN MARCA. Disponível em: http://www.medicossinmarca.cl Acesso em: 24 mar. 2022.

MEDICOS SIN MARCA. *Fármacos y Tribunales,* jul. 2021. Disponível em: http://medicossinmarca.cl/marketing-medico-2-2/. Acesso em: 15 jan. 2023.

MELO, Daniela Oliveira *et al.* SOLIRIS ® (Eculizumabe): Vários Aspectos da Judicialização. *In:* SANTOS, Alethele de Oliveira; LOPES, Luciana Tolêdo (Org.). *Coletânea direito à saúde:* dilemas do fenômeno da judicialização da saúde. Brasília: Conass, 2018.

MESSEDER, Ana Márcia, OSORIO-DE-CASTRO, Claudia Garcia Serpa; LUIZA, Vera Lucia. Mandados judiciais como ferramenta para garantia do acesso a medicamentos no setor público: a experiência do estado do Rio de Janeiro, Brasil. *Cadernos de Saúde Pública,* v. 21, n. 2, p. 525-534, 2005. Disponível em: https://doi.org/10.1590/S0102-311X2005000200019 Acesso em: 22 mar. 2022.

MESSIAS, Eric. Desigualdade de renda, analfabetismo e expectativa de vida no Brasil. *Revista Americana de Saúde Pública,* v. 93, n. 8, p. 1294-1296, 2003.

MIRANDA, Ciro Carvalho. *SUS, medicamentos, protocolos clínicos e o Poder Judiciário*: ilegitimidade e ineficiência. Brasília: Kiron, 2013.

MITJÀ, Oriol *et al.* Hydroxychloroquine for Early Treatment of Adults With Mild Coronavirus Disease 2019: A Randomized, Controlled Trial. *Clinical Infectious Disease,* 16 jul. 2020. Disponível em: https://academic.oup.com/cid/advance-article/doi/10.1093/cid/ciaa1009/5872589 Acesso em: 24 mar. 2022.

MONTEIRO, Artur Pericles Lima. Um horizonte mais amplo para o direito à saúde: ação governamental em escala e processo administrativo para formulação de protocolos clínicos. *In:* BUCCI, Maria Paula Dallari; DUARTE, Clarice Seixas (Coord.). *Judicialização da saúde:* a visão do Poder Executivo. São Paulo: Saraiva, 2017.

MORAES, José Luiz Souza. *O papel da Advocacia Pública no combate às fraudes na judicialização da saúde*. Disponível em: https://www.cojusp.com.br/wp-content/uploads/2017/09/TESE-8.pdf. Acesso em: 08 abr. 2022.

MURRAY, Christopher JL, MD, DPhil, *Instituto de Métricas e Avaliação de Saúde.* Universidade de Washington, 2017. Disponível em: https://jamanetwork.com/journals/jamainternalmedicine/fullarticle/2626194. Acesso em: 7 jan. 2022.

NAÇÕES UNIDAS. Assembleia das Nações Unidas. *Universal health coverage:* moving together to build a healthier world, 2019. Disponível em: https://agencia.fiocruz.br/sites/agencia.fiocruz.br/files/u35/uhc_hlm_silence_procedure.pdf. Acesso em: 7 jan. 2022.

NAÇÕES UNIDAS. *Objetivos de desenvolvimento sustentável*. Disponível em: https://brasil.un.org/pt-br/sdgs. Acesso em: 2 maio 2022.

NICE. *Glossary.* https://www.nice.org.uk/glossary?letter=q. Acesso em: 6 abr. 2022.

NORDENSTROM, Jorge. *Medicina baseada em evidências seguindo os passos de Sherlock Holmes*. Tradução de Rita Brossard. Porto Alegre: Artmed, 2008.

NULAND, S.B. *How we die:* reflections on life's final chapter. New York: Vintage Books, 1995.

OCDE. Organização para a Cooperação e Desenvolvimento Econômico. *Health at a Glance 2019:* OECD Indicators. OECD Publishing, Paris. Disponível em: https://doi.org/10.1787/4dd50c09-en. Acesso em: 12 ago. 2022.

OMS. Organização Mundial da Saúde. *Closing the gap in a generation* – health equity through action on the social determinants of health. Genebra, 2008. Disponível em: https://www.who.int/social_determinants/final_report/csdh_finalreport_2008.pdf Acesso em: 8 jan. 2022.

OMS. Organização Mundial da Saúde. *Cobertura Universal de Saúde (UHS)*, 1 abr. 2021. Disponível em: https://www.who.int/world-health-day/world-health-day-2019/fact-sheets/details/universalhealthcoverage(uhc)#:~:text=CUS%20significa%20que%20todos%20os,tratamento%2C%20reabilita%C3%A7%C3%A3o%20e%20cuidados%20paliativos. Acesso em: 20 jan. 2022.

OMS. *Organização Mundial da Saúde*. Disponível em: https://www.who.int/pt Acesso em: 12 ago. 2022.

OMS. Organização Mundial da Saúde. *Fazendo escolhas justas no caminho para a cobertura universal de saúde:* relatório final do grupo consultivo da OMS sobre equidade e cobertura universal de saúde. OMS, 2014. Disponível em: https://apps.who.int/iris/handle/10665/112671. Acesso em: 14 jan. 2022.

OMS. Organização Mundial da Saúde. *Financiamento dos sistemas de saúde:* o caminho para a cobertura universal, 2011. Disponível em: https://apps.who.int/iris/bitstream/handle/10665/44371/9789899717848_por.pdf?sequence=33&isAllowed=y. Acesso em: 2 maio 2022.

OMS. Organização Mundial da Saúde. *Financiamento dos sistemas de saúde*. O caminho para a cobertura universal. Genebra, 2010, p. 69. Disponível em: http://www.who.int/whr/2010/whr10_pt.pdf Acesso em: 28 mar. 2022.

OMS. Organização Mundial da Saúde. *Global Health Expenditure Database*. Disponível em: http://apps.who.int/nha/database/Select/Indicators/es. Acesso em: 18 out. 2022.

OMS. Organização Mundial da Saúde. *Informe sobre la salud en el mundo 2010:* Financiación de los sistemas de salud: el camino hacia la cobertura universal. Informe sobre la salud en el mundo. OMS, 2010.

OMS. Organização Mundial da Saúde. *Taskforce on Innovative International Financing for Health Systems*. Background paper: constraints to scaling up and costs. International Health Partnership, 2009. Disponível em: https://www.uhc2030.org/ Acesso em: 8 jan. 2022.

OPAS. Organização Pan-Americana de Saúde. *Avaliação e incorporação de tecnologias em saúde nos sistemas de saúde*. Washington, D.C., 2012. Disponível em: https://www.paho.org/hq/dmdocuments/2012/CSP28-11-p.pdf. Acesso em: 25 maio 2021.

OPAS. Organização Pan-Americana de Saúde. *Estratégia para o Acesso Universal à Saúde e Cobertura Universal de Saúde*. Whashington, D.C, 2014. Disponível em: paho.org/hq/dmdocuments/2014/CD53-5-p.pdf. Acesso em: 12 jan. 2023.

OPAS. Organização Pan-Americana de Saúde. *Relatório 30 anos de SUS, que SUS para 2030?* Brasília: OPAS, 2018. Disponível em: https://iris.paho.org/handle/10665.2/49663. Acesso em: 14 jan. 2022.

OPEN PAYMENTS. *Search Open Payments*. 2021. Disponível em: https://openpaymentsdata.cms.gov Acesso em: 20 jan. 2021.

PANDAS. Disponível em: https://pandas.pydata.org/. Acesso em: 12 ago. 2022.

PINHEIRO, Maurício Mota Saboya. *Políticas Públicas Baseadas em Evidências (PPBEs)*: Delimitando o problema conceitual. Texto para discussão. Rio de Janeiro: Instituto de Pesquisa Econômica Aplicada, 2020.

PNUD. *Programa das Nações Unidas para o Desenvolvimento*. Disponível em: http://www.pnud.org.br/atlas/ranking/Ranking-IDHM-UF-2010.aspx. Acesso em: 12 mar. 2022.

QUIRINO, Carina de Castro. *Regulação comportamental*: justificação, diagnósticos e aplicação em políticas públicas no Brasil. 2019. Tese (Doutorado) – Universidade Estadual do Rio de Janeiro, Rio de Janeiro, 2019.

SANT'ANA, J. M. B. et al. Racionalidade terapêutica: elementos médico-sanitários nas demandas judiciais de medicamentos. *Rev. Saúde Pública*, São Paulo, v. 45, n. 4, p. 714-721, 2011.

SANTA CATARINA. *Decreto nº 241, de 30 de junho de 2015*. Disciplina procedimentos a serem adotados pelos médicos e odontólogos servidores públicos estaduais na prescrição de medicamentos e na solicitação de exames e procedimentos de saúde e estabelece outras providências. Disponível em: https://leisestaduais.com.br/sc/decreto-n-241-2015-santa-catarina-disciplina-procedimentos-a-serem-adotados-pelos-medicos-e-odontologos-servidores-publicos-estaduais-na-prescricao-de-medicamentos-e-na-solicitacao-de-exames-e-procedimentos-de-saude-e-estabelece-outras-providencias Acesso em: 25 jan. 2023.

SANTOS, Júlia Maria Tomás dos. *Direito à saúde no pós-positivismo*: uma interlocução entre as premissas teóricas e sua práxis. 2021. Dissertação (Mestrado em Direito e Políticas Públicas) – Universidade Federal de Goiás, 2021.

SÃO PAULO. Conselho Regional de Medicina do Estado de São Paulo. *Pesquisa inédita do CREMESP*. 2010. Disponível em: https://www.cremesp.org.br/pdfs/pesquisa.pdf Acesso em: 20 jan. 2021.

SCHULZE, Clenio Jair. Direito à saúde e a judicialização do impossível. *In*: SANTOS, Alethele de Oliveira; LOPES, Luciana Tolêdo (Org.). *Coletânea direito à saúde*: dilemas do fenômeno da judicialização da saúde. Brasília: Conass, 2018.

SCHULZE, Clenio Jair; GEBRAN NETO, João Pedro. *Direito da saúde*. Porto Alegre: Verbo Jurídico, 2019.

SECCHI, Leonardo. *Políticas públicas*: conceitos, esquemas de análise, casos práticos. 2. ed. São Paulo: Cengage Learning, 2013.

SILVA, Virgílio Afonso da; TERRAZAS, Fernanda Vargas. Claiming the Right to Health in Brazilian Courts: the exclusion of the already excluded. *Law & Society Inquiry*, v. 36, issue 4, p. 825-853, 2011.

SÓ 20% dos médicos fazem diagnóstico baseado em evidências. *Folha de S. Paulo*, 2015. Disponível em: https://m.folha.uol.com.br/seminariosfolha/2015/08/1675881-so-20-dos-medicos-fazem-diagnostico-baseado-em-evidencias-diz-especialista.shtml. Acesso em: 24 mar. 2022.

SUNSTEIN, Cass R.; ULLMANN-MARGALIT, Edna. *Second-Order Decisions*, 19 nov. 1999. Disponível em: https://ssrn.com/abstract=193848 Acesso em: 25 jan. 2023.

SWANSON, Ana. Big pharmaceutical companies are spending far more on marketing than research. *The Washington Post*, [s. l.], 11 fev. 2015. Disponível em: https://www.washingtonpost.com/news/wonk/wp/2015/02/11/big-pharmaceutical-companies-are-spending-far-more-on-marketing-than-research/ Acesso em: 20 jan. 2021.

UNDP. United Nations Development Programme. *IDHM Municípios 2010*. Disponível em: https://www.br.undp.org/content/brazil/pt/home/idh0/rankings/idhm-municipios-2010.html. Acesso em: 11 mar. 2022.

UNIÃO EUROPEIA. Tribunal de Justiça da União Europeia. *Comunicado de Imprensa n° 6/18*. Luxemburgo, 23 de janeiro de 2018. Acórdão no processo C-179/16. Disponível em: https://curia.europa.eu/jcms/upload/docs/application/pdf/2018-01/cp180006pt.pdf. Acesso em: 22 mar. 2022.

UNICEF. Fundo das Nações Unidas para a Infância. *Mortalidade Materna (2017)*. Disponível em: https://data.unicef.org/topic/maternal-health/maternal-mortality/. Acesso em: 8 jan. 2022.

UNICEF. *Grupo Interinstitucional das Nações Unidas para a Estimativa da Mortalidade Infantil (UM IGME)*. Níveis e tendências da mortalidade infantil. Relatório 2021. Disponível em: https://data.unicef.org/resources/levels-and-trends-in-child-mortality/. Acesso em: 8 jan. 2022.

VALLE, Vanice Regina Lírio do. Deferência judicial para com as escolhas administrativas: resgatando a objetividade como atributo do controle do poder. *Revista Direitos Fundamentais e Democracia*, v. 25, 2020.

VALLE, Vanice Regina Lírio do. *Litígios fundados no direito à moradia na cidade do Rio de Janeiro*: uma análise empírica. Human Rigths Program, Harvard Law School, 2015/2016.

VALLE, Vanice Regina Lírio do. Réquiem para a ação administrativa planejada: a ruptura entre as dimensões executiva e orçamentária. *In*: BUISSA, Leonardo; RIEMANN, Simon; MARTINS, Rafael Lara. (Orgs.). *Direito e finanças públicas nos 30 anos da Constituição*: experiências e desafios nos campos do Direito Tributário e Financeiro. Florianópolis: Tirant Blanch (Empório do Direito), 2018, v. 1.

VENTURA, Miriam *et al*. Judicialization of the right to health, access to justice and the effectiveness of the right to health. *Physis: Revista de Saúde Coletiva*, v. 20, p. 77-100, 2009.

VIEIRA, Fabiola Sulpino. *Indutores do Gasto Direto do Ministério da Saúde em Medicamentos (2010-2019)*. Texto para discussão. Brasília/Rio de Janeiro: Ipea, 2021. Disponível em: https://www.ipea.gov.br/portal/index.php?option=com_content&view=article&id=37611&Itemid=457/. Acesso em: 21 fev. 2022.

VIEIRA, Fabiola Sulpino; ZUCCHI, Paola. Distorções causadas pelas ações judiciais à política de medicamentos no Brasil. *Revista de Saúde Pública*, v. 41, n. 2, p. 214-222, 2007.

VIEIRA, Fabiola Sulpino; ZUCCHI, Paola. Financiamento da Assistência Farmacêutica no Sistema Único de Saúde. *Saúde Soc.*, São Paulo, v. 22, n. 1, p. 73-84, 2013. Disponível em: http://www.scielo.br/scielo.php?script=sci_arttext&pid=S010412902013000100008&lng=pt&nrm=iso. Acesso em: 12 ago. 2022.

WANG, Daniel. Are the SUS and the Right to Health incompatible with Universal Health Coverage? Challenging Misconceptions Around the Concept of UHC in the Public Health Scholarship in Brazil. *Novos Estudos – CEBRAP*, 2020.

WANG, Daniel. Courts as healthcare policy-makers: the problem, the responses to the problem and problems in the responses. *Direito GV Research Paper Series*, n. 75, 2013. Disponível em: http://ssrn.com/abstract=2335145. Acesso em: 29 jun. 2021.

WANG, Daniel. Revisitando dados e argumentos no debate sobre a judicialização da saúde. *Revista Estudos Institucionais*, v. 7, n. 2, p. 849-869, 2021.

WANG, Daniel. Right to Health Litigation in Brazil: The Problem and the Institutional Responses. *Human Rights Law Review*, v. 15, n. 4, p. 617-641, out. 2015.

WANG, Daniel *et al*. Avaliação de tecnologia em saúde e deferência judicial às decisões de definição de prioridades em saúde: análise quase experimental do contencioso direito à saúde no Brasil. *Ciências Sociais e Medicina*, v. 265, 2020.

WANG, Daniel *et al*. Health technology assessment and judicial deference to priority-setting decisions in healthcare: Quasi-experimental analysis of right-to-health litigation in Brazil. *Rev. Ciências Sociais e Medicina*, v. 265, 2002.

YAMIN, Alicia Ely. Power, Suffering and Courts: Reflections on Promoting Health Rights through Judicialization. *In:* GLOPPEN, Siri. *Litigating health rights. Can courts bring more justice to health?* Cambridge: Harvard University Press, 2011.

APÊNDICE A - DETALHAMENTO DAS CONDIÇÕES DE PREENCHIMENTO DO FORMULÁRIO

As informações coletadas nos processos judiciais foram transformadas em variáveis qualitativas de múltiplas categorias ou em formato binário/*dummy*. A Tabela abaixo apresenta as variáveis de estudo e suas respectivas classificações.

Variável	Classificação	Níveis
Ano do processo	Quantitativa	Não se aplica
Natureza da ação	Categórica	Três
Representação	Categórica	Seis
Registro Anvisa	Categórica	Cinco
Conitec	Categórica	Dez
NatJust	Categórica	Cinco
Diálogo prévio	Categórica	Dois (*Dummy*)
Houve perícia	Categórica	Dois (*Dummy*)
Tipo de decisão	Categórica	Seis
Âmbito da decisão	Categórica	Seis
Conceitos CFM urgência/emergência	Categórica	Dois (*Dummy*)
Posicionamento da Conitec	Categórica	Dois (*Dummy*)
Estudos científicos validando a prescrição	Categórica	Dois (*Dummy*)
Dignidade da pessoa humana	Categórica	Dois (*Dummy*)
Uso autorizado pela Anvisa	Categórica	Dois (*Dummy*)
Lei do SUS	Categórica	Dois (*Dummy*)
Posicionamento do Natjus	Categórica	Dois (*Dummy*)
Repartição de competências-solidariedade-tema 793/STF.	Categórica	Dois (*Dummy*)
Alternativas terapêuticas inexistentes ou ineficazes	Categórica	Dois (*Dummy*)
Menção genérica à ineficácia dos fármacos fornecidos pelo SUS	Categórica	Dois (*Dummy*)
Jurisprudência local	Categórica	Dois (*Dummy*)
Precedentes vinculantes (106/STJ e 500/STF)	Categórica	Dois (*Dummy*)
Omissão estatal	Categórica	Dois (*Dummy*)
Existência de registro na Anvisa	Categórica	Dois (*Dummy*)
Gravidade da situação	Categórica	Dois (*Dummy*)
Parecer CATS MP.GO corrobora com o pedido	Categórica	Dois (*Dummy*)
Hipossuficiência/incapacidade financeira de arcar com o custo do medicamento prescrito	Categórica	Dois (*Dummy*)
CF de 1988	Categórica	Dois (*Dummy*)
Solicitação administrativa prévia do medicamento	Categórica	Dois (*Dummy*)
Falta/demora no tratamento gerando potencial risco à saúde	Categórica	Dois (*Dummy*)
Imprescindibilidade/necessidade do medicamento	Categórica	Dois (*Dummy*)
Presentes requisitos da tutela antecipada	Categórica	Dois (*Dummy*)

Passa-se, na sequência, ao detalhamento das informações coletadas em cada um dos campos relacionados às variáveis categóricas com dois níveis: os argumentos que fundamentaram as determinações de aquisição de medicamentos pelo estado de Goiás. Os campos foram preenchidos com 0 ou 1, significando, respectivamente, ausência e presença do argumento na decisão.

A indicação em caixa alta identifica o nome do campo de preenchimento constante do formulário, e está reproduzida em seus exatos termos. Para facilitar a compreensão, sugere-se a leitura dos critérios de preenchimento, com os formulários em mãos (Apêndice B).

CF/88. Registra argumentos relacionados à CF/88, como artigos 6º e 196, ou alusões aos princípios constitucionais da integralidade e universalidade.
8.080_90. Lei do SUS. Registra menções literais ou alusões à legislação de regência do Sistema Único na decisão.
SOLICITAÇÃO_PREVIA. A assinalação do campo registra a indicação, na decisão, de que a substância demandada havia sido previamente requerida ao ente público, administrativamente.
DIGNIDADE. Dignidade da pessoa humana. Assinalado quando houve menção à dignidade da pessoa humana ou direito à vida digna como fundamento para concessão do fármaco.
GRAVIDADE_SITUAÇÃO. O campo registrou a presença de argumentos mencionando a gravidade da situação do demandante como fundamento para a concessão do fármaco.
URGÊNCIA_EMERGÊNCIA_TECNICAS. Registrou a aplicação, pelo julgador, dos conceitos de urgência e emergência nas acepções do Conselho Federal de Medicina, Resolução CFM nº 1.451/95, e suas variações. Segundo o ato, define-se como emergência a constatação médica de condições de agravo à saúde que impliquem em risco iminente de vida (risco de morte) ou sofrimento intenso, exigindo, portanto, tratamento médico imediato. Já a urgência é uma situação imprevista de agravo à saúde com ou sem risco potencial de vida, que requer assistência médica imediata a fim de evitar complicações e sofrimento.
FALTA_TRATAMENTO_RISCO. Registrou o argumento genérico de que a falta ou demora no tratamento gerava potencial risco à saúde do demandante.

IMPRESCINDIBILIDADE. Alusão à imprescindibilidade/necessidade do medicamento como fundamento decisório. Marcado para argumentos envolvendo a imprescindibilidade e/ou necessidade do medicamento conforme relatório médico apresentado pela parte. De acordo com o Tema 106 do STJ, quando associado ao ateste da ineficácia, para o tratamento da moléstia, dos fármacos fornecidos pelo SUS, preenche um dos requisitos para a concessão de medicamentos não incorporados ao SUS.

MENCAO_NATJUS. Posicionamento do Natjus. Assinalado sempre que a decisão mencionou o posicionamento do Natjus como fundamento decisório.

MENCAO_GENERICA_INEFICÁCIA_SUS. Menção genérica à ineficácia dos fármacos fornecidos pelo SUS. Argumento assinalado quando a decisão afirmou, em caráter genérico, que o SUS não possuía alternativas para o caso, sem individualizá-los ou fazer referência ao documento técnico contendo tal informação.

ALTERNATIVAS_TERAPÊUTICAS. Alternativas terapêuticas inexistentes ou ineficazes. Diferentemente do campo anterior, este é assinalado quando a decisão adentrava na análise das alternativas terapêuticas, descartando sua existência ou eficácia a partir de elementos técnicos concretamente avaliados.

HIPOSSUFICIÊNCIA. A hipossuficiência foi considerada para fins desta pesquisa equivalente à "incapacidade financeira de arcar com o custo do medicamento prescrito", descrita como requisito para a concessão de medicamentos não incorporados em atos normativos do SUS, tema 106/STJ. Considerou-se que a menção ao requisito representaria a busca do magistrado pela aplicação da jurisprudência vinculante do STJ, qualificando tecnicamente a decisão.
Observação: o campo foi assinalado sempre que o julgador fez menção à hipossuficiência do demandante em sua decisão. A pesquisadora não buscou interpretar a aparição do termo, de modo que nada impede que sua presença esteja implicada na apreciação de pedido de justiça gratuita.

REGISTRO_ANVISA. Campo registrou a menção, na decisão, à existência de registro do medicamento na ANVISA. Essa existência de registro, observados os usos autorizados pela agência, consiste no terceiro requisito para a concessão de medicamentos não incorporados em atos normativos do SUS, conforme tema 106/STJ. Considerou-se que a menção ao requisito representaria conhecimento e busca do magistrado pela aplicação da jurisprudência vinculante do STJ, ou, pelo menos, observância da legislação sanitária, qualificando tecnicamente a decisão em ambos os casos.

USO_ANVISA Uso autorizado pela ANVISA. *Idem*. Aqui, embora alguns magistrados observassem a existência de registro válido, não consideravam se a utilização a que se destinava o fármaco demandado coincidia com a aprovação constante da bula (o que caracteriza um medicamento como *on label* ou *off label*).

MENCAO_REQ_TA. Registrou, na decisão, a menção genérica à presença de requisitos para a concessão de tutela provisória, geralmente de urgência. Foi assinalado quando o magistrado fez alusão à probabilidade do direito e risco ao resultado útil do processo (art. 300, CPC) e variantes como fundamentos para a decisão.

OMISSAO_ESTATAL. Assinalado quando o magistrado utilizou a omissão estatal no cumprimento da determinação constitucional como fundamento para decidir. O argumento não está atrelado à uma efetiva constatação de ausência de política pública para prestar assistência à situação do demandante. Trata-se de argumento eminentemente genérico.

MENCAO_CONITEC. Assinalado quando a decisão mencionou a Comissão de Incorporação de Tecnologias no SUS, independentemente se endossando ou não seu posicionamento.

MENCAO_PARECER_CATS. Assinalado quando a decisão mencionou o parecer do CATS como legitimador do pedido formulado.

MENCAO_ESTUDO_CIENTÍFICO. Campo assinalado quando a decisão mencionou algum nível de evidência científica corroborando a prescrição médica. A escala de confiabilidade de evidências científicas foi apresentada no tópico 4.5 – Medicina sem evidências.

PRECEDENTES_VINCULANTES_STJ_STF. Campo assinalado sempre que a decisão indicou cognoscibilidade em relação aos precedentes vinculantes aplicáveis à demanda de saúde. A pesquisadora não fez juízo de valor sobre a correção ou não na aplicação.

JURISPRUDENCIA_LOCAL. Campo assinalado quando citada alguma jurisprudência local como fundamento decisório. Em geral, trata-se de argumento genérico, já que não há como se saber se as circunstâncias de saúde do jurisdicionado no julgado adotado como precedente coincidem ou não com aquelas em apreço.

SOLIDARIEDADE_SUS_793STF. Campo assinalado quando a decisão mencionou, ainda que superficialmente, cognoscibilidade do precedente do STF a respeito do tema 793 do STF e suas implicações na repartição de competências. Considerou-se que demonstra um mínimo de atualização do julgador acerca da temática. Novamente, não se avaliou se o precedente foi bem ou mal aplicado.

APÊNDICE B – FORMULÁRIO

APÊNDICE B – FORMULÁRIO | 183

111	5596818.79.2019.8.09.0000	NÃO	DIMESILATO DE LISDEXANFETAMINA 30MG CÁPSULAS	CAPSULA	8,25	201900010039855	1	2019	2	1	1	3,5	3	2	2	2	2	2019	0	0	0	0	1	0	1	1	0	1	0	1	1	0	1	0	0	0	0	1	0	0		
112	5325854-74.2021.8.09.0000	NÃO	DIMESILATO DE LISDEXANFETAMINA 30MG CÁPSULAS	CAPSULA	8,25	202100010045278	1	2021	1	1	1	2	3	2	2	6	6	2021	1	1	1	0	1	0	1	1	0	0	0	0	1	1	1	0	0	0	0	1	1	1		
113	5137408-53.2022.8.09.0000	NÃO	DIMESILATO DE LISDEXANFETAMINA 30MG CÁPSULAS	CAPSULA	8,25	202200010017572	1	2022	2	3	1	2	3	2	2	2	2	2022	0	0	1	0	0	0	0	1	0	0	0	1	0	0	1	0	0	0	0	1	0	0		
114	5116558.17.2018.8.09.0000	NÃO	DIMESILATO DE LISDEXANFETAMINA 50MG CÁPSULAS	CAPSULA	8,31	201800010013175	1	2018	2	1	1	3	3	2	2	2	2	2018	0	0	1	0	0	0	1	1	0	0	1	1	0	0	1	1	0	1	0	0	1	0		
115	5569253-50.2021.8.09.0072	NÃO	DIMESILATO DE LISDEXANFETAMINA 50MG CÁPSULAS	CAPSULA	9	202100010053068	1	2021	1	3	1	2	1	1	2	2	2	2022	0	0	1	0	1	0	1	1	1	0	0	0	0	0	1	0	0	0	0	0	1	0		
116	1014203-57.2020.4.01.3500	NÃO	DURVALUMABE (INFINZI®) 500MG/20ML SOLUÇÃO INJETÁVEL	UNIDADE	10073,66	202000010017777	1	2020	1	4	1	3	1	1	2	1	1	2020	1	1	1	0	1	0	1	1	1	1	1	0	0	0	1	1	0	1	1	1	1	1		não fornecido aos E pela U
117	5579265.94.2018.8.09.0051	NÃO	DUTASTERIDA 0,5MG + TANSULOSINA 0,4MG.	CAPSULA	2,03	201800010048898	1	2018	1	3	1	1,3	3	2	2	1	3	2018	0	0	0	0	1	0	0	1	0	0	0	0	1	0	1	0	0	1	0	0	0	0		
118	5162339.35.2020.8.09.0051	NÃO	ELIQUIS® 2,5MG COMP. REVESTIDO	UNIDADE	2,58	202000010013696	1	2020	1	3	1	2	3	2	2	1	3	2020	0	0	0	0	1	0	0	1	0	0	0	0	1	0	1	0	0	1	0	0	0	0		
119	5481714.73.2018.8.09.0000	NÃO	ELIQUIS® 5MG COMPRIMIDO REVESTIDO	UNIDADE	2,58	201800010041262	1	2018	2	1	1	2	3	2	2	2	2	2018	0	0	1	0	0	0	1	1	0	0	0	0	1	0	1	1	0	1	0	0	0	1		
120		SIM																																								
121	5431216-65.2021.8.09.0000	NÃO	ELIQUIS® 5MG COMPRIMIDO REVESTIDO	UNIDADE	2,58	202100010037583	1	2021	2	1	1	2	3	2	2	2	2	2021	1	0	0	0	1	0	0	1	0	1	0	1	1	0	1	1	0	0	0	0	0	1		
122	5391769.75.2018.8.09.0000	NÃO	ELTROMBOPAG 50 MG COMPRIMIDOS	COMPRIMIDO	211,28	201800010034420	1	2018	2	1	1	4	3	2	2	2	2	2018	1	0	1	0	0	0	1	1	0	0	0	0	0	0	1	1	0	1	0	0	0	0		
123	5063843.85.2018.8.09.0000	NÃO	ELTROMBOPAG OLAMINE COMPRIMIDO REVESTIDO 25MG	COMPRIMIDO	104,92	201800010086339	1	2018	2	1	1	3	3	2	2	2	2	2018	1	0	1	0	0	0	1	1	0	0	0	0	0	0	1	1	0	1	0	0	0	0		
124	5012769.09.2019.8.09.0051	NÃO	EMPAGLIFLOZINA 25 MG COMPRIMIDO REVESTIDO.	UNIDADE	4,19	201900010025899	1	2019	1	3	1	2,3	3	2	2	1	3	2019	0	0	1	0	0	0	1	1	0	0	0	0	0	0	1	1	0	0	0	0	0	0		
125	5091673.14.2019.8.09.0093	NÃO	ENOXAPARINA SÓDICA 20 MG/ML SERINGA PREENCHIDA - SUBCUTÂNEA	seringa	13,42	201900010007321	1	2019	1	1	1	1	3	2	2	1	2	2019	1	0	0	0	0	0	1	1	0	0	1	1	1	0	1	0	1	1	0	0	1	0		
126	5235364.40.2020.8.09.0000	NÃO	ENOXAPARINA SÓDICA 40 MG/ML SERINGA PREENCHIDA	seringa	16,9	202000010023135	1	2020	2	1	1	5	3	2	2	2	2	2020	1	0	1	0	0	0	1	1	0	1	0	1	1	0	1	1	0	1	0	1	0	1		
127	5279976.75.2018.8.09.0051	NÃO	ENOXAPARINA SÓDICA 60 MG/ML SERINGA PREENCHIDA SUBCUTÂNEA	seringa	0	201800010030981	1	2018	1	3	5	5	3	2	2	1	2	2018	1	0	1	0	0	0	1	1	0	0	0	0	0	0	1	1	0	1	0	0	0	0		
128	5270957.04.2018.8.09.0000	NÃO	ENSURE PÓ	LATA C/ 400 GR	42,32	201800010034139	1	2018	2	5	1	1,4	3	2	2	2	2	2018	1	0	0	0	0	0	1	0	0	0	0	1	0	0	1	1	0	0	0	0	0	0		fornecido pelo M
129	5195431.94.2019.8.09.0000	NÃO	ENZALUTAMIDA 40MG CÁPS.	UNIDADE	0	201900010019786	1	2019	2	1	1	1	3	2	2	2	2	2019	1	0	1	0	0	0	1	1	0	1	0	1	1	0	1	1	0	1	0	1	0	0		oncologia
130	5530248.05.2019.8.09.0003	NÃO	ENZALUTAMIDA 40MG CÁPS.	UNIDADE	64,11	201900010040366	1	2019	1	5	1	1	3	2	2	1	3	2019	1	0	0	0	1	0	1	1	0	0	1	1	1	0	1	0	0	0	0	1	0	0		oncologia
131	5516112.46.2018.8.09.0000 JOÃO	NÃO	ENZALUTAMIDA 40MG CÁPS.	UNIDADE	66,15	201800010044057	1	2018	1	1	1	3	3	2	2	2	2	2018	1	0	1	0	1	0	0	1	0	0	0	0	0	0	1	0	0	1	0	0	0	0		
132	5564061.86.2019.8.09.0079	NÃO	ENZALUTAMIDA 40MG CÁPS.	UNIDADE	66,15	201900010042693	1	2019	1	5	1	3	1	2	2	1	2	2019	1	0	0	0	0	0	0	1	1	0	0	1	1	0	1	0	0	0	0	1	0	0		
133	5572807.65.2019.8.09.0006	NÃO	ENZALUTAMIDA 40MG CÁPS.	UNIDADE	66,15	201900010045228	1	2019	1	5	1	3	1	2	2	1	2	2019	1	0	1	1	0	0	0	1	1	0	0	1	1	1	1	1	0	0	0	0	1	0		
134	1036537-85.2020.4.01.3500	NÃO	ENZALUTAMIDA 40MG CÁPS. (Abiraterona)	UNIDADE	66,15	202100010020165	1	2020	1	4	1	1	3	2	1	1	4	2021	1	0	1	0	0	0	1	1	1	1	1	1	1	1	1	1	1	0	1	0	0	0		
135	5170682-42.2021.8.09.0000	NÃO	ENZALUTAMIDA 40MG CÁPS.	UNIDADE	77,37	202100010015408	1	2021	1	1	1	1	3	2	2	2	2	2021	0	0	1	0	0	0	0	1	0	1	1	1	1	0	1	1	0	1	0	1	0	0		
136	5021335.37.2018.8.09.0000	NÃO	EQUIPO PARA FRASCO DE DIETA ENTERAL.	UNIDADE(S)	1,36	201800010002642	1	2018	2	5	1	1,3	3	2	2	2	2	2018	1	0	1	0	0	0	0	0	0	0	0	0	0	0	1	0	0	0	0	0	0	0		fornecidos pelo M. N possuía nem exames comprovando a doença.
137		SIM																																								
138	5037214.50.2019.8.09.0000	NÃO	FAMPRIDINE 10MG	COMPRIMIDO	15,57	201900010003866	1	2019	2	5	1	4	3	2	2	2	2	2019	1	0	1	0	0	0	1	1	0	0	0	0	0	0	1	1	0	0	0	0	0	0		
139	5507947.32.2019.8.09.0143	NÃO	FILGRASTIM 300 MCG - INJ.	FRASCO(S)	93	201900010034527	1	2019	3	1	1	5	3	2	2	1	2	2019	1	0	1	0	0	0	1	1	0	1	1	0	0	0	1	1	0	1	0	0	0	0		
140	5266017-34.2021.8.09.0115	NÃO	FORTINI	LATA C/ 400 GR	58	202100010027773	1	2021	3	1	5	6	3	2	2	1	2	2021	1	0	1	0	0	0	1	1	0	1	0	1	1	0	1	1	0	1	0	1	0	0		pedido de fórmula infantil
141	5421224.08.2019.8.09.0079	NÃO	FORTINI	LATA C/ 400 GR	64,21	201900010045639	1	2019	1	5	5	6	1	2	2	1	2	2019	1	0	1	0	0	0	0	1	0	0	0	1	1	0	0	0	0	0	0	1	0	0		alimentos!
142	5067310-43.2022.8.09.0000	NÃO	FOSFATO DE SITAGLIPTINA 100 MG COMPRIMIDO	COMPRIMIDO	4,61	202200010018312	1	2022	2	1	1	3	3	2	2	2	2	2022	0	0	0	1	0	0	1	1	0	0	1	1	1	0	1	0	0	1	0	1	0	1		
143	5208062-65.2022.8.09.0000	NÃO	FOSFATO DE SITAGLIPTINA 100 MG COMPRIMIDO	COMPRIMIDO	4,61	202200010022729	1	2022	2	1	1	3	3	2	2	2	2	2022	1	0	0	0	1	0	0	1	0	1	1	1	0	0	1	0	0	1	0	1	0	1		
144	5307475.34.2018.8.09.0051	NÃO	FRALDA GERIÁTRICA DESCARTÁVEL / TAMANHO M	UNIDADE	1,83	201800010030513	1	2018	1	5	4	6	1	2	2	1	2	2018	0	0	0	0	0	0	1	1	1	0	0	1	0	0	1	0	0	0	0	0	0	0		deferiu fraldas geriátricas, muvinlax
145		SIM																																								
146		SIM																																								
147		SIM																																								
148	5299586.29.2018.8.09.0051 (5289954.93.2018.8.09.0110)	NÃO	GLICOSÍMETRO	UNIDADE(S)	33	201800010027564	1	2018	2	1	1	1	3	2	2	1	2	2018	0	0	1	0	0	0	1	1	0	0	0	0	0	0	1	0	0	0	0	0	0	0		Competência da U fornecer
149	5398606.97.2018.8.09.0081	NÃO	GLICOSÍMETRO	UNIDADE(S)	33	201800010044179	1	2018	1	5	1	3	1	2	2	1	2	2018	1	0	1	0	0	0	1	1	1	1	1	0	1	1	1	0	0	1	0	0	1	0		
150	5254896.86.2019.8.09.0000	NÃO	GUSELCUMABE 100 MG SOLUÇÃO INJETÁVEL	UNIDADE	8830,94	201900010021315	1	2019	2	6	1	3	3	2	2	2	2	2019	0	0	1	0	0	0	1	1	0	1	1	1	1	0	1	0	0	0	0	1	0	0		
151	5034228-94.2017.8.09.0000	NÃO	INSULINA DETEMIR (LEVEMIR) SOLUÇÃO INJETÁVEL 100 U/ML 5X3 ML	AMPOLA	45,8	201700010002896	1	2017	2	1	1	2	3	2	2	2	2	2017	1	0	1	0	0	0	0	0	0	0	0	0	0	0	1	0	0	1	0	0	0	0		

APÊNDICE B – FORMULÁRIO | 185

186	5401642.36.2017.8.09.0000	NAO	METFORMINA, CLOR. DE + SITAGLIPTINA, FOSF. DE 1000MG + 50MG - COMPRIMIDOS.	UNIDADE	2,37	201700010023224	1	2017	2	5	1	3	3	2	2	2	2	2017	1	0	1	0	0	0	1	1	0	0	0	1	0	0	1	0	0	1	0	0	0	0		
187	5049454.08.2018.8.09.0000	NAO	MMT-399 CONJUNTO DE INFUSÃO QUICK SET PARADIG 6MM-60 CM	UNIDADE	813	201800010005607	1	2018	2	1	1	2	3	2	2	2	2	2018	1	0	0	0	0	0	1	1	0	0	0	1	0	0	1	1	0	0	0	0	0	0		A CONITEC em sua 63a reunião ordinária, no dia 31 de janeiro de 2018,
188	127597-78.2017.8.09.0179	NAO	MMT-399 CONJUNTO DE INFUSÃO QUICK SET PARADIG 6MM-80 CM	UNIDADE	1075	201700010019720	1	2017	2	5	1	3	3	2	2	2	1	2017	0	0	0	0	1	0	1	1	0	0	0	1	0	0	1	1	0	0	0	0	0	0		
189	1799-44.2018.4.01.3505	NAO	MMT-399 CONJUNTO DE INFUSÃO QUICK SET PARADIG 6MM-60 CM	UNIDADE	1075	201900010024821	1	2018	1	6	1	3,2	1	2	2	1	1	2018	1	1	0	0	1	0	1	1	1	0	1	1	0	0	1	0	0	0	0	0	0	0		
190	5557310-36.2020.8.09.0051	NAO	MMT-399 CONJUNTO DE INFUSÃO QUICK SET PARADIG 6MM-60 CM	UNIDADE	1075	202000010042505	1	2020	1	5	1	2	1	2	2	1	2	2020	1	1	0	0	1	0	1	1	1	0	1	0	0	0	1	0	0	0	0	0	0	0		
191	5189234-55.2021.8.09.0000	NAO	MMT-399 CONJUNTO DE INFUSÃO QUICK SET PARADIG 6MM-60 CM	UNIDADE	1075	202100010017983	1	2021	2	1	1	2	3	2	2	2	2	2021	0	0	0	0	0	0	1	1	0	0	0	0	0	0	1	1	0	1	0	0	0	0		
192	5291588.03.2017.8.09.0000	NAO	MMT-7730 KIT INICIO GUARDIAN LINK 2 TRANSMISSOR	UNIDADE	3018	201700010014905	1	2017	2	1	1	3	3	2	2	2	2	2017	1	0	1	0	0	0	1	0	0	0	0	0	0	0	1	1	0	0	0	0	1	0		
193	5355849.74.2017.8.09.0000	NAO	MODULEM	LATA C/ 400 GR	345,32	201700010024674	1	2017	2	5	1	3	3	2	2	2	2	2017	0	0	0	0	0	0	0	0	0	1	0	1	0	0	1	1	0	0	0	0	0	0		suplemento alimentar
194	5047933.35.2019.8.09.0051	NAO	NALTREXONA, CLORIDRATO DE 50MG - COMPRIMIDO. (CT)	UNIDADE	2,27	201900010004525	1	2019	1	3	1	4	3	2	2	1	3	2019	0	0	0	0	1	0	0	1	0	0	0	0	1	0	1	0	0	1	0	0	0	0		
195	1000470-92.2018.4.01.3500	NAO	NILOTINIBE CÁPSULA	CAPSULA	80,32	201800010002422	1	2018	1	4	1	4	3	1	2	1	1	2018	1	0	0	0	1	0	1	1	0	0	0	1	1	0	1	0	0	0	0	0	1	1	Por outro lado, não foi noticiado por nenhum dos réus a existência de medicamento com o mesmo princípio ativo do medicamento pleiteado pela parte autora ou com resultado equivalente, capaz de atender com eficácia às suas necessidades	
196	1039233-94.2020.4.01.3500	NAO	NILOTINIBE CÁPSULA	CAPSULA	88,98	202000010038476	1	2020	1	4	1	4	1	1	2	1	1	2020	1	0	1	0	1	0	1	1	1	1	1	1	1	1	1	0	0	0	0	1	1	1	Nesse contexto, a ilação que se impõe é que por ora não foi noticiado por	
197	5109481.88.2017.8.09.0000	NAO	NINTEDANIBE, ESILATO DE 100 MG CÁPSULA	UNIDADE	97,52	201800010044787	1	2017	2	5	1	2	3	2	2	2	2	2017	0	0	1	0	1	0	1	1	0	0	0	1	0	0	1	0	0	0	0	0	0	0	nenhum dos réus a existência no âmbito do SUS de medicamento com o mesmo princípio	
198	5540995.64.2019.8.09.0051	NAO	NINTEDANIBE, ESILATO DE 150MG CÁPS.	UNIDADE	189,65	201900010036964	1	2019	1	3	1	2	1	2	2	1	2	2019	1	1	1	0	1	0	1	1	1	0	0	1	0	0	1	0	0	1	0	0	0	0	ativo do medicamento pleiteado pela parte autora ou com resultado equivalente, capaz de	
199	5210749.30.2017.8.09.0084	NAO	NINTEDANIBE, ESILATO DE 150MG CÁPS.	UNIDADE	194,78	201700010013059	1	2017	1	5	1	3	3	2	2	1	2	2017	0	0	0	0	1	0	1	1	0	0	0	1	0	0	1	0	0	0	0	0	0	0	atender com eficácia às suas necessidades	
200	5367371.64.2018.8.09.0000	NAO	NINTEDANIBE, ESILATO DE 150MG CÁPS.	UNIDADE	194,78	201800010032998	1	2018	2	1	1	2	3	2	2	2	2	2018	1	0	0	0	1	0	1	0	0	0	0	1	0	0	1	0	0	1	0	0	0	0	Pelo exposto, a CONITEC, em sua 67ª reunião ordinária, realizada no dia 13 de junho de 2018, recomendou a não incorporação de nintedanibe para FPI	
201	5122226.39.2020.8.09.0051	NAO	NINTEDANIBE, ESILATO DE 150MG CÁPS.	UNIDADE	194,78	202000010012225	1	2020	1	3	1	2	1	1	2	2	2	2020	1	1	1	0	0	0	1	1	0	0	0	0	0	0	1	0	0	0	0	0	0	0	concedida em sede de AI	
202	5482979-53.2021.8.09.0179	NAO	NINTEDANIBE, ESILATO DE 150MG CÁPS.	UNIDADE	194,78	202100010044836	1	2021	2	5	1	2	3	2	2	1	2	2021	1	0	1	0	1	0	1	1	0	0	0	1	0	0	1	0	0	0	0	0	1	0		
203	5266412.17.2020.8.09.0000	NAO	NINTEDANIBE, ESILATO DE 150MG CÁPS.	UNIDADE	213,06	202000010020981	1	2020	2	1	1	2	3	2	2	2	2	2020	0	0	1	1	0	0	0	1	0	1	0	1	0	0	1	0	0	1	0	1	0	1		
204	5329660-61.2021.8.09.0051	NAO	NINTEDANIBE, ESILATO DE 150MG CÁPS.	UNIDADE	213,06	202100010031230	1	2021	2	5	1	2	3	2	2	2	2	2021	0	0	1	0	0	0	0	1	0	0	0	1	0	0	1	0	0	0	0	0	0	0		
205	5460515.93.2017.8.09.0011	NAO	NINTEDANIBE, ESILATO DE 150MG CÁPS.	UNIDADE	248,51	201700010026361	1	2017	2	1	1	3	3	2	2	2	2	2017	1	0	1	0	0	0	0	1	0	0	0	0	0	0	1	1	0	1	0	0	0	0		
206	1033887-65.2020.4.01.3500	NAO	NIVOLUMABE 100MG SOL. INJ. F/A 10ML.	UNIDADE	6625,96	202000010033471	1	2020	1	4	1	1	3	1	1	1	1	2020	1	1	1	1	0	0	1	1	0	1	1	1	1	1	1	0	1	1	1	1	1	1	menciona art. 49 do Anexo XXVIII da Portaria GM/MS nº 02/2017 e Comissão Intergestores	
207	1028150-81.2020.4.01.3500	NAO	NIVOLUMABE 100MG SOL. INJ. F/A 10ML	UNIDADE	7172,74	202000010028897	1	2020	1	4	1	1	3	1	1	1	1	2020	1	1	0	0	1	0	1	1	0	1	0	1	0	0	1	0	1	1	1	0	0	1		

APÊNDICE B – FORMULÁRIO | 187

251	5329034.40.2017.8.09.0000	NÃO	RESERVATÓRIO PARA BOMBA DE INSULINA PARADIGM 715/722	CAIXA C/ 10 UND	179	201700010016773	1	2017	2	1	1	1	3	2	2	2	2	2017	0	0	1	0	0	0	1	1	0	0	1	0	0	0	1	1	0	1	0	1	0	1		
252	5421143.46.2019.8.09.0051	NÃO	RESERVATÓRIO PARA BOMBA DE INSULINA PARADIGM 715/722	CAIXA C/ 10 UND	179	201900010028408	1	2019	1	3	1	2	5	2	2	1	2	2019	1	0	1	0	0	0	1	1	1	0	0	0	1	0	1	0	0	0	1	0	1	0		63a reuni.o ordin.ria, no dia 31 de janeiro de 2018,
253	5099282.02.2020.8.09.0000	NÃO	RESERVATÓRIO PARA BOMBA DE INSULINA PARADIGM 715/722	CAIXA C/ 10 UND	179	202000010009050	1	2020	2	1	1	2	3	2	2	2	2	2020	0	0	1	0	0	0	1	1	0	0	0	1	0	0	1	1	0	0	0	0	0	0		recomendar a n.o incorpora..o no SUS do sistema de infus.o contínua de insulina
254	1009040-96.2020.4.01.3500	NÃO	RITUXIMABE SOLUÇÃO INJETÁVEL 100MG/10ML	AMPOLA	804,49	202000010022771	1	2020	1	4	1	2	3	1	1	1	4	2020	0	0	0	0	0	0	1	1	0	0	0	1	1	1	1	0	0	0	1	0	1	1	"os membros da CONITEC pre-sentes na	(bomba de infus.o de insulina) para o tratamento de pacientes com diabetes tipo 1 que
255	5650194-43.2020.8.09.0000	NÃO	RITUXIMABE SOLUÇÃO INJETÁVEL 100MG/10ML	AMPOLA	804,49	202000010043279	1	2020	2	1	1	2	3	2	2	2	2	2020	1	0	1	0	0	0	0	1	0	0	0	0	1	0	1	0	0	1	0	1	1	1	reunião do plenário do dia 09/03/2017 deliberaram, por unanimidade, recomendar a não incorporação do	falharam . terapia com m.ltiplas doses de insulina
256	5180435.73.2019.8.09.0006	NÃO	RITUXIMABE SOLUÇÃO INJETÁVEL 100MG/10ML	AMPOLA	1047,12	201900010017448	1	2019	1	5	4	2	1	1	2	1	2	2019	0	0	0	0	0	0	0	1	1	0	0	0	0	0	1	0	0	0	0	0	0	1	rituximabe SC para o tratamento de linfoma não Hodgkin de células B, folicular, CD20 positivo não	
257	5027042-78.2021.8.09.0000	NÃO	RITUXIMABE SOLUÇÃO INJETÁVEL 100MG/10ML	AMPOLA	1047,12	202100010002936	1	2021	2	1	1	2,3	3	2	2	2	2	2021	1	0	1	0	1	0	1	1	0	0	0	0	0	0	1	0	0	1	0	0	0	0	tratado previamente, em combinação com quimioterapia"	
258	5650840-94.2020.8.09.0051	NÃO	RITUXIMABE SOLUÇÃO INJETÁVEL 100MG/10ML	AMPOLA	1047,12	202100010003772	1	2020	1	3	4	5	3	2	2	1	3	2020	0	0	0	0	1	0	0	1	0	0	0	0	1	0	1	0	0	1	0	0	0	0		
259	5163531.03.2020.8.09.0051	NÃO	RITUXIMABE SOLUÇÃO INJETÁVEL 500MG/50ML	AMPOLA	2716,95	202000010015961	1	2020	1	5	1,4	5	1	2	2	1	2	2020	1	1	1	0	1	0	1	1	1	0	0	0	1	1	1	0	0	0	0	0	0	0		
260	5332715-76.2021.8.09.0000	NÃO	RITUXIMABE SOLUÇÃO INJETÁVEL 500MG/50ML	AMPOLA	2716,95	202100010030672	1	2021	2	1	4	5	3	2	2	2	2	2021	1	0	1	0	0	0	0	1	0	0	1	1	1	0	1	0	0	1	0	0	0	0		
261	5486689.41.2018.8.09.0000	NÃO	RITUXIMABE SOLUÇÃO INJETÁVEL 500MG/50ML	AMPOLA	3270	201800010044263	1	2018	2	1	4	5	3	2	2	2	2	2018	0	0	1	0	0	0	1	0	0	0	0	1	0	0	1	1	0	1	0	0	0	0		
262	5174422.42.2020.8.09.0000	NÃO	RITUXIMABE SOLUÇÃO INJETÁVEL 500MG/50ML	AMPOLA	3270	202000010016210	1	2020	2	1	4	5	3	2	2	2	2	2020	1	0	1	0	0	0	1	1	0	1	0	0	0	0	1	1	0	0	0	0	0	0		
263	5090610-68.2021.8.09.0000	NÃO	RITUXIMABE SOLUÇÃO INJETÁVEL 500MG/50ML	AMPOLA	3270	202100010010019	1	2021	2	5	4	5	3	2	2	2	2	2021	0	0	0	0	1	0	0	0	0	0	0	0	0	0	1	1	0	0	0	0	0	0		
264	0035769-50.2018.4.01.3500	NÃO	RITUXIMABE SOLUÇÃO INJETÁVEL 500MG/50ML	AMPOLA	5177,14	201900010007941	1	2018	1	4	1	5	3	2	1	1	4	2018	1	0	1	0	0	0	1	1	0	0	0	1	0	0	1	1	0	0	1	0	0	0		
265	5263321.62.2019.8.09.0093	NÃO	RITUXIMABE SOLUÇÃO INJETÁVEL 500MG/50ML	AMPOLA	5177,14	201900010019226	1	2019	1	1	1	5	3	2	2	1	2	2019	1	0	1	0	0	0	1	1	0	1	1	1	1	1	1	1	1	1	0	0	0	0		
266	5589091-06.2020.8.09.0139	NÃO	RIVAROXABANA 15MG COMPRIMIDO REVESTIDO	COMPRIMIDO	5,38	202100010002467	1	2020	1	1	1	2	1	2	2	1	2	2020	1	0	0	0	0	0	0	1	1	0	0	1	0	0	1	0	0	0	0	0	0	1		
267	5385405-82.2021.8.09.0000	NÃO	RIVAROXABANA 15MG COMPRIMIDO REVESTIDO	COMPRIMIDO	5,38	202100010035646	1	2021	2	3	1	2	3	2	2	2	2	2021	1	0	1	0	0	0	1	1	0	0	0	1	0	0	1	0	0	1	0	0	0	0		
268	5487632.24.2019.8.09.0000	NÃO	RIVAROXABANA 15MG COMPRIMIDO REVESTIDO	COMPRIMIDO	5,45	201900010031194	1	2019	2	1	1	2,3	3	2	2	2	2	2019	0	0	1	0	0	0	1	1	0	1	0	1	0	0	1	0	0	1	0	1	0	0		
269	5555768.73.2019.8.09.0000	NÃO	RIVAROXABANA 15MG COMPRIMIDO REVESTIDO	COMPRIMIDO	5,57	201900010036267	1	2019	2	1	1	2	3	2	2	2	2	2019	0	0	1	0	0	0	1	1	0	0	0	0	0	0	1	0	0	1	0	0	0	0		
270	5061614.31.2019.8.09.0000	NÃO	RIVAROXABANA 15MG COMPRIMIDO REVESTIDO	COMPRIMIDO	5,75	201900010005196	1	2019	2	1	1	2	3	2	2	2	2	2019	1	1	1	0	0	0	1	1	0	0	1	0	0	0	1	1	0	0	0	0	0	0		
271	5097166-67.2017.8.09.0084	NÃO	RIVAROXABANA 20MG COMPRIMIDO REVESTIDO	COMPRIMIDO	5,45	201700010008310	1	2017	1	5	1	4	3	2	2	1	2	2017	0	0	0	0	1	0	1	1	0	0	0	1	0	0	1	0	0	0	0	0	0	0		
272	5011353.96.2018.8.09.0000	NÃO	RIVAROXABANA 20MG COMPRIMIDO REVESTIDO	COMPRIMIDO	5,46	201800010005489	1	2018	2	1	1	2	1	2	2	2	2	2018	1	0	1	0	0	0	1	1	1	0	0	0	0	0	1	1	0	1	0	0	0	0		
273	5015010.76.2019.8.09.0011	NÃO	RIVAROXABANA 20MG COMPRIMIDO REVESTIDO	COMPRIMIDO	5,46	201900010006085	1	2019	1	2	1	2	1	2	2	1	2	2019	1	0	0	0	0	0	1	1	0	0	0	0	0	0	1	0	0	0	0	0	1	0		
274	5010774.17.2019.8.09.0000	NÃO	RIVAROXABANA 20MG COMPRIMIDO REVESTIDO	COMPRIMIDO	5,65	201900010001480	1	2019	2	1	1	2	3	2	2	2	2	2019	0	0	1	0	1	0	0	1	0	1	0	0	0	0	1	0	0	0	0	0	0	0		
275	5169061.22.2019.8.09.0051	NÃO	RIVAROXABANA 20MG COMPRIMIDO REVESTIDO	COMPRIMIDO	5,65	201900010018445	1	2019	2	5	1	4	3	2	2	2	2	2019	0	0	1	0	0	0	1	1	0	0	0	1	0	0	1	1	0	1	0	0	0	0		
276	5403763.95.2019.8.09.0152	NÃO	RIVAROXABANA 20MG COMPRIMIDO REVESTIDO	COMPRIMIDO	5,65	201900010029154	1	2019	2	5	1	2	3	1	2	1	2	2019	1	0	1	1	0	0	1	1	0	0	0	1	1	0	1	1	0	0	0	1	1	1		
277	5501735.36.2019.8.09.0000	NÃO	RIVAROXABANA 20MG COMPRIMIDO REVESTIDO	COMPRIMIDO	5,65	201900010034562	1	2019	2	1	1	2	3	2	2	2	2	2019	1	0	1	0	0	0	1	1	0	1	0	1	1	1	1	0	0	1	0	1	0	0		
278	5030454.51.2020.8.09.0000	NÃO	RIVAROXABANA 20MG COMPRIMIDO REVESTIDO	COMPRIMIDO	5,65	202000010003067	1	2020	2	1	1	2	3	2	2	2	2	2020	0	0	1	0	1	0	1	1	0	0	0	0	1	0	1	0	0	1	0	0	0	0		
279	5195488.49.2018.8.09.0000	NÃO	RIVAROXABANA 20MG COMPRIMIDO REVESTIDO	COMPRIMIDO	5,67	201800010020052	1	2018	2	1	1	2	3	2	2	2	2	2018	0	0	1	0	1	0	1	1	0	0	0	0	0	0	1	1	0	1	0	0	1	0		
280	5448392.41.2019.8.09.0011	NÃO	RIVAROXABANA 20MG COMPRIMIDO REVESTIDO	COMPRIMIDO	5,67	201900010030547	1	2019	1	1	1	2	3	2	2	1	2	2019	1	0	0	0	0	0	1	1	0	0	0	0	0	0	1	0	0	0	0	0	1	0		
281	5634759.30.2019.8.09.0011	NÃO	RIVAROXABANA 20MG COMPRIMIDO REVESTIDO	COMPRIMIDO	5,67	201900010049138	1	2019	1	1	1	2	3	2	2	1	2	2019	1	0	0	0	1	0	1	1	0	0	0	0	0	0	1	0	0	1	0	0	1	0		

283	5044561.44.2020.8.09.0051	NÃO	RIVAROXABANA 20MG COMPRIMIDO REVESTIDO	COMPRIMIDO	5,67	202000010011068	1	2020	1	3	1	2	1	2	2	1	3	2020	0	0	0	0	0	1	0	1	1	1	0	1	1	0	1	0	0	0	0	0	1	0		
284	5171430.11.2020.8.09.0000	NÃO	RIVAROXABANA 20MG COMPRIMIDO REVESTIDO	COMPRIMIDO	5,67	202000010014327	1	2020	2	1	1	2	3	2	2	2	2	2020	1	0	1	0	1	0	1	1	0	0	0	1	1	0	1	1	0	1	0	0	0	0		
285	5105313.85.2020.8.09.0146	NÃO	RIVAROXABANA 20MG COMPRIMIDO REVESTIDO	COMPRIMIDO	5,67	202000010014368	1	2020	1	1	1	2	3	2	2	1	2	2020	1	0	1	0	0	0	0	1	0	0	0	0	0	0	1	0	0	1	0	0	0	0		
286	5147444-35.2021.8.09.0051	NÃO	RIVAROXABANA 20MG COMPRIMIDO REVESTIDO	COMPRIMIDO	5,67	202100010020788	1	2021	1	3	1	2	3	2	2	1	3	2021	0	0	0	0	0	0	0	1	0	0	0	1	1	0	1	0	0	1	0	1	1	0		
287	5068870-20.2022.8.09.0000	NÃO	Linagliptina 5 mg	COMPRIMIDO	5,67	202200010010829	1	2022	2	1	1	3	3	2	2	2	2	2022	1	0	1	0	0	0	0	1	0	0	0	1	1	0	1	0	0	1	0	1	1	0		
288	5085520-45.2022.8.09.0000	NÃO	RIVAROXABANA 20MG COMPRIMIDO REVESTIDO	COMPRIMIDO	5,67	202200010013477	1	2022	2	3	1	2	3	2	2	2	2	2022	0	0	1	0	0	0	0	1	0	0	0	1	1	0	1	1	0	1	0	0	0	0		
289	5141324-85.2022.8.09.0000	NÃO	RIVAROXABANA 20MG COMPRIMIDO REVESTIDO	COMPRIMIDO	5,67	202200010018328	1	2022	2	3	1	4	3	2	2	2	2	2022	0	0	1	0	0	0	1	1	0	1	0	1	0	0	1	0	0	0	0	1	0	0		
290		SIM																																								
291	5468378.74.2017.8.09.0000	NÃO	ROSUVASTATINA CÁLCICA 10MG CPR.	UNIDADE	1,26	201700010024824	1	2017	2	5	1	2;3	3	2	2	2	2	2017	0	0	0	0	1	0	1	1	0	0	0	1	0	0	1	0	0	0	0	0	1	0		
292	5179142.23.2017.8.09.0000	NÃO	RUXOLITINIBE 15MG COMPRIMIDO.	UNIDADE	413,16	201700010012143	1	2017	2	1	1	3	3	2	2	2	2	2017	0	0	1	0	1	0	1	1	0	0	0	0	0	0	1	1	0	1	0	0	0	0		
293	5541836.18.2019.8.09.0000	NÃO	RUXOLITINIBE 20MG CÁPS.	UNIDADE	324,15	201900010035392	1	2019	2	1	1	3	3	2	2	2	2	2019	1	0	1	0	0	0	1	1	0	1	1	0	0	0	1	1	0	1	0	0	0	0		
294	5323455.11.2019.8.09.0043	NÃO	RUXOLITINIBE 20MG CÁPS.	UNIDADE	344,08	201900010027577	1	2019	1	5	1	3	3	2	2	1	2	2019	1	1	0	1	1	0	1	1	0	0	0	1	0	0	1	0	0	1	0	0	0	0		
295	5207417.25.2020.8.09.0051	NÃO	SACUBITRIL 24MG + VALSARTANA 26MG COMPRIMIDO REV	UNIDADE	3,19	202000010018485	1	2020	1	3	1	1	3	2	2	1	3	2020	0	0	0	0	0	0	0	1	0	0	0	1	1	0	1	0	0	1	0	0	1	0		
296	5178886.46.2019.8.09.0000	NÃO	SACUBITRIL 49MG + VALSARTANA 15MG COMPRIMIDO REVESTIDO	UNIDADE	3,01	201900010020636	1	2019	2	1	1	2	3	2	2	2	2	2019	0	0	1	0	0	0	0	1	0	1	1	1	1	0	1	0	0	1	0	1	0	0		
297	5529277-98.2020.8.09.0095	NÃO	Bomba de insulina	UNIDADE	370	202100010030084	1	2020	1	5	1	2	3	1	2	1	2	2020	1	1	1	0	0	0	0	1	0	0	0	1	0	0	1	0	0	0	0	0	0	1		
298		SIM																																								
299	5143417-09.2021.8.09.0051	NÃO	Bomba de insulina	UNIDADE	1850	202100010020786	1	2021	1	5	1	2	1	1	2	1	2	2021	1	1	0	0	1	0	1	1	1	0	0	1	1	1	1	0	0	0	0	0	0	0		
300	5333938.46.2020.8.09.0082	NÃO	Valproato de Sódio	UNIDADE(S)	2,57	202000010024386	1	2020	1	5	1	1	3	2	2	1	2	2020	1	0	0	1	1	0	0	1	0	0	0	1	0	0	1	1	0	0	0	0	1	0	O município fornecia administrativamente	além de medicamentos e materiais de uso domiciliar
301	5022095.83.2018.8.09.0000	NÃO	TACROLIMO 0,3G/G POM. DERMAT. 10G.	BISNAGA C/10 G	42,93	201800010002874	1	2018	2	1	1	3	3	2	2	2	2	2018	1	0	1	0	1	0	0	1	0	0	0	0	0	0	1	0	0	1	0	0	0	0	medicamentos fitoterápicos	
302	5420088.19.2019.8.09.0000	NÃO	TEMOZOLAMIDA 5 MG CÁPSULA (TEMODAL)	CAPSULA	0	201900010026278	1	2019	2	1	1	2	3	2	2	2	2	2019	0	0	1	0	0	0	0	1	0	1	0	1	1	0	1	0	0	0	0	1	0	0		
303	5382150-78.2021.8.09.0000	NÃO	TEMOZOLAMIDA 5 MG CÁPSULA (TEMODAL)	CAPSULA	13,2	202200010003789	1	2021	2	1	1	2	3	1	2	2	2	2021	0	0	1	0	1	0	0	1	0	0	0	1	0	0	1	1	0	0	0	0	0	0		
304	5170449-86.2021.8.09.0051	NÃO	TEMOZOLAMIDA CÁPSULA 250MG	UNIDADE	134,99	202100010021262	1	2021	1	3	4	2	1	2	2	1	2	2021	1	1	1	0	1	0	1	1	1	0	0	1	1	1	1	0	0	0	0	1	0	0	confunde off label com fora da lista SUS	
305	1013258-70.2020.4.01.3500	NÃO	TEMOZOLAMIDA COMPRIMIDO 100MG	COMPRIMIDO	18	202000010015400	1	2020	1	4	1	1	5	2	2	1	1	2020	1	0	1	0	0	1	0	1	1	1	0	1	1	1	1	0	0	1	1	1	0	1		
306	5105583-16.2021.8.09.0051	NÃO	TEMOZOLAMIDA COMPRIMIDO 100MG	COMPRIMIDO	18	202100010012091	1	2021	1	3	1	2	1	2	2	1	2	2021	1	1	0	0	1	0	1	1	1	0	0	1	1	1	1	0	0	0	0	0	0	0		
307	1009620-82.2021.4.01.3500	NÃO	TEMOZOLAMIDA COMPRIMIDO 100MG	COMPRIMIDO	18	202100010039129	1	2021	1	4	1	2	3	2	1	1	4	2021	1	0	1	1	1	0	0	1	1	1	1	1	1	1	1	1	1	0	1	0	0	1		
308	5132006-88.2022.8.09.0000	NÃO	TEMOZOLAMIDA COMPRIMIDO 100MG	COMPRIMIDO	18	202200010015792	1	2022	2	3	1	2	3	2	2	2	2	2022	0	0	0	0	0	0	1	1	0	0	0	1	0	0	1	1	0	0	0	0	0	0		
309	5450011.34.2019.8.09.0051	NÃO	TEMOZOLAMIDA COMPRIMIDO 100MG	COMPRIMIDO	47,2	201900010032194	1	2019	2	5	1	2	3	2	2	2	2	2019	0	0	0	0	1	0	0	1	0	1	0	1	1	0	1	0	0	0	1	1	0	0		
310	5167814.69.2020.8.09.0051	NÃO	TEMOZOLAMIDA COMPRIMIDO 100MG	COMPRIMIDO	47,2	202000010015567	1	2020	1	3	1	1	3	2	2	1	3	2020	0	0	0	0	0	0	0	1	0	0	0	1	1	0	1	0	0	1	0	0	1	0		
311	5692865.18.2019.8.09.0097	NÃO	TEMOZOLAMIDA COMPRIMIDO 100MG	COMPRIMIDO	52,46	201900010049448	1	2019	1	5	1	1	3	2	2	1	2	2019	1	0	0	0	0	0	0	1	0	0	0	1	1	0	1	0	0	0	0	1	0	1		
312	5138800.74.2019.8.09.0051	NÃO	TEMOZOLAMIDA COMPRIMIDO 100MG	COMPRIMIDO	94,34	201900010001493	1	2019	1	5	1	1	3	2	2	1	2	2019	1	1	1	0	1	0	1	1	0	0	0	0	0	0	1	0	0	0	0	0	1	0		
313	5217962.84.2019.8.09.0051	NÃO	TEMOZOLAMIDA COMPRIMIDO 100MG	COMPRIMIDO	94,34	201900010027929	1	2019	1	5	1	2	3	2	2	1	2	2019	1	1	0	0	1	0	1	1	1	0	0	0	1	1	1	0	0	0	0	0	0	0		
314	5232768.54.2018.8.09.0000	NÃO	TEMOZOLAMIDA COMPRIMIDO 100MG	COMPRIMIDO	100	201800010022342	1	2018	2	1	1	2	3	2	2	2	2	2018	0	0	0	0	0	0	0	0	0	0	0	0	0	0	1	1	0	0	0	0	0	0		
315	5047316.98.2019.8.09.0011	NÃO	TEMOZOLAMIDA COMPRIMIDO 100MG	COMPRIMIDO	100	201900010008846	1	2019	1	1	1	2	1	2	2	1	2	2019	1	0	1	0	0	0	1	1	0	0	0	0	0	0	1	0	0	0	0	0	1	0		
316	5381400.63.2018.8.09.0051	NÃO	TEMOZOLAMIDA COMPRIMIDO 20MG	COMPRIMIDO	17,06	201800010033862	1	2018	2	5	1	2	3	2	2	2	2	2018	0	0	0	0	0	1	1	1	0	0	0	0	0	0	1	1	0	1	0	0	1	0		
317	5536629.82.2018.8.09.0100	NÃO	TEMOZOLAMIDA COMPRIMIDO 20MG	COMPRIMIDO	17,06	201800010048585	1	2018	2	1	1	2	3	2	2	2	2	2018	1	0	1	0	0	0	0	1	0	1	0	1	1	0	1	0	0	1	0	1	1	1		
318	5553242.25.2019.8.09.0036	NÃO	TEMOZOLAMIDA COMPRIMIDO 20MG	COMPRIMIDO	17,06	201900010035374	1	2019	2	6	1	2	3	2	2	1	2	2019	1	0	1	1	1	0	1	1	0	0	0	1	0	0	1	0	0	1	0	0	1	1	advogado dativo	
319	1004935.76.2020.4.01.3500	NÃO	TEMOZOLAMIDA COMPRIMIDO 20MG	COMPRIMIDO	17,09	202000010011625	1	2020	1	4	1	2	1	1	2	1	1	2020	0	0	1	0	1	0	1	1	1	1	0	1	1	1	1	0	0	1	0	1	0	0		
320	5182970.90.2019.8.09.0000	NÃO	TEMOZOLAMIDA COMPRIMIDO 20MG	COMPRIMIDO	19	201900010013524	1	2019	2	5	1	2	3	2	2	2	2	2019	0	0	0	0	0	0	1	1	0	1	0	1	1	0	1	0	0	1	0	1	0	0		
321	5405530.33.2018.8.09.0176	NÃO	TEMOZOLAMIDA COMPRIMIDO 250MG	COMPRIMIDO	120	201800010037220	1	2018	2	1	1	2	3	2	2	2	2	2018	0	0	1	1	0	0	1	1	0	1	0	0	1	0	1	0	0	1	0	0	1	0		
322		SIM																																								
323		SIM																																								

324	5180808.32.2020.8.09.0051	NAO	TEMOZOLOMIDA 20 MG CÁPSULA	UNIDADE	7,4	202000010017058	1	2020	1	3	1	1	1	2	2	1	2	2020	1	1	1	0	1	0	1	1	1	0	0	1	1	1	1	0	0	1	0	0	0	0		
325	5214321-52.2017.8.09.0000	NAO	TERIFLUNOMIDA 14MG COMPRIMIDO.	UNIDADE	145,22	201700010013523	1	2017	1	5	1	3	3	2	2	2	2	2017	0	0	1	0	0	0	1	0	0	0	1	0	0	0	1	0	0	0	0	0	0	0		
326	5185072-56.2017.8.09.0000	NAO	TERIPARATIDA 250mcg/ml - 2,4ml PEN KIT	INJ.	1963,51	201700010011137	1	2017	2	1	1	2	3	2	2	2	2	2017	0	0	1	0	1	0	0	1	0	0	0	0	0	0	1	0	0	1	0	0	0	0		
327	5504688.41.2017.8.09.0000	NAO	TERIPARATIDA 250mcg/ml - 2,4ml PEN KIT	INJ.	1963,51	201700010027265	1	2017	2	1	1	2	3	2	2	2	2	2017	0	0	1	0	1	0	1	1	0	0	0	0	0	0	1	0	0	0	0	0	0	0		
328	5071516.83.2018.8.09.0051	NAO	TERIPARATIDA 250mcg/ml - 2,4ml PEN KIT	INJ.	1963,51	201800010007375	1	2018	1	3	1	2	3	2	2	1	2	2018	0	0	1	1	0	0	1	1	0	0	1	1	0	0	1	0	0	0	0	0	0	1		
329	5288504.98.2018.8.09.0051	NAO	TERIPARATIDA 250mcg/ml - 2,4ml PEN KIT	INJ.	1963,51	201800010027866	1	2018	1	3	1	2	3	2	2	1	2	2018	0	0	0	1	0	0	1	1	0	0	0	0	0	0	1	0	0	0	0	0	1	0		
330	5128956.03.2019.8.09.0051	NAO	TERIPARATIDA 250mcg/ml - 2,4ml PEN KIT	INJ.	1963,51	201900003002736	1	2019	1	3	1	2	5	2	2	1	2	2019	1	1	1	0	1	0	1	1	1	0	0	1	0	0	1	0	0	0	0	0	0	0		
331	5155664.49.2019.8.09.0000	NAO	TERIPARATIDA 250mcg/ml - 2,4ml PEN KIT	INJ.	1963,51	201900010011792	1	2019	2	1	1	2	3	2	2	2	2	2019	0	0	0	0	0	0	1	1	0	1	0	1	0	0	1	0	0	1	0	0	0	0		
332	0018710-15.2019.4.01.3500	NAO	TERIPARATIDA 250mcg/ml - 2,4ml PEN KIT	INJ.	1963,51	201900010024666	1	2019	1	4	1	2	3	1	1	3	4	2019	1	0	0	0	1	0	0	1	0	1	1	1	1	1	0	0	0	0	1	1	0	1		
333	5457420.61.2019.8.09.0051	NAO	TERIPARATIDA 250mcg/ml - 2,4ml PEN KIT	INJ.	1963,51	201900010030825	1	2019	1	3	1	2	1	2	2	1	2	2019	1	1	0	0	1	0	1	1	1	0	0	1	0	0	1	0	0	0	0	0	0	0		PORTARIA Nº 451, DE 9 DE JUNHO DE 2014
334	5046309.70.2020.8.09.0000	NAO	TERIPARATIDA 250mcg/ml - 2,4ml PEN KIT	INJ.	1963,51	202000010004860	1	2020	2	1	1	2	3	2	2	2	2	2020	1	0	1	0	0	0	1	1	0	0	1	1	1	0	1	0	0	1	0	0	0	0		
335	5529251-94.2020.8.09.0000	NAO	TERIPARATIDA 250mcg/ml - 2,4ml PEN KIT	INJ.	1963,51	202000010038542	1	2020	2	5	1	2	3	2	2	2	2	2020	1	0	1	0	1	0	0	1	0	1	1	1	1	0	1	0	0	0	0	1	1	1		
336	5108869.19.2018.8.09.0000	NAO	TERIPARATIDA 250mcg/ml - 2,4ml PEN KIT	INJ.	2069,35	201800010017303	1	2018	2	5	1	2	3	2	2	2	2	2018	1	0	1	0	0	0	0	1	0	0	1	1	0	0	1	1	0	0	0	0	0	0		
337	5061466-90.2021.8.09.0051	NAO	TERIPARATIDA 250mcg/ml - 2,4ml PEN KIT	INJ.	2069,35	202100010005848	1	2021	1	3	1	2	3	2	2	1	3	2021	0	0	0	0	1	0	0	1	0	0	0	0	1	0	1	0	0	1	0	0	0	0		
338	5660101.20.2019.8.09.0051	NAO	TERIPARATIDA 250mcg/ml - 2,4ml PEN KIT	INJ.	2157	201900010046343	1	2019	1	3	1	2	3	2	2	1	3	2019	0	0	0	0	1	0	0	1	0	0	0	0	1	0	1	0	0	1	0	0	0	0		
339	5533888.25.2019.8.09.0000	NAO	Bomba de insulina	UNIDADE	0,91	201900010034755	1	2019	2	1	1	2	3	1	2	4	2	2019	1	0	0	0	0	0	0	1	0	1	1	1	1	0	0	1	0	1	0	1	1	1		
340		SIM																																								
341	5282315.97.2017.8.09.0000	NAO	LISPRO E GLULISINA	UNIDADE(S)	0,32	201700010014088	1	2017	2	1	1	1	3	2	2	2	2	2017	0	0	0	0	0	0	1	1	0	0	0	0	0	0	1	1	0	1	0	0	0	0		
342	5456201.40.2017.8.09.0000	NAO	LANTUS (GLARGINA)	UNIDADE(S)	0,32	201700010024822	1	2017	2	1	1	2,1	3	2	2	2	2	2017	0	0	1	0	0	0	1	0	0	0	0	0	0	0	1	1	0	0	0	0	0	0		UNIÃO EM MORA
343	5115944.46.2017.8.09.000	NAO	LANTUS (GLARGINA)	UNIDADE(S)	0,39	201700010007000	1	2017	2	1	0	2,1	3	2	2	2	2	2017	1	0	0	0	1	0	1	0	0	0	0	0	0	0	1	0	0	0	0	0	0	0		
344	5311675.72.2020.8.09.0000	NAO	TOSILATO DE SORAFENIBE 200MG COMPRIMIDO	COMPRIMIDO	79,03	202000010022723	1	2020	2	1	1	4	3	2	2	2	2	2020	1	0	0	0	0	0	1	1	0	1	0	1	0	0	1	1	0	1	0	0	0	0		
345	5188144-53.2021.8.09.0051	NAO	TOSILATO DE SORAFENIBE 200MG COMPRIMIDO	COMPRIMIDO	79,03	202100010019655	1	2021	1	5	1	2	1	2	2	1	2	2021	1	1	0	0	1	0	1	1	1	0	0	1	0	0	1	0	0	0	0	0	1	0		
346	5061220-94.2021.8.09.0051	NAO	TOSILATO DE SORAFENIBE 200MG COMPRIMIDO	COMPRIMIDO	79,03	202100010029962	1	2021	1	3	1	2	3	2	2	1	2	2021	1	1	0	0	1	0	1	1	0	0	0	1	0	0	1	0	0	0	0	0	1	0		
347	5510712.85.2017.8.09.0000	NAO	TOUJEO® 300 UI/ML - 1,5ML SOL. INJ.	UNIDADE	115,42	201700010027452	1	2017	2	1	1	1,2,3	3	2	2	2	2	2017	1	0	1	0	0	0	1	1	0	0	0	0	0	0	1	1	0	1	0	0	0	0		
348	1027967-13.2020.4.01.3500	NAO	TRASTUZUMABE EMTANSINA 160MG	UNIDADE	7894,8	202000010028747	1	2020	1	4	1	1	1	1	2	1	1	2020	1	0	1	0	1	0	1	1	1	1	1	1	1	1	1	0	0	1	1	1	1	1		INCLUÍDO EM PCDT
349	5423820.08.2019.8.09.0000	NAO	TRIMETAZIDINA 35MG COMPRIMIDO	UNIDADE(S)	1,19	201900010026535	1	2019	2	5	1	1,3	3	2	2	2	2	2019	0	0	1	0	0	0	1	1	0	0	0	1	0	0	1	0	0	0	0	0	0	0		
350	5037752-54.2021.8.09.0002	NAO	TROPHIC EP	LITRO	24,6	202100010005309	1	2021	3	1	5	6	3	2	2	1	2	2021	0	0	1	0	0	0	1	1	0	0	0	1	0	0	1	0	0	0	0	0	0	0		nutrição gastroenteral
351		SIM																																								
352	5207262.76.2018.8.09.0000	NAO	TUBIFAST AMARELO 10,75 CM	ROLO C/10 M	236,25	201800010021681	1	2018	2	5	1	3	3	2	2	2	2	2018	1	0	1	0	1	0	1	1	0	0	0	0	0	0	1	1	0	0	0	0	0	1		especificação marca
353	5243263.60.2018.8.09.0000	NAO	TUBIFAST AMARELO 10,75 CM	ROLO C/10 M	236,25	201800010023861	1	2018	2	5	1	3	3	2	2	2	2	2018	0	0	1	0	1	0	0	1	0	0	0	0	0	0	1	0	0	0	0	0	0	0		marca
354		SIM																																								marca
355	5465588-15.2020.8.09.0000	NAO	TUBIFAST ROXO 25CM X 10M	ROLO C/10 M	435	202000010033048	1	2020	2	5	1	3	3	2	2	2	2	2020	0	0	1	0	1	0	1	1	0	0	0	1	0	0	1	1	0	0	0	0	0	0		
356	5302883.73.2020.8.09.0051	NAO	UNDECANOATO DE TESTOSTERONA 250MG/ML SOLUÇÃO INJETÁVEL AMPOL	AMPOLA	161,78	202000010025685	1	2020	1	3	1	5	1	2	2	1	3	2020	0	0	0	0	0	0	0	1	0	0	0	1	1	0	1	0	0	1	0	1	1	0		
357	1001151-91.2020.4.01.3500	NAO	USTEQUINUMABE 90 MG SOL. INJ. SER.PREECH	UNIDADE	19847,2	202000010001909	1	2020	1	4	1	5	3	1	2	1	1	2020	1	0	1	0	1	0	1	1	0	1	1	1	1	0	1	0	1	1	0	1	1	0		
358	5028863.95.2020.8.09.0051	NAO	USTEQUINUMABE 90 MG SOL. INJ. SER.PREECH	UNIDADE	19847,2	202000010004972	1	2020	1	3	1	5	1	2	2	1	2	2020	1	1	1	0	1	0	1	1	1	0	0	1	1	1	1	0	0	1	0	0	0	0		
359	1003130-54.2021.4.01.3500	NAO	USTEQUINUMABE SOLUÇÃO INJETÁVEL DE STELARA 45MG/0,5ML FRASCO	FRASCO/ AMPOLA	10068,36	202100010005480	1	2021	1	4	1	5	5	2	2	1	1	2021	1	0	1	0	0	1	1	1	1	1	1	1	1	1	1	0	1	1	0	1	1	1		
360	5244389.89.2018.8.09.0051	NAO	VANDETANIBE 300MG CPR.	COMPRIMIDO	542,02	201800010022923	1	2018	1	3	1	3	3	2	2	1	2	2018	1	0	1	1	0	0	1	1	0	0	0	1	1	0	1	0	0	1	0	1	0	1		
361	5587738.69.2018.8.09.0051	NAO	VASTAREL MR® 35MG CPR REV.	UNIDADE	1,36	201900010019476	1	2018	1	5	1	3	1	2	2	1	2	2019	1	1	1	0	1	0	1	1	1	0	0	0	1	1	1	0	0	1	0	0	0	0		
362	5459293.26.2017.8.09.0000	NAO	VEDOLIZUMABE 300MG PÓ LIOF. INJ. IV. F/A.	UNIDADE	9769,89	201700010025171	1	2017	2	1	1	3	3	2	2	2	2	2017	0	0	1	0	0	0	0	0	0	0	0	0	0	0	1	1	0	1	0	0	0	0		
363	5173160.91.2019.8.09.0000	NAO	VENVANSE® 30 MG CÁPSULA	UNIDADE	8,25	201900010014103	1	2019	2	1	1	3	3	2	2	2	2	2019	0	0	1	0	0	0	1	1	0	0	1	1	1	0	1	1	0	1	0	0	0	0		
364	5508919.43.2019.8.09.0000	NAO	VENVANSE® 30 MG CÁPSULA	UNIDADE	8,25	201900010033061	1	2019	2	1	1	3	3	2	2	2	2	2019	0	0	1	0	0	0	1	1	0	0	1	1	1	1	1	0	0	1	0	1	0	0		
365		SIM																																								
366	5466518.07.2018.8.09.0051	NAO	VILDAGLIPTINA + CLORIDRATO DE METFORMINA, 50MG + 1000MG	UNIDADE	1,92	201800010041838	1	2018	2	5	1	1,3	3	2	2	2	2	2018	0	0	0	0	0	0	1	1	0	1	1	1	0	0	1	1	0	1	0	1	0	0		

APÊNDICE B – FORMULÁRIO | 191

natureza_da_acao		
	1	acao_ordinaria
	2	mandado_de_seguranca
	3	outro

representacao		
	1	MPE
	2	MPF
	3	defensoria_publica_estadual
	4	defensoria_publica_uniao
	5	advocacia_privada
	6	outros

prescritor_medicamento		
	1	particular
	2	SUS
	3	não_informado

registro_anvisa		
	1	possui_registro
	2	nao_possui_registro
	3	não contém informação
	4	uso_off/label
	5	OUTRO: Por exemplo: canabidiol, registrado como produto. Alimentos. N pode ser on label ou off label.

tipo_decisao		
	1	liminar_1o_grau
	2	liminar_2o_grau
	3	sentença
	4	acórdão
	5	outro
	6	liminar STJ

ambito_da_decisao		
	1	justiça federal
	2	justiça estadual
	6	STJ

	3	juizado especial estadual
	4	juizado especial federal
	5	TRF em juizado
conitec		
	1	havia deliberado pela incorporação
	2	havia deliberado pela não incorporaç
	3	não havia se manifestado
	4	não contém info
	5	paciente não se enquadrava na PCDT para a qual foi incorporado
	6	inaplicável
dialogo_previo		
	1	o_ente_público_foi_ouvido
	2	o_ente_público_não_foi_ouvido
natjus		
	1	manifestou-se favoravelmente antes
	2	manifestou-se desfavoravelmente antes
	3	não foi ouvido antes decisao
	4	parecer inconclusivo
	5	nota técnica
houve_pericia		
	1	sim
	2	não

Esta obra foi composta em fonte Palatino Linotype, corpo 10
e impressa em papel Offset 75g (miolo) e Supremo 250g (capa)
pela Gráfica Forma Certa.